导游实务

主　编　邱代来　蒋　莎

东南大学出版社
SOUTHEAST UNIVERSITY PRESS
·南京·

图书在版编目(CIP)数据

导游实务 / 邱代来，蒋莎主编. — 南京：东南大学出版社，2024.8
ISBN 978-7-5766-1430-5

Ⅰ.①导⋯ Ⅱ.①邱⋯ ②蒋⋯ Ⅲ.①导游-教材 Ⅳ.①F590.63

中国国家版本馆 CIP 数据核字(2024)第 108585 号

责任编辑：褚 婧　责任校对：子雪莲　封面设计：王 玥　责任印制：周荣虎

导游实务 Daoyou Shiwu

主　　编	邱代来　蒋　莎
出版发行	东南大学出版社
出 版 人	白云飞
社　　址	南京市四牌楼 2 号(邮编：210096)　电话：025-83793330
网　　址	http://www.seupress.com
电子邮件	press@seupress.com
经　　销	全国各地新华书店
印　　刷	广东虎彩云印刷有限公司
开　　本	787mm×1092mm　1/16
印　　张	19
字　　数	400 千字
版 印 次	2024 年 8 月第 1 版第 1 次印刷
书　　号	ISBN 978-7-5766-1430-5
定　　价	59.00 元

(本社图书若有印装质量问题，请直接与营销部联系。电话：025-83791830)

PREFACE 前 言

2019年，国务院发布《国家职业教育改革实施方案》，简称职教20条。其中有关教材改革方面内容主要有：健全教材建设规章制度；启动新一轮国家规划教材建设，组织建设量大面广的专业核心课程教材；遴选发布一批校企"双元"合作开发的国家规划教材；倡导新型活页式、工作手册式教材并配套信息化资源。

随后，教育部印发《中小学教材管理办法》《职业院校教材管理办法》和《普通高等学校教材管理办法》的通知。《职业院校教材管理办法》中指出：教材要符合技术技能人才的成长规律和学生认知特点，对接国际先进职业教育理念，适应人才培养模式创新和优化课程体系的需要，专业课程教材突出理论和实践相统一，强调实践性。适应项目学习、案例教学、模块化学习等不同要求，注重以真实生产项目、典型工作任务、案例等为载体组织教学单元。另外，通知指出，教材编排要科学合理，梯度明晰，图、文、表并茂，生动活泼，形式新颖。名称、名词、术语等符合国家有关技术质量标准和规范。倡导开发活页式和工作手册式等新形态教材。

高职旅游管理专业重点培养面向旅游企业一线的技术人才。通过对旅游企业的调研发现，高职旅游管理专业的毕业生主要从事的职业有导游、计调、前台、酒店服务员、景区项目策划、旅游电商、研学旅行导师等。因此编写团队将高职旅游管理专业的人才培养目标定位于旅行社岗位（群）、酒店岗位（群）、景区岗位（群）。为体现职业教育能力为本的培养目标，凸显岗位职业能力的培养和职业素质的养成，必须对传统的学科体系课程进行一系列的解构和重构，构建新的课程体系。通过召开旅游企业实践专家访谈会，从学生未来的职业成长规律入手，基于工作过程系统化的分析，梳理归纳了旅游管理专业的典型工作任务，构建了旅游管理专业学习领域课程体系。

"导游实务"是旅游管理专业职业学习领域课程体系中的一门核心课程，旨在培养学生具有全程陪同、地方陪同、景区导游、导游领队和散客接待的综合职业能力。《导游实务》工作页是为了实现上述目标而设计开发的学生学习用书，是依据目前旅游企业导游服务的程序、质量监控、服务过程及工作方法进行编写的。学生可以在问题的引导下自主学习，有步骤、有计划地展开工作，在工作中掌握知识，学会工作方法，培养学生的导游讲解服务能力、规范服务能力、特殊问题处理能力和应变能力。

本书由鄂州职业大学旅游教研室邱代来、蒋莎两位老师主编，其中蒋莎老师编写学习情境一、学习情境二。邱代来老师编写学习情境三、学习情境四、学习情境五，同时邱代来老师对本教材做了全面的统稿。教材的编写得到北京雅途国际旅行社有限公司的大力支持。该社经理黄子洋是鄂州职业大学旅游管理专业07级优秀毕业生，为回馈母校，与校方深度合作，共同开发教材，提供了大量工作表单和真实案例。

这本《导游实务》工作页的编写得到了学院领导、旅游企业同仁、旅游管理教研室全体同志的支持，在此表示衷心的感谢！本书在编写过程中参考、引用了大量资料，其中的主要来源已在参考文献中列出，如有个别遗漏，恳请作者原谅并及时和我们联系。由于编者能力有限、时间仓促，虽经多次修改，仍难免有不妥与疏漏之处，恳请专家和读者指正。

编 者
2023 年 12 月

CONTENTS 目 录

致 同 学 ……………………………………………………………………… 1
课程描述 …………………………………………………………………… 3
  1 课程性质描述 ……………………………………………………… 3
  2 典型工作任务描述 ………………………………………………… 3
  3 课程学习目标 ……………………………………………………… 3
  4 工作与学习内容 …………………………………………………… 4
  5 学习组织形式与方法 ……………………………………………… 5
  6 学习情境设计 ……………………………………………………… 5
  7 学业评价 …………………………………………………………… 6

学习情境一 地陪导游服务
  1 学习情境描述 ……………………………………………………… 7
  2 学习目标 …………………………………………………………… 7
  3 工作与学习内容 …………………………………………………… 8
  4 任务书 ……………………………………………………………… 8
  5 分组任务 …………………………………………………………… 8
  6 工作准备 …………………………………………………………… 9
  7 工作计划 …………………………………………………………… 9
  8 工作实施 …………………………………………………………… 11
  9 质量验收 …………………………………………………………… 36
  10 评价 ……………………………………………………………… 41
  11 学习情境的相关知识点 ………………………………………… 44

学习情境二 全陪导游服务
  1 学习情境描述 ……………………………………………………… 102
  2 学习目标 …………………………………………………………… 102
  3 工作与学习内容 …………………………………………………… 102

4	任务书	103
5	分组任务	103
6	工作准备	104
7	工作计划	104
8	工作实施	106
9	质量验收	115
10	评价	118
11	学习情境的相关知识点	121

学习情境三　导游领队服务

1	学习情境描述	155
2	学习目标	155
3	工作与学习内容	155
4	任务书	156
5	分组任务	156
6	工作准备	157
7	工作计划	157
8	工作实施	160
9	质量验收	175
10	评价	178
11	学习情境的相关知识点	181

学习情境四　景区导游服务

1	学习情境描述	217
2	学习目标	217
3	工作与学习内容	217
4	任务书	218
5	分组任务	218
6	工作准备	219
7	工作计划	219
8	工作实施	221
9	质量验收	237
10	评价	240

11	学习情境的相关知识点	243

学习情境五　散客导游服务

1	学习情境描述	266
2	学习目标	266
3	工作与学习内容	266
4	任务书	267
5	分组任务	267
6	工作准备	268
7	工作计划	268
8	工作实施	270
9	质量验收	277
10	评价	282
11	学习情境的相关知识点	285

致 老 师	293
参考文献	295

致 同 学

亲爱的同学：

你好！

欢迎你学习"导游实务"课程！

本课程配套一种新型教材——活页式教材。它包括工作活页和教材附录两个部分，把导游岗位的典型工作任务和工作过程知识序列化，帮助你了解未来的工作及其要求，学习如何完成导游服务领域的重要典型工作，促进你综合业务能力的发展，使你在短时间内成为导游服务领域的技术专家！

在进入"导游实务"课程之前请你仔细阅读以下内容，了解即将开始的全新教学模式，做好相应的学习准备。

1. 你是学习的主体

在学习过程中，你将获得与过去完全不同的学习体验。你会发现，过去上课主要依靠老师的直面讲授，而现在，你是学习的主体，教师的主要作用是指导。自主探索是主题。

实践出真知，职业工作能力要靠自己亲自实践才能获得。要在工作过程中做，在做中学，而不能仅仅依靠教师的讲授与示范。积极主动探索典型工作任务，学会分解工作任务，将之序列化。在工作过程中获取的知识最为牢固，而教师的主要作用是引导。比如，教师可以给你传授如何进行导游服务的准备工作，给你解释导游词创作的方法，教你如何运用导游讲解技巧、如何处理突发事件等等。但在学习中，要充分发挥自身的主动性，体现自己的首创精神。要让自己有多种机会在不同的情境下去应用所学的知识，即将知识"外化"，实现自我反馈。你想成为导游服务领域内的技术能手，就必须主动、积极、亲自完成从接受派导通知单至业务归档的整个导游服务工作过程，通过完成工作任务学会工作。

2. 用好活页中的工作页

活页式教材的"工作活页"将指导你从引导问题、小提示、相关知识点和教材中标识的技术资料中获取和分析专业信息，并寻找解决问题的途径，再经历完整的工作过程直到完成学习任务，从而获取方法、技能等关键能力。首先，你要深刻理解学习情境描述，分析学习目标，自主学习并评价自己的学习效果；其次，你要明确工作与学习内容，在引导问题的帮助下，尽量独立地去学习并完成包括填写工作页内容等整个学习任务；再次，你可以依托团队，通过查阅现行《导游服务规范》《导游管理办法》《旅游景区讲解服务规范》等资料，学习重要的工作过程知识；再其次，你要依托小组团队，积极参与小组讨论，解决导游服务工作的难点和突发事件，进行自检和小组互检，并注意操作规范，在多种工作过程实践活动中形成自己的技术思维方式；最后，在完成一个工作任务后，需要思考是否有更好的解决思路和方法。

3. 组建自己的团队

本课程分为五个学习情境，若干个学习任务，每一个学习情境都是一个完整的工作过程，所有任务需要团队协作才能完成。每个学生要学会组建自己的团队，在小组划分时，应考虑自身个体差异，以自愿为原则。教师会帮助大家划分学习小组，小组推选小组长，学生小组长要引导小组成员制定详细规划，并进行合理有效的分工，同时规范考勤。各小组成员分工协作、互相帮助、互相学习，广泛开展交流。请大胆发表你的观点和见解，按时、保质、保量地完成任务。你是小组中的一员，你的参与和努力是团队顺利完成任务的重要保证。

4. 重视过程学习和资源素材

学习过程是由任务书、工作准备、工作计划、工作实施、质量验收和评价反馈所组成的完整过程。你要坚持理论联系实际的学习方法。学生主体、教师引导、团队协作、学习中的观察与独立思考、动手操作和评价反思都是专业技术学习的重要环节。

资源素材可以参阅书后所列的参考文献。教师已将整个课程的配套资源提供给学习通网络平台，你可以通过学校官网进入平台进行学习。此外，可通过智慧职教国家旅游管理专业教学资源库获取所需资源素材。另外，资源获取能力也是大学生应该具备的重要能力之一，你也可以通过图书馆、互联网等途径获得更多的专业技术信息，这将为你的学习与工作提供更多的帮助和技术支持，拓展你的学习视野。

高等院校的核心任务是培养学生不断学习的能力，学会独立思考与不断探索，学会领导自我，组建自己的团队。这要通过在"做中学，学中做"来实现。终身学习和不断探索是我们对你的期待。同时，也希望把你的学习感受反馈给我们，以便我们能更好地为你提供教学服务。

预祝你学习取得成功，早日成为导游服务领域的技术能手！

课程描述

1 课程性质描述

"导游实务"是一门基于工作过程开发出来的学习领域课程,是旅游管理专业的职业核心课程。

适用专业:旅游管理。

开设时间:第二学期。

建议课时:64课时。

2 典型工作任务描述

导游服务是整个旅游服务的灵魂。导游员接受旅行社或景区委派,实施旅游接待计划,为游客提供良好的导游讲解和旅行服务。在整个服务过程中,导游员必须按照组团合同或约定的内容和标准向游客提供旅游接待服务。同时,对导游服务全过程进行质量监控,任务完成过程要符合国家规范和行业标准的有关规定。

3 课程学习目标

通过本课程学习,你应该能够完成以下事项:

1. 熟悉旅游接待计划,依据计划做好导游服务一切准备工作;
2. 依据服务程序和规范,独立完成旅游团(者)的全旅程陪同服务;
3. 依据服务程序和规范,独立完成旅游团(者)的当地旅游活动的安排、讲解等服务;
4. 依据服务程序和规范,独立完成旅游团(者)的海外全程陪同服务;
5. 依据服务程序和规范,独立完成旅游团(者)的景区导游及讲解服务;
6. 依据服务程序和规范,独立完成散客旅游者的导游服务;
7. 正确使用导游带团的方法和技巧,熟练运用导游讲解的方法和技巧,理解导游语言的要求和运用技巧;
8. 处理导游服务过程中出现的突发事件和特殊情况,掌握处理旅游投诉的技巧;
9. 熟练运用特殊旅游团队(儿童、老年人、残疾人、政务旅游者、宗教旅游者、考察旅游者)的服务技能。

4　工作与学习内容

工作内容：

1. 地方导游服务程序与服务质量；
2. 导游语言技能和游客个别要求的处理；
3. 全程导游服务程序与服务质量；
4. 导游的带团技能和问题与事故的处理；
5. 导游领队引导文明旅游规范；
6. 出入境知识、其他相关知识；
7. 景区导游服务程序与服务质量；
8. 导游讲解技能、自然灾害与突发公共卫生事件的应对；
9. 散客旅游服务程序与服务质量。

工具：

1. "教、学、做"一体化教室或者旅游仿真实训室；
2. 导游工作物品（导游证、导游旗、接站牌、扩音器、旅游车标志、宣传资料、行李牌、通讯录、旅游帽、导游图或其他旅游纪念品等）；
3. 标准票证和表单（旅游团队接待计划书、旅游行程单、游客名单表、分房名单表、住宿结算单、餐饮结算单、景区门票结算单、游客意见反馈表、旅游团费用结算单）；
4. 相关国家规范，行业规程。

工作方法：

收集与工作任务有关的资料和信息，根据旅游接待计划制定各项工作任务的实施方案，依据《导游服务规范》（GB/T 15971—2023）、《旅游景区讲解服务规范》、《中国公民出境旅游文明行为指南》等标准实施各项导游服务任务。

劳动组织：

1. 成立导游部主管领导下工作小组；
2. 小组成员之间分工协作，负责完成学习与工作任务；
3. 导游员、计调部、游客领队三方在导游服务过程中反复沟通。

工作要求：

1. 全面、准确理解任务书中的各项要求；
2. 学习并理解国家标准、行业规范，按时完成符合要求的导游服务任务；
3. 掌握沟通的方法，能够就接待计划、日程安排、突发事件等方面及时与计调部、游客领队（学生或者老师扮演）沟通，共同协作，以保证导游服务工作的顺利进行；

4. 各导游之间就接待计划、日程安排、突发事件等应及时沟通、协调；

5. 工作态度认真、积极；

6. 爱护公共工作设备；

7. 文明旅游、游客为本、服务至诚。

5 学习组织形式与方法

学生划分小组，每个组就是一个工作小组，在小组划分时应考虑学生个体差异的组合性。教师根据实际工作任务设计教学情境，教师的角色是策划、分析、辅导、评估和激励。学生的角色是主体性学习——主动思考、自己决定、实际动手操作；学生小组长要引导小组成员制定详细规划，并进行合理有效的分工。

6 学习情境设计

表 0-1 学习任务设计表

序号	学习任务	载体	学习任务简介	学时
1	地陪导游服务	某地接社接团	依据派导通知书，熟悉旅游接待计划。按照《导游服务规范》(GB/T 15971—2023)标准，安排好旅游活动，做好接待工作，进行导游讲解，维护游客安全，处理相关问题等	22
2	全陪导游服务	某组团社发团	依据派导通知书，熟悉旅游接待计划。按照《导游服务规范》(GB/T 15971—2023)标准，实施旅游接待计划，做好联络和组织协调工作，维护安全，处理问题，同时做好宣传、调研工作等	10
3	导游领队服务	某出境团发团	依据派导通知书，熟悉旅游接待计划。按照《导游服务规范》(GB/T 15971—2023)和《中国公民出国旅游管理办法》标准，召开行前说明会，提供出入境服务、境外随团和后续服务	10
4	景区导游服务	某景区接团	依据派导通知书，熟悉旅游接待计划。按照《旅游景区讲解服务规范》行业标准，提供导游讲解，做好安全提示，宣讲环境、生态和文物保护知识	16
5	散客导游服务	某散客团接团	依据派导通知书，熟悉旅游接待计划。按照《导游服务规范》(GB/T 15971—2023)标准，做好迎接散客服务，避免漏接错接，安排游客饭店入住，提供沿途和现场导游讲解，完成送站服务工作	6

>>> 7　学业评价

学号	姓名	学习情境一		学习情境二		学习情境三		学习情境四		学习情境五		总评
		分值	比例/30%	分值	比例/20%	分值	比例/20%	分值	比例/20%	分值	比例/10%	

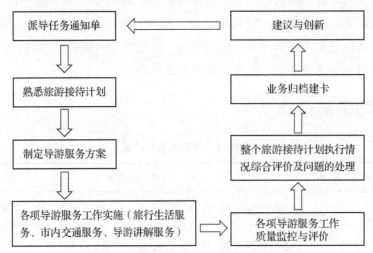

图 0-1　导游实务工作页学习任务结构图

学习领域编号—页码	学习情境：地陪导游服务	页码：7
姓名	班级	日期

学习情境一　地陪导游服务

1　学习情境描述

　　地方陪同导游员，简称地陪，是受接待社委派，代表接待社实施旅游行程接待计划，为旅游团（者）提供当地导游服务的导游员。地陪是旅游计划的具体执行者，对确保旅游计划的顺利落实起着关键作用。游客到达旅游目的地后，由地陪代表地接社全面完成接待任务，为游客提供食、住、行、游、购、娱全方位服务，同时处理游览过程中出现的常见问题及突发事故。

2　学习目标

　　通过本学习情境的学习，在符合《中华人民共和国旅游法》、《导游服务规范》（GB/T 15971—2023）的要求下，你应该能够完成以下任务：

　　1. 能有效阅读接待计划，做好接团前的各项准备；能搜集、整理参观游览的讲解素材；能严格按照接待计划设计参观游览路线；能安排参观游览内容。

　　2. 会完成接站服务（认找旅游团、行李交接、组织游客登车）。

　　3. 能致欢迎词并进行旅游团的首次沿途导游讲解。

　　4. 会完成入住服务（协助办理入住手续、介绍饭店设施、照顾行李进房、掌握游客的住宿安排信息、与全陪导游或领队核对商定日程）。

　　5. 会完成参观游览服务（提供赴景区途中的导游服务、提供景区引导服务、进行景区导游讲解）。

　　6. 能处理简单的旅游突发事故以及投诉。

　　7. 能安排游客就餐（介绍餐馆和菜肴特色、在用餐中检查菜肴质量、在食用风味餐时帮助游客掌握用餐程序与方法、在就餐中征询游客意见、进行餐后结账）。

　　8. 会完成游客的购物娱乐服务。

　　9. 会完成送站服务（办理退房手续、致欢送词、填写旅游服务质量单）。

　　10. 会完成地陪导游服务结算手续（填写财务结算单、按规定结算费用）。

　　11. 会完成地陪导游服务善后工作（处理好旅游团遗留问题、结账上交带团物品、撰写带团小结）。

3 工作与学习内容

1. 在老师指导下，小组成员协作完成地陪导游接团前的资料准备，包括熟悉旅游接待计划，熟悉团队成员信息，充实旅游行程中所需的其他资料。

2. 在老师指导下，小组成员协作完成地陪导游接团前的物质准备，包括工作物品和个人物品。

3. 在老师指导下，小组成员协作完成地陪导游迎接服务，包括检查准备工作的落实情况、认找旅游团、行李交接、组织游客登车、致欢迎词、首次沿途导游。

4. 在老师指导下，小组成员协作完成地陪导游入住服务，包括协助办理入住手续、介绍饭店设施、照顾行李进房、协助处理入住后的各类问题、落实叫早、与全陪或领队核对商定日程。

5. 在老师指导下，小组成员协作完成地陪导游参观游览服务，包括出发前的服务、途中导游、景点导游讲解、参观活动、返程中的工作。

6. 在老师指导下，小组成员协作完成地陪导游餐饮服务，包括计划内的团队便餐、自助餐服务、风味餐服务。

7. 在老师指导下，小组成员协作完成地陪导游购物和娱乐服务。

8. 在老师指导下，小组成员协作完成地陪导游送站服务，包括办理退房手续、致欢送词、办理离站手续。

9. 在老师指导下，小组成员协作完成地陪导游善后工作，包括处理游客遗留问题、结清账目、撰写带团总结。

4 任务书

以某旅行社的地陪导游小张为游客提供地陪导游服务为工作任务，导游出团单和旅游接待计划由教师按开课时间根据具体项目确定。

5 分组任务

将学生按每组3~4人分组，明确每组的工作任务，并填写表1-1。

学习领域编号—页码		学习情境：地陪导游服务	页码：9
姓名		班级	日期

表1-1 地陪导游服务学生分组表

班级		组号		指导老师	
组长		学号			
组员	姓名		学号	姓名	学号
任务分工					

6 工作准备

1. 阅读工作任务单，见表1-2，结合旅行社带团通知，熟悉旅游接待计划；熟悉团队成员信息；充实旅游行程中所需的其他资料。

表1-2 地陪导游服务任务单

学习领域	导游实务		
学习情境	情境一：地陪导游服务	课时	22
检验成果	任务单元一：接团服务 1. 服务准备　2. 接站服务 3. 入住服务　4. 核对、商定日程	任务单元二：参观游览服务 1. 出发前准备工作　2. 途中导游 3. 景区景点导游　4. 参观活动 5. 返程途中的导游服务	
	任务单元三：餐饮、购物、娱乐服务 1. 餐饮服务　2. 购物服务 3. 娱乐服务	任务单元四：送团服务 1. 送站准备　2. 离店服务 3. 送行服务　4. 善后工作	
考核方式	1. 档案文件（各项操作表单单据、资料）：20% 2. 老师开展过程观察考核，成员互评：20% 3. 项目成果：30% 4. 答辩：30%		

2. 收集《中华人民共和国旅游法》、《导游服务规范》(GB/T 15971—2023)中有关地陪导游服务部分的知识及国家标准。

3. 结合任务书分析地陪导游服务在服务中的难点以及特殊或突发情况。

7 工作计划

针对地陪导游带团所需资料、物品及工作过程制订带团服务计划。

引导问题1：查看地陪导游规范服务流程图，如图1-1。

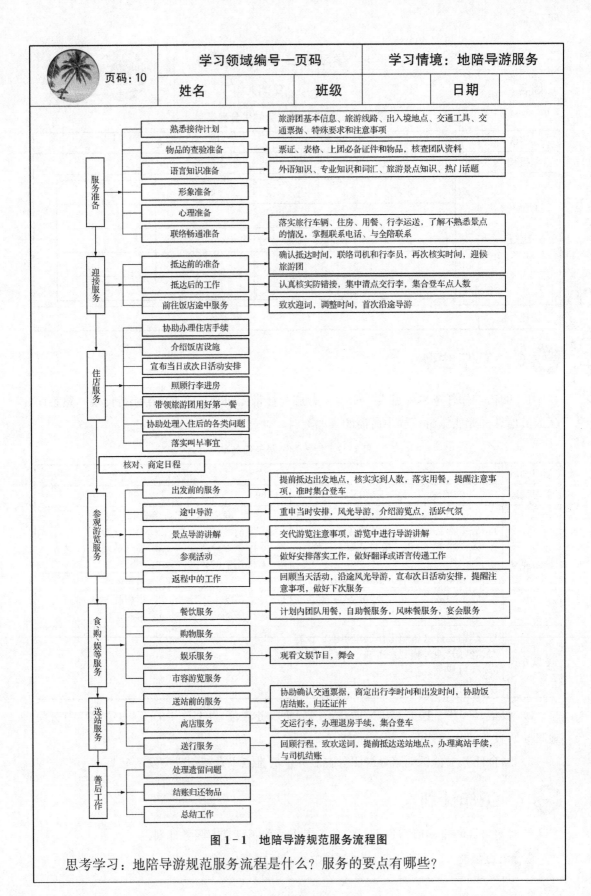

图 1-1 地陪导游规范服务流程图

思考学习：地陪导游规范服务流程是什么？服务的要点有哪些？

学习领域编号—页码		学习情境：地陪导游服务	
姓名		班级	日期

❓引导问题 2：学生分组讨论：地陪导游工作过程如何实施？实施过程中的难点与解决方法有哪些？

❓引导问题 3：制订工作计划和地陪导游服务方案。

每个学生提出自己的计划和方案，经小组讨论比较，得出 2~3 个方案；教师审查每个小组的地陪导游服务方案、工作计划并提出整改建议；各小组进一步优化方案，确定最终工作方案。

各小组将制订的工作计划及地陪导游服务方案填入表 1-3。

表 1-3 地陪导游服务行动计划单

学习领域	导游实务		
学习情境	情境一：地陪导游服务	课时	22
行动目标结果			
行动进程安排			
序号	实施步骤	人员分工	
质量保证计划			
教师评语			

👥8 工作实施

从地陪接到旅行社下发的接待计划书开始，到前往接站地点之前，均为准备阶段。

做好准备工作是地陪提供良好服务的重要前提。充分的准备工作可以帮助地陪有计划、有步骤地开展各项服务工作,确保导游服务工作圆满完成。

准备工作包括计划准备、知识准备、物品准备、形象准备、心理准备、落实接待事宜等。

❓引导问题1:计划准备

需要完成以下两项任务:熟悉接待计划和拟定日程安排。

1. 地陪熟悉旅游接待计划主要应掌握哪些信息?

2. 地陪熟悉旅游团队成员信息时,需要对旅游团队哪些构成情况进行分析?

3. 请制定一份合理且详细的活动日程,并以小组为单位将其展示出来。

❖ **【案例导入】关于熟悉接待计划**

夏季的某天下午7时许,导游员小吴正在家里休息,突然接到电话,她的表情立刻严肃起来,原来她忘了送两位游客去机场。客人正在酒店大厅等候送机,此时距离飞机起飞还有1小时20分钟,而且客人的机票还在小吴手中。

从家里到饭店需要40分钟,从饭店到机场需要30分钟,时间很紧张。小吴急忙打电话与司机联系,请他接上客人直接去机场,自己从家里坐出租车赶去机场送机票。一路上小吴十分焦急,不断催促出租车司机加快速度,途中通过电话与机场和旅行社联系说明情况。50分钟后,小吴终于赶到了机场,她迅速找到焦急等待的客人,道歉后急忙办理登机手续。谁知离起飞只有25分钟,按规定已经不能再办理登机手续了,还好旅行社有工作人员事先在机场进行了预处理,最终在机场人员的大力配合下,客人办好手续顺利登机。

案例分析:

导游员在接待旅游团队或散客前都要认真查看接待计划,不要因为工作繁忙或觉得枯燥而放松对自己的要求,以免给工作带来困难或不良后果。本案例中的小吴就是因为没有认真阅读接待计划,而忘记还有两位散客需要送机,险些造成误机事故的发生。只有在接站前真正重视每一个旅游团或散客的接待计划,细致认真地查看和确认每一个工作环节,才能确保接待工作的顺利进行。

学习领域编号—页码		学习情境：地陪导游服务		页码：13
姓名		班级	日期	

❖【知识链接】

一份详细的活动日程表应包括旅游团的团名、团号、所住酒店、叫早时间、用餐时间、集合出发时间及地点、游览点、购物点、出行李时间及旅游团离开当地的时间等。

导游员在接团前应认真研究带团计划，制定周密的活动日程，在安排活动日程时应当注意以下几点：1. 分析游客的需要，根据国籍、职业、年龄、性别等来分析他们最感兴趣的东西。西方游客喜欢参与性旅游活动，东方人则更喜欢观光性旅游；年轻人体力好，希望多看一些东西，老年人则更愿意将活动节奏放慢，多留出一些休息时间；文化层次高的游客理解力强，对我国古建筑景观比较感兴趣，一般游客则对日常生活景象感兴趣。2. 活动前应把计划和日程告诉游客，有领队或全陪时，应与其商定，告诉对方如此安排日程的理由，以免对方提出不合理的要求而难以应付。3. 活动安排结构要合理，在制定活动日程时应注意循序渐进，切忌"虎头蛇尾"。4. 活动日程应符合大多数人的要求。对于活动日程紧、项目多的旅游团，如果多数人精力充沛，则一定要满足他们的要求，绝不能"偷工减料"；对于老年人多的旅游团，则可根据他们的要求灵活处理。

❓ 引导问题2：知识准备

地陪出团前应从哪些方面做好知识准备？

❖【案例导入】关于知识准备

导游员小孟接待了一个十多人的外国旅游团。由于第一次来到中国，这些游客经常问这问那，对中国的建设与发展情况也十分关心。小孟对大家的问题有问必答，显得十分自信。她告诉大家，中国自改革开放以来已经取得了举世瞩目的发展，在世界上的地位也越来越高；中国是一个发展中国家，希望与世界各国和平共处，对敌对势力采取坚决防范和打击的态度，坚信凡是热爱和平的人，都会支持中国的建设和发展。大家对她的回答非常满意，游览气氛轻松自如。

在前往长城的路上，小孟还结合游客所了解的一些历史事件向他们介绍了长城的历史和修建情况，把长城和法国人所修的"马其诺防线"进行了比较。大家对小孟的讲解很感兴趣，不断夸她知识广博。

案例分析：

知识的掌握要注意广博性和延伸性，只了解与中国有关的知识还不够，还要了解游客本国本土的情况，要做到"知己知彼"。导游员小孟在讲解长城的过程中，对照性地提到游客所熟悉的历史、事件和事物，使大家产生亲切感。

❓ 引导问题 3：物品准备

需要完成以下两项任务：准备工作物品、准备个人物品

1. 地陪出团前的工作物品应如何准备？

2. 地陪出团前的个人物品应如何准备？

❖【知识链接】

　　导游证的形式：自 2018 年 1 月 1 日起实施的《导游管理办法》规定，导游证采用电子证件形式，由文化和旅游部制定格式标准，各级旅游主管部门通过全国旅游监管服务信息系统实施管理。电子导游证以电子数据形式保存于导游个人移动电话等移动终端设备中。导游在执业过程中应当携带电子导游证、佩戴导游身份标识，并开启导游执业相关应用软件。旅游者有权要求导游展示电子导游证和导游身份标识。

　　导游的必带物品——电话号码本。电话号码本上应记载着一些关键电话，如旅行社各部门电话、餐厅电话、酒店电话、车队电话、剧场电话、购物商店电话、组团人员电话、其他导游的电话等。在带团过程中，一旦遇到手机遗失、手机不在身边、手机电量不足等情况，或者遇到一些必须关闭手机的场合，导游可以通过电话号码本查阅电话。

❓ 引导问题 4：形象准备

思考学习：地陪导游上团前如何做好职业形象准备？

❓ 引导问题 5：心理准备

思考学习：地陪导游接团前应从哪些方面做好心理准备？

❓ 引导问题 6：落实接待事宜

思考学习：地陪导游出团前应从哪些方面落实接待事宜？

学习领域编号—页码		学习情境：地陪导游服务	
姓名	班级	日期	

❖ **【知识链接】上团前的准备细则**

　　地陪导游接团前首先要与旅游汽车公司或与车主联系，再联系到本团用车的专职司机，向他了解并确定为该团提供交通服务车辆的车型、车牌号和司机姓名、联系方式，以保持联络畅通。第二，要了解车内设施。问清楚旅游车内是否有空调，若有空调则要问清楚是否运转正常，是否漏水。旅游车上是否有麦克风，麦克风是否能正常使用。旅游车上是否有车载电视，是否运转良好，并提醒司机检查车辆设施，排查车辆隐患。第三，要与司机确定接头时间和地点，告诉司机自己是否需要接送，并向司机了解他是否熟悉行车路线。如果司机熟悉路线、经验丰富，则为导游服务工作顺利进行提供了重要条件。最后，接大型旅游团时旅游车上应贴上编号或醒目的标志，以方便客人和导游的认找。若该团要前往需办理车辆通行证的地区，则要问清楚司机是否已办理妥当。如没有，则必须提醒司机抓紧办理。

　　接站服务是地陪工作的重要一环，因为这是地陪第一次与游客直接接触。而接站过程中地陪给游客留下的"第一印象"，在很大程度上影响了整个旅游过程中游客对地陪的评价，同时也影响了游客对整个旅游行程的满意度。

　　接站服务包括旅游团抵达前的服务、旅游团抵达后的服务和前往酒店途中的服务。

❓ 引导问题7：旅游团抵达前的服务

思考学习：在去接旅游团前，地陪还需要做哪些准备工作？

❓ 引导问题8：旅游团抵达后的服务

1. 认找旅游团有哪些方法？小组可合作制作一块接站牌。

2. 找到旅游团后，地陪和全陪或领队需要做哪些沟通？

3. 请写出带领游客登车时的注意事项。

❖【知识链接】

清点人数的方法：一是在车内过道处——点数；二是站在前头——点数；三是专点空座位数，一般旅游车的空座位数大大少于客人座位数。但不管采用哪种方法，都应注意礼貌点数，采用默数或领首数的方式，不能用手一个一个点着数。如果车内有小孩在较后的座位上时，导游在前面有可能看不见而数错，这时要从旅游车的后排向前排数。

4. 如果在迎接旅游团的过程中发生了意外事故，地陪该如何处理呢？

（1）漏接事故

（2）错接事故

❖【案例导入1】漏接的处理

某日上午8:00，某旅行社门市接待人员接到北京组团社电话，原定于第二天17:50到达的旅游团，因出发地订票的原因改为第二日上午11:40提前到达，须提前接站。门市接待人员因有急事，在未能和旅行社计调联系上的情况下，在计调的办公桌上留下便条告知此事，便离去了。计调回社后，没有注意到办公桌上的便条，直到第二天上午12:00组团社全陪从火车站打来电话才得知此事。地陪应如何处理此次漏接事故？请将处理方法记录下来，小组采用角色扮演法展示处理过程。

案例分析：

1. 地陪以最快的速度，带车到达火车站；
2. 实事求是地向游客说明情况，诚恳地赔礼道歉，力求游客的谅解；
3. 必要时请旅行社的领导出面赔礼道歉或酌情给游客一定的物资补偿，如小礼品；
4. 用更加热情周到的服务，高质量地完成计划内全部活动内容，以消除因漏接给游客带来的不愉快。

❖【案例导入2】错接的处理

近年来，我国有些城市不止一次发生接错团的情况，即甲社的导游员把乙社的一个旅游团误认为是自己的团而接走，车抵酒店才发现差错。请问地陪应从哪些方面着手，防止此类事故发生？

案例分析：

1. 站在出站口醒目的位置上举起接站牌，以便领队、全陪（或游客）前来联系；
2. 主动从游客的民族特征、衣着、组团社的徽记等分析判断或上前委婉询问；
3. 及时找到领队和全陪，问清姓名、国别（地区）、团号和人数；
4. 旅游团无领队或全陪时，应与该团成员核对团名、国别（地区）及团员姓名等。

学习领域编号—页码		学习情境：地陪导游服务		页码：17
姓名		班级	日期	

❓ 引导问题 9：前往酒店途中的服务

需要完成以下三项任务：致欢迎词、首次沿途导游、介绍下榻的酒店。

1. 地陪导游对游客的称谓有哪几种形式？

2. 地陪导游进行自我介绍时有哪几种方法？

3. 欢迎词的要点包括哪些内容？请完成一篇欢迎词。

❖ **【案例导入】** 欢迎词示例

来自上海的各位游客朋友们：

  大家好，大家辛苦了（问候语）。欢迎大家来武汉观光游览（欢迎语）。我姓郭，是××旅行社的导游员，大家叫我"郭导"好了，这位是我们的司机胡师傅，他的车技相当娴熟，大家可以放心乘坐（介绍语）。今明两天就由胡师傅和我为大家提供服务，我们感到非常荣幸。一路上大家有什么问题、有什么要求就尽管提出来（希望语）。我们将尽力满足。最后希望大家在武汉能玩得开心，吃得满意，住得舒适（预祝语）。谢谢各位。

❖ **【知识链接】**

  致欢迎词的时机：一般应在到达酒店前进行。如果一个旅游团人数很多，需要分乘几辆车运送，每辆车又不能保证有一位导游陪同，这种情况下在机场（车站）致欢迎词比较好。一般情况下，地陪应在前往酒店的路上致欢迎词。欢迎词的内容应视旅游团的性质，旅游者的国籍、年龄、文化水平、职业、居住地区及旅游季节等不同而有所不同，不可千篇一律。说话的态度要符合导游身份，做到诚恳、亲切、切忌做作。内容要做到简明扼要、精彩。

  致欢迎词的目的：让旅游者认识导游员和司机，拉近导游员与旅游者的距离；让旅游者了解旅行社、熟悉旅游目的地；展示旅游目的地、旅行社及导游员的热情好客，营造轻松氛围。

致欢迎词的注意事项：致欢迎词时，地陪应面对游客，站在车厢的前部（或坐于"导游专座"上，侧身面对游客），这样不仅地陪能看到游客的表情和反应，游客也能看到地陪。身体不可摇摆抖动，不要把手插在裤、衣兜里，或者做一些不协调的动作（如抖肩、抓痒等）。无论是在车上致欢迎词还是进行其他讲解，地陪都要注意让坐在最后面的游客也能听得清楚。因此，语速不宜太快。话筒的音量应适中，话筒不能离嘴太近，太近了容易产生杂音。话筒不要遮住嘴部，这样容易分散游客对地陪的注意力。此外，地陪还应避免在高速公路或者危险路段站立讲解。

【小提示】《导游管理办法》第二十九条规定，旅行社应当提供设置"导游专座"的旅游客运车辆，安排的旅游者与导游总人数不得超过旅游客运车辆核定乘员数。导游应当在旅游车辆"导游专座"就座，避免在高速公路或者危险路段站立讲解。

4. 首次沿途导游包含哪些内容？请完成一篇沿途风光导游词。

【知识链接】

首次沿途导游的内容：地陪在首次沿途导游中不可能将当地概况全部讲清、讲全，但游客最关心、最感兴趣、在旅游途中最实用的知识应涉及。

如果地陪接待的是外国游客，以下情况一般应该事先向游客介绍：中国与外国游客所在国的时差；当地的旅行常识、乘坐交通工具的方法、当地的邮电情况等；当地常用的交往、问候用语；当地的土特产品有哪些，去哪里购买，风味名菜是什么，有什么特色，当地主要的商业中心及营业时间；兑换货币的地方，外国游客所携带货币与人民币当天的汇率；外国游客在当地旅游应遵守的规定。

【知识链接】

沿途风光讲解：沿途风光指城市道路沿线固定存在的景观，可以是建筑、雕塑、河湖、道路，也可以是绿化植物。只要是醒目的，或者虽不醒目但是游客感兴趣的景观，都可以介绍。讲解的内容不局限于对具体景观本身的介绍，还可以延伸到相关知识。

进行沿途风光讲解需注意以下几个方面：熟悉沿途道路，有针对性地准备讲解内容；方位的指示要以游客为准；讲解要有提前量。

学习领域编号—页码		学习情境：地陪导游服务	页码：19
姓名	班级	日期	

5. 在抵达酒店前，应如何介绍即将下榻的酒店？请撰写一篇酒店介绍词。

❖ **【案例导入】** 介绍下榻酒店

　　我们今天入住的酒店是×××国际大酒店。×××国际大酒店是一家四星级酒店，有着科学的管理、先进的设施和优质的服务，是游客来武汉的首选饭店。×××国际大酒店坐落于武汉金融商业中心——新华路中段，与密集的商务办公区域、数家高档购物广场和武汉国际会展中心咫尺之遥，更有风景优美的喷泉公园隔街相望。酒店距步行街仅需5分钟车程，开车20分钟即可到达天河国际机场，交通极为便利。酒店内设施配备齐全，中西餐厅24小时营业，大堂前厅设有商务中心、外汇兑换处和酒吧。大家如果需要在酒店里打电话，请记住房间与房间通话直拨房号，打长途电话时，先拨"0"，听到一长声后，再拨打您要拨打的电话号码。每个房间都配有自费消费物品，您如果在酒店内有了消费，请在离开酒店前，主动去前台结账。大家进入酒店房间后，请认真检查房间所提供的必需物品是不是齐全，设备是不是完好，如果有问题请及时与我联系，我就在酒店大堂等候大家。

❖ **【知识链接】**

　　入住酒店服务是指地陪从旅游团抵达所下榻酒店到进入客房这段时间的服务。导游人员在旅游者进入酒店时为其提供周到的服务非常重要，因为酒店是旅游者在游览地"临时的家"。地陪应尽快协助全陪或领队办理旅游团入店手续，让旅游者了解酒店基本情况和住店注意事项，照顾旅游者进房并取得行李，让旅游者知道当天或第二天的日程安排。入住酒店服务包括协助办理入住手续、带领游客用好第一餐、协助处理游客入住后的各类问题、核对及商定旅游日程等。

❓ 引导问题10：协助办理入住手续

　　地陪导游在协助办理入住手续时需要做些什么？请按照服务提供的时间顺序，总结地陪导游提供入住服务的程序和规范。

学习领域编号—页码		学习情境：地陪导游服务	
姓名		班级	日期

❓ 引导问题 11：带领游客用好第一餐

在团队顺利入住后，地陪导游需要带领游客用好第一餐。请总结地陪导游带领游客用餐时的注意事项。

❖ 【知识链接】掌握游客的忌食

地陪掌握游客的忌食比掌握口味更重要，若旅行社安排的餐饮服务中不小心提供了游客的忌食，很可能会引起游客的不满，导致投诉。例如，西方人通常不食动物内脏、动物四肢、家庭宠物、珍奇动物；印度人、尼泊尔人不食牛肉；信仰伊斯兰教的人不食猪肉等。

❓ 引导问题 12：协助处理游客入住后的各类问题

如果旅游团在住宿或用餐时提出了个别要求，地陪该如何处理呢？

（1）游客要求调换房间

①客房卫生不符合标准

②对客房朝向不满意

（2）游客要求住单间

（3）游客要求更高标准的客房

（4）游客提出了特殊的饮食要求

学习领域编号—页码				学习情境：地陪导游服务	
姓名		班级		日期	

（5）游客要求换餐

（6）游客要求单独用餐

（7）游客要求提供客房内用餐服务

❖ **【案例导入1】游客在住宿方面个别要求的处理**

"五一"黄金周期间，某旅游团在成都、九寨沟观光游览。晚上，有两位游客找到地陪小周说，他们住的房间太差，要求调换房间。小周对游客说，现在正值旅游旺季，能住上你们原定的酒店就不错了，这还是我好不容易"抢"到的呢。游客对小周的解释非常不满意。在此情况下，怎么处理才能得到游客的认可呢？

案例分析：

1. 首先看地接社提供的房间是否符合合同要求，如果符合，则应与酒店方面联系，尽可能调换房间；

2. 如果没有房间可以调换，要采取一些措施：如更换床单、被褥，利用空调除潮等，并耐心地向游客做好解释工作；

3. 如果地接社提供的酒店不符合合同规定，则应与地接社联系，更换酒店；

4. 如果不能更换酒店，地接社领导要出面向游客赔礼道歉并做出经济补偿。

❖ **【案例导入2】游客在餐饮方面个别要求的处理**

导游小熊和一个来自德国的旅游团坐长江豪华游船游览长江三峡，一路上相处十分愉快。游船上每餐的中国菜肴都十分丰盛，且每道菜没有重复。但一日晚餐过后，一游客对小熊说："你们的中国菜很好吃，我每次都吃得很多，不过今天我的肚子有点想家了，你要是吃多了我们的面包和黄油，是不是也想中国的大米饭？"旁边的游客也笑了起来。虽说是一句半开玩笑的话，却让小熊深思。晚上，小熊与游船相关方取得联系，说明了游客的情况，提出第二天安排一顿西餐的要求。第二天，当游客发现吃西餐时，个个兴奋地鼓掌。

请你对此进行分析。

案例分析：
1. 这是一次对游客超常服务的成功案例；
2. 导游人员在对客服务时，应考虑游客的饮食习惯；
3. 在游客含蓄提出换餐要求后，导游人员要尽量与餐厅联系，看是否可行；
4. 如需增加费用，应征求游客的意见。

❓ 引导问题 13：核对及商定旅游日程

1. 地陪导游与全陪（领队）核对日程的时机和内容有哪些？如何核对？

2. 核对日程时，全陪（领队）对日程安排提出了要求，地陪该如何处理？
（1）提出小的修改意见或增加新的游览项目时

（2）提出的要求与原日程不符且又涉及接待规格时

（3）领队（或全陪）手中的旅行计划与地陪的接待计划有部分出入时

❖ **【案例导入】旅游计划和日程变更的处理**

　　某旅游团按照接待计划应于 11 月 23 日 11:30 乘航班抵达 B 市，11 月 24 日 14:25 乘航班赴 S 市。由于航班晚点，该团 23 日 19 时才抵达 B 市。原计划在 B 市要游览四个景点，因为原来安排的是一天的日程，现在时间已经不够。面对该团的情况，作为导游员，你会怎么做？

案例分析：

1. 立即通知旅行社推掉 23 日的中餐。
2. 做出两种以上的日程预案：
(1) 按原计划离开 B 市预案。
(2) 如果下站的时间允许，晚上航班机位没有问题的话，建议推迟离开 B 市的预案。
3. 团队抵达后立即与领队商谈日程，在征得领队和客人的同意后，做出日程调整。
4. 如果要推迟离开 B 市，要征得组团社和接待社的同意。
5. 如果推迟离开，要及时通知下一站。
6. 导游员要更加积极主动地工作，以消除客人因日程调整带来的不快情绪。

引导问题 14：参观游览活动出发前准备工作

参观游览活动是旅游活动中最重要的部分，是旅游者购买的旅游产品的核心内容，也是导游服务工作的中心环节。

参观游览服务包括出发前准备、途中导游、景点导游、返程服务。

思考学习：出发前准备，地陪带团参观游览前，要做好哪些准备工作？

引导问题 15：途中导游

1. 从酒店前往景区景点的途中，地陪可以为游客介绍什么？

2. 地陪与游客交谈时要注意哪些语言技巧？

引导问题 16：景点导游

1. 在景区游览示意图前，地陪一般会讲解哪些内容？

页码:24	学习领域编号—页码	学习情境:地陪导游服务
	姓名　　　班级	日期

2. 在景区门口的讲解与具体景点的讲解有何区别?

3. 在景区景点游览过程中,游览的节奏和线路安排需要注意哪些问题?

> ❖【知识链接】掌握游览节奏
>
> 　　游览节奏无定规,应视游览内容、游览主体的具体情况(年龄、体质、审美情趣、当时的情绪等)以及具体的时空条件来确定并随时调整。一般在有体力差的游客、天气状况不好、观赏点的吸引力大的情况下,游览的节奏应缓慢;反之,可以加快游览节奏。在安排游览活动时导游员需要根据具体情况调整游览节奏。要有张有弛,劳逸结合;有急有缓,快慢相宜;结合导与游。

4. 在旅游景区引导游客游览时有定点讲解和移动过程中讲解两种情况,这两种情况分别需要注意什么?

(1) 景区中定点讲解的注意事项。

(2) 景区中移动过程讲解的注意事项。

> ❖【知识链接】景点导游讲解
>
> 　　在景点讲解时,地陪应手举导游旗走在旅游队伍前面,一边引路,一边讲解。讲解时,地陪应面向游客,站在距游客约1.2米、与景点成60度角的位置上。讲解景点时,地陪应注意以下几个方面:讲解内容要正确无误,尤其是讲解人文景观时,要有根有据;讲解方法要有针对性,因人而异,因时间而异;内容安排要有艺术性;讲解语言要丰富生动;讲解时别忘了引导游览,应让游客在计划的时间与费用内能够充分游览和观赏;对游客的拍照时机进行适当引导,尽量提前宣布拍照时间,以免游客只顾照相而耽误了听讲解。

学习领域编号—页码				学习情境：地陪导游服务		页码：25
姓名		班级		日期		

5. 地陪引导游客观景赏美的方法有哪些？

6. 地陪导游在进行口头语言表达时有哪些注意事项？

7. 地陪导游应如何运用态势语言表达技巧？
（1）首语

（2）表情语

（3）目光语

（4）手势语

8. 地陪需要对游客的某些不当行为进行劝说时，有哪些劝说的语言技巧？

9. 地陪在提醒游客游览安全和游览要求时，有哪些提醒的语言技巧？

10. 地陪在回绝游客提出的不合理或不可能办到的要求时，有哪些回绝的语言技巧？

11. 地陪向游客道歉时，有哪些道歉的语言技巧？

12. 地陪回答游客提出的问题时，有哪些答问的语言技巧？

13. 如果旅游团在游览过程中提出了个别要求，地陪该如何处理呢？
(1) 游客要求去不对外开放的地方游览

(2) 游客要求更换或取消游览项目

(3) 游客要求增加游览项目

(4) 游客要求自由活动

(5) 游客要求亲友随团活动

(6) 游客要求中途离团

❖ 【案例导入】游客要求中途退团的处理

某旅行社导游员小郭接待一个来自美国旧金山的旅游团,该团原计划9月27日飞抵D市。9月26日晚餐后回到房间不久,领队陪着一位女士找到小郭说:"这位玛丽小姐刚刚接到家里电话,她的母亲病故了,需要立即赶回旧金山处理丧事。"玛丽小姐非常悲痛,请小郭帮助。小郭得知此事后应该如何妥善处理?

案例分析:

1. 表示哀悼,安慰玛丽小姐;
2. 立即报告接待方旅行社,由其与国外组团社联系、协调后满足玛丽小姐的要求;
3. 协助玛丽小姐办理分离签证,重订航班和其他离团手续,所需费用由其自理;
4. 玛丽小姐因提前离团未享受的综合服务费由中外旅行社结算,按旅游协议书规定或国际惯例退还;
5. 通知内勤有关变更事项。

❖ 【知识链接】地陪清点人数的方法

为避免游客走失,或在走失后能及时被发现,在游览景点时,地陪有必要清点人数,但在景点清点人数比在车上要难得多。这时地陪可采用以家庭为主的清点方法,因为多数旅游团都是由若干家庭组成的,而家庭数目总是少于全团人数;点完家庭数目后,再点单个游客数,全团人数就清楚了。地陪在清点人数时,对以下游客应特别注意:有过迟到记录的游客;头一回旅游的人;爱随时购买饮料或去卫生间的游客;独自出门的游客;容易迷路或走失的游客。

🔍 【小提示】旅游旺季地陪带团技巧

在旅游旺季,地陪导游员最好设法避开景点人流高峰时段。若实在无法避开,地陪导游员要把讲解好景点和防止游客走散作为工作的重点。在抵达旅游景点的途中,导游员首先要把景点介绍、应该注意的问题、必要的措施特别是紧急应变的方法向游客交代清楚,更要强调遵守相关规定。旅游车到达景点后,地陪要再次向游客交代清楚停车地点、车牌号、车型、集合时间以及下一个游览景点的名称,同时也要和游客对好钟表时间。在景点中要尽量避免走入十分拥挤的通道,人多时最好不要让游客自由活动,而且随时要注意游客周围的动向,发现问题及时处理,切实保护好游客的生命和财产安全。

引导问题 17：返程服务

1. 在参观游览结束的返程途中，地陪应做好哪些方面的工作？

2. 游客要求缩短或取消在本地的游览时间，地陪应如何处理？

3. 游客要求延长旅游时间，地陪应如何处理？

4. 游客在本地的逗留时间不变，但被迫改变部分旅游计划，地陪应如何处理？

其他服务是指旅游者所需要的餐饮、购物、健康文明的文娱活动及自由活动等，它是参观游览活动的延续与补充。安排好这类活动，能使旅游活动变得更加丰富多彩。

其他服务包括餐饮服务、购物服务和娱乐服务

引导问题 18：餐饮服务

旅游团就餐时，地陪导游有什么服务规范和要求？

（1）计划内的团队便餐

（2）自助餐服务

（3）风味餐服务

引导问题 19：购物服务

1. 旅游团购物时，地陪导游有什么服务规范和要求？

学习领域编号—页码		学习情境：地陪导游服务	
姓名	班级	日期	

❖ 【案例导入】地陪导游购物服务

一个23人新加坡旅游团在N市由地陪王女士负责接待，午后参观某佛寺后，王导向大家介绍本地一家新开业的珍珠馆。她说："店主是我的好友，保证价廉物美。"在珍珠馆，一位姓朱的女士对标价4000元的珍珠产生兴趣，王导立即主动介绍识别真假珍珠的方法，并为其讨价还价，最终以900元成交。16：40旅游团游览某景点。因景点即将关门，大家匆匆摄影留念后即离去。在返回饭店途中，数名男士提出去书店购买中国地图，几位女士则希望购买中国烹调书籍，王导表示可以安排。次日出发前，朱女士手持前日所购的项链，要求王导帮其退换，说："一内行人认定它是残次品。"王导表示不可能退换。上午结束参观后，她又带全团去一家定点工艺品商店，许多人不感兴趣，只在车中坐着。王导恳求说："大家帮帮忙，不买东西没关系，进店逛一圈也可以。"于是，一些游客才不情愿地下车、进店。13：30赴机场途中，数名游客又提起购书一事，王导说："没有时间了。"一周后，旅行社接到新加坡组团社发来的传真，申明该社今后若有团赴N市，不能由王导带团。

试问：王导在接待该团的过程中做错了哪些事？为什么？

案例分析：

1. 不应该带旅游团到非定点商店购物，违反了有关带团购物的规定。
2. 介绍商品不实事求是，以次充好。导游员既要推销商品，更要让游客满意。
3. 拒绝帮助游客退换残次商品。游客要求退换所购商品，导游员应积极协助。
4. 没有满足客人的购物要求，部分游客去书店买书的要求没有实现。
5. 强行推销，多次安排购物，影响游客在该市的游览效果。

❖ 【知识链接】

《中华人民共和国旅游法》实施后，旅行社和导游还能安排游客购物吗？

《中华人民共和国旅游法》禁止的是旅行社通过安排旅游者在其指定的具体购物场所购物而获取回扣等不正当利益的行为，并不是绝对禁止安排旅游者购物。具体来说，旅行社和导游在安排旅游者购物时应做到：不得以不合理的低价组织旅游活动，诱骗旅游者；不得通过安排购物或者另行付费旅行项目获取回扣等不正当利益；不得指定具体购物场所，不得安排另行付费旅行项目。但是，经双方协商一致或者旅游者要求，且不影响其他旅游者行程安排的除外；应将购物场所的具体情况向旅游者进行真实、准确、详细的说明；不得将旅游者是否同意相关购物的安排作为订立旅游合同的条件。

> 🔍 **【小提示】协助游客购物**
>
> 　　首先，坚持游客购买自愿原则是导游购物服务的前提。其次，导游可考虑从以下一些方面给游客提供指导性意见：爱好与财力相结合；尽量购买此地独有的产品；尽量购买小巧的产品，便于旅途携带；尽量购买有当地特色的产品；少买吃的，多买用的；尽量购买有纪念意义的产品等。对于贵重物品、金银物品、珠宝玉器、大件物品、海鲜水产等，导游应提醒游客谨慎购买。

　　2. 旅游团在一地游览过程中常常需要购买一些当地的特产。请分小组准备，查找某地特产的资料，并制作演示文稿进行推介。

　　3. 如果旅游团在购物时提出了个别要求，地陪该如何处理呢？

（1）游客要求单独外出购物

（2）游客要求退换商品

（3）游客要求再次前往某商店购物

（4）游客要求购买古玩或仿古艺术品

（5）游客要求购买中药材

❖【案例导入】游客在购物方面个别要求的处理

美国ABC旅游团一行18人参观湖北某地毯厂后乘车返回饭店。途中，旅游团成员史密斯先生对地陪小王说："我刚才看中一条地毯，但没拿定主意。跟太太商量后，现在决定购买。你能让司机送我们回去吗？"小王欣然应允，并立即让司机驱车返回地毯厂。在地毯厂，史密斯夫妇以1000美元买下地毯。但当店方包装时，史密斯夫人发现地毯有瑕疵，于是决定不买。两天后，该团离开湖北之前，格林夫妇委托小王代为订购同样款式的地毯一条，并留下1500美元作为购买和托运费用。小王本着"宾客至上"的原则，当即允诺下来。史密斯夫人十分感激，并说："朋友送我们一幅古画，但画轴太长，不便携带。你能替我们将画和地毯一起托运吗？"小王建议："画放在地毯里托运容易弄脏和损坏。还是随身携带比较好。"史密斯夫人认为此话很有道理，称赞他考虑周到，服务热情，然后满意地离去。送走旅游团后，小王立即与地毯厂联系办理了购买和托运地毯的事宜，并将发票、托运单、350美元托运手续费收据寄给夫妇。试分析小王处理此事过程中的不妥之处。

案例分析：

在此案例中地陪小王在处理史密斯先生的三个要求时有不妥：

1. 不应让司机立即返回地毯厂，正确的做法是先征求其他游客的意见：

（1）若大家同意，可返回；

（2）若大家不同意，可让史密斯先生坐出租车去地毯厂并为其写便条（注明工厂名称及酒店名称），或先回酒店，安排好其他客人后陪同史密斯先生前往地毯厂。

2. 不应欣然应允代购地毯的要求并收钱，正确的做法应是：

（1）婉拒史密斯先生的代购地毯的要求；

（2）推托不了时应请示领导，如领导同意，可接受委托并收钱；

（3）购妥、托运后，将发票、托运单、托运费收据及余款寄给格林先生，将各种单据的复印件交旅行社保存。

3. 对古画的处理不妥，地陪要向史密斯夫妇讲明如下几点：

（1）古画必须送国家文化行政管理部门鉴定，未经鉴定的文物不准出境；

（2）古画出境要开具出口许可证；

（3）携古画出境时要向海关申报，不据实申报的，海关将依法处理；

（4）古画不能放在地毯内托运。

引导问题 20：娱乐服务

1. 旅游团参加娱乐活动时，地陪导游有什么服务规范和要求？

2. 如果旅游团在参观娱乐活动时提出了个别要求，地陪该如何处理呢？
（1）游客要求调换计划内的文娱节目

（2）游客要求自费观看文娱节目

（3）游客要求前往不健康的娱乐场所

❖【案例导入】游客在娱乐方面个别要求的处理

　　某旅游团 17 日早上到达 K 市，按计划上午参观景点，下午自由活动，晚上 19：00 观看文艺演出，次日乘早班机离开。抵达当天，适逢当地举行民族节庆活动，并有通宵篝火歌舞晚会等丰富多彩的文艺节目。部分团员提出，下午想去观赏民族节庆活动，并放弃观看晚上的文艺演出，同时希望导游员能派车接送。

　　针对此种情况，导游员应怎样处理？应做好哪些工作？

案例分析：

1. 导游在未请示旅行社领导做好变更安排之前，切勿答应游客的要求。
2. 应做好的准备工作有：
（1）问明具体情况；
（2）请示旅行社领导，看是否有变更计划的可能；
（3）落实好车、餐的安排；
（4）强调观赏民族节庆活动的注意事项和安全问题；
（5）晚上应在就寝之前落实游客到位情况。

学习领域编号—页码		学习情境：地陪导游服务		页码：33
姓名		班级	日期	

送站服务是导游接待工作的尾声。如果说接站时地陪给游客留下的第一印象是重要的，那么送别时地陪给游客留下的最后印象是深刻的、持久的。送站服务既是把全程服务推向高潮的机会，也是对前段服务工作不足之处的一个补救机会。因此，在这一阶段，地陪仍应保持积极的工作状态，善始善终，处理好送站的每一项工作。

送站服务包括送站前的服务和送行服务。

❓ 引导问题 21：送站前的服务

送团服务的要点有哪些？可以从交通票据、出发时间、办理退房、离站手续办理等方面进行分析。

❓ 引导问题 22：送行服务

1. 旅游团完成在本地的游览即将返程，该如何致欢送词？欢送词的要点包括哪些内容？请完成一篇欢送词。

2. 如果在送行服务过程中发生了误机（车、船）事故，地陪该如何处理呢？如何避免误机（车、船）事故的发生？

3. 游客不随团离开或出境，地陪该如何处理呢？

❖ **【案例导入】欢送词示例**

游客朋友们：

我们的终点——天河机场就要到了，我也要和大家说再见了，正像歌词所唱：说再见，再见就在眼前；道离别，离别不会太遥远！在这里，我非常感谢大家对我工作的支持和配合（感谢语）。在这短短的几天里，大家给我留下了非常深刻的印象，谢谢大家带给我的快乐（惜别语）！由于我能力有限，这几天的活动安排还存在令大家不太满意的地方，在此，我向各位表示歉意，请大家多多谅解（致歉语）。大家对我这几天的工作有什么意见和建议，请及时给我提出来，我一定虚心接受，改进自己的工作方法，以便今后能更好地为大家服务（征求意见语）。希望大家能再次来我们武汉，到时我再来给你们做导游。最后祝愿大家一路平安、合家欢乐、身体健康，谢谢大家（祝愿语）！

学习领域编号—页码		学习情境：地陪导游服务	
姓名		班级	日期

❖ 【知识链接】地陪服务的时间要求及具体工作（表1-4）

表1-4 地陪服务的时间要求、具体工作

服务内容	时间要求	具体工作
接站	提前1~2小时	与交通站取得联系，确认旅游团到达本站的时间
	交通工具到达前30分钟	到达交通站
每次游览出发	提前10分钟	到达出发集合地点
旅游团离站	提前1天	核实交通工具、时间、地点
送国内航班	提前90分钟	到达机场（飞机起飞后方可离开）
送国际航班	提前120分钟	到达机场（旅游团进入海关后方可离开）
送火车站、码头	提前60分钟	到达火车站、码头（火车、轮船启动后方可离开）

❖ 【案例导入】地陪导游送站服务

清晨8时，某旅游团全体成员已在汽车上就座，准备离开饭店前往车站。地陪A从饭店外匆匆赶来，上车后清点人数，又向全陪了解了全团的行李情况，随即讲了以下一段话："女士们，先生们，早上好。我们全团15个人都已到齐。好，现在我们去火车站。今天早上，我们乘9：30的××次火车去X市。两天来大家一定过得很愉快吧。我十分感谢大家对我工作的理解和合作。中国有句古话：相逢何必曾相识。短短两天，我们增进了相互之间的了解，成为了朋友。在即将分别的时候，我希望各位女士、先生今后有机会再来我市旅游。人们常说，世界变得越来越小，我们肯定会有重逢的机会。现在，我为大家唱一支歌，祝大家一路顺风，旅途愉快！（唱歌）女士们、先生们！火车站到了，现在请下车。"

请根据导游工作规范，分析导游员A在这一段工作中的不足之处。

案例分析：

根据导游工作程序规范，导游员A的这一段工作存在如下不足之处：

1. 送团当天，地陪本应比平时更早到达饭店大厅，但他迟到了。
2. 由于迟到了，他没能在离开饭店前亲自与领队、全陪和行李员清点行李。
3. 没有提醒游客结账、交客房钥匙。
4. 没有提醒游客带齐各自的物品和旅行证件。
5. 没有征求游客的意见和建议。
6. 欢送词中没有回顾游览活动内容。
7. 下车前没有再次提醒游客不要遗忘随身携带的物品。
8. 游客下车后没有检查车上是否有游客遗留的物品。

❖ 【案例导入】误机（车、船）事故

　　KZH1015团将于10月17日17：40乘火车离开A市赴E市。地陪小胡带领该团游览了景点后于16：00将该团带到市中心购物。16：40全团上车后发现少了两名客人。于是小胡让领队照顾全团在原地等候，自己和全陪分头去找这两名客人。等找到客人回到车上时，离火车开车时间只有二十分钟了。驾驶员立即开车，可是汽车抵达火车站时，火车已驶离站台，试分析造成此次误机事故的原因，如果你是该团的地接，你将如何做好下一步的工作？

案例分析：

　　造成这次误车事故的原因如下：不应安排旅游团在快离开本地前到市中心购物；地陪、全陪不应分头去找人，而是地陪应将车票交给全陪，请他带团前往火车站；地陪去寻找未归者，找到后坐出租车赶往火车站。

　　地陪应采取的补救措施如下：立即与车站调度室联系，商量怎样尽早让旅行团离开本地；报告旅行社领导，请示处理意见；请旅行社有关部门安排好该团的食宿；请旅行社有关部门通知E市接待旅行社，该团不能按原计划抵达E市；安排好该团离开A市前的游览活动；妥善处理行李；离开A市的车次确定后，提醒内勤及时通知E市接待旅行社。

　　旅游团结束在本地的游览离开后，地陪导游还需做好相应的善后工作。
　　后续服务包括处理遗留问题、结清账目归还物品、总结工作。

❓ **引导问题23**：处理遗留问题

下团后，地陪该如何处理旅游团遗留的问题呢？

（1）游客要求代办托运

（2）游客要求代为转递物品

❖ 【案例导入】游客要求代为转递物品的处理

　　某旅游团离境前，一老年游客找到地陪小李。要求他将一个密封的盒子转交一位朋友，并说："盒里是些贵重东西。本来想亲手交给他的，但他来不了酒店，我也去不了他家。现在只得请你将此盒转交给我的朋友了。"小李为了使游客高兴，接受了他的委托，并认真地亲自将盒子交给了游客的朋友。可是，半年后，老年游客写信给旅行社，询问为什么李先生没有将盒子交给他的朋友。当旅行社调查此事时，小李说已经把盒子交给了老人的朋友了，并详细地介绍了整个过程。旅行社领导严肃地批评了小李。

(1) 领导的批评对不对？为什么？

(2) 怎样正确处理游客的转交贵重物品的委托要求？

案例分析：

1. 领导批评得很对，小李处理此事有错，主要错在以下几点：

(1) 违背了处理游客转交物品要求的一般原则；

(2) 在不请示领导、不知盒中有何物时就接受游客转交贵重物品的委托；

(3) 既没有让老年游客写委托书，也没有让收件人写收据。

2. 对待游客转交贵重物品的要求，导游员的正确做法如下：

(1) 一般要婉言拒绝；

(2) 让游客亲自将物品交给朋友或陪他去邮局邮寄；

(3) 游客确有困难又坚持请导游员转交时，应请示领导经批准后方可接受游客的委托；

(4) 要请游客打开盒子看清是什么物品，若是应税物品先让其纳税，若是食品应婉拒；

(5) 让委托人写委托书（必须写明物品名称和数量，收件人姓名和详细地址），物品送交收件人后要让其写收条；

(6) 导游员要妥善保管委托书和收条（或交旅行社保管）。

引导问题 24：结清账目归还物品

送团后，地陪需要填写哪些资料和表格？如何做好结算手续？

引导问题 25：总结工作

送团后，地陪导游的总结工作包含哪些内容？

9 质量验收

引导问题 1： 地陪导游服务必须符合《导游服务规范》（GB/T 15791—2023）中有关服务的要求和规范。熟悉旅游接待计划，如表 1-5，接收旅行社旅游任务派遣书，如表 1-6，按要求规范准确填写并提交。

学习领域编号—页码		学习情境：地陪导游服务		页码：37	
姓名		班级		日期	

表 1-5 旅游团队接待计划表

组团社名称及团号			来自国家或城市		全陪	
地接社团号					地陪	
总人数	人	男 人	用车情况	（司机：　　）	导游借款	
儿童	人	女 人				
时间	游览项目及景点		用餐		入住宾馆	
D1 月 日 时 分			早餐：			
			中餐：			
			晚餐：			
D2 月 日 时 分			早餐：			
			中餐：			
			晚餐：			
D3 月 日 时 分			早餐：			
			中餐：			
			晚餐：			
D4 月 日 时 分			早餐：			
			中餐：			
			晚餐：			
D5 月 日 时 分			早餐：			
			中餐：			
			晚餐：			
D6 月 日 时 分			早餐：			
			中餐：			
			晚餐：			
D7 月 日 时 分			早餐：			
			中餐：			
			晚餐：			
订票计划			飞机：			
			火车：			
			轮船：			
备注						
签发日期： 　年　月　日			签发人：		导游签名：	

学习领域编号—页码		学习情境：地陪导游服务	
姓名		班级		日期	

表1-6 旅行社旅游任务派遣书

旅行社名称		（盖章）		电话		
团号		游客类别	□国内 □国际	游客人数		
导游姓名		□专职 □兼职	导游证号			
目的地			团队性质		□地接　□出游	
任务时间		年　　月　　日至　　年　　月　　日　　天　　夜				
乘坐交通情况	抵达	交通工具：	航（车）次：		月　　日　　时	
	离开	交通工具：	航（车）次：		月　　日　　时	
	接送站	接：车型　　座数　　司机　　送：车型　　座数　　司机				
	城市间					
住宿饭店				住宿天数		
游览景区						
进餐地点						
购物地点						
其他安排						
计调部负责人		（签名）		计调部电话		
完成任务情况及有关说明						

武汉市文化和旅游局制

有关要求：
(1) 旅行社须按要求填写，并加盖公章。
(2) 详细游览活动日程作为附件附后。
(3) 导游员在带团出游或地接时，须携带此任务派遣书，不得擅自改变派遣书确定的行程。
(4) 此任务派遣书一式二份，一份由旅行社存档，一份由导游员携带供旅游管理部门检查。

引导问题2：各小组提交导游讲解词并进行模拟讲解，导游讲解分为沿途导游讲解和现场导游讲解两个部分，必须符合行业标准。评分标准如表1-7，各小组提交评分表。

学习领域编号—页码		学习情境：地陪导游服务		
姓名	班级	日期		页码：39

表 1－7　导游讲解评价要点评分表

项目	要求	分数	得分	评语
导游规范 （20分）	胸卡	2		
	社徽	2		
	引导标志	2		
	话筒持法	2		
	面对客人	2		
	所站位置	2		
	面部表情	4		
	欢迎语	4		
导游内容 （35分）	全面	6		
	切题	6		
	正确	6		
	层次	5		
	新颖	6		
	发挥	6		
语言表达能力 （25分）	流畅	5		
	自然	5		
	逻辑性	5		
	主动性	5		
	幽默性	2		
	声音语调	3		
导游技巧 （10分）	导游方法	5		
	形体姿态	5		
总体印象 （10分）	仪容仪表	5		
	礼节礼貌	5		
总分	100分			

❓引导问题3：依照行业标准，填写导游报账单，如表 1－8，填写并提交导游工作小结表，如表 1－9，填写并提交游客意见反馈表，如表 1－10。

学习领域编号—页码		学习情境：地陪导游服务	
姓名	班级	日期	

表1-8 地陪导游报账单

导游		电话		线路名称		出游日期			
团队总人数		成人		半票		免票		代收团款金额	
借支余额		借支人		余额		司机车牌号		联系电话	
总支出	成本支出		名称	数量	单价	现付	冲抵预付	月结	
		门票							
		住宿							
		车费							
		餐费							
		杂项							
	其他支出	退款							
		其他							
		合计							

导游：　　部门负责人：　　计调：　　分管领导：　　财务：　　出纳：

表1-9 地陪导游工作小结

出团日期		团号	
人数		目的地	
带团小结	（带团主要情况，存在问题及改进方向）		
计调初审意见	（团队操作情况，存在问题及改进方向）		
总经理审核意见	（总体评价）		

学习领域编号—页码		学习情境：地陪导游服务	页码：41
姓名	班级	日期	

表 1－10　地陪导游服务游客意见反馈表

尊敬的游客：

欢迎您参加旅行社组成的团队出外旅游，希望此次旅程能为您留下难忘的印象。为不断提高我市旅游服务水平和质量，请您协助我们填写此表（在每栏其中一项打"√"），留下宝贵的意见。谢谢您！欢迎再次旅游！

组团社：　　　　　　　　　　全陪导游姓名：

团号：　　　　　　　　　　　人数：

游览线路：　　　　　　　　　天数：

游客代表姓名：　　　　　　　联系电话：

单位：　　　　　　　　　　　填写时间：　　年　　月　　日

项目	满意	较满意	一般	不满意	游客意见与建议
咨询服务					
线路设计					
日程安排					
活动内容					
价格质量相符					
安全保障					
全陪导游业务技能					
全陪导游服务态度					
地陪导游服务					
住宿					
餐饮					
交通					
娱乐					
履约程度					
整体服务质量评价					

👍 10　评价

学生完成学习情境的成绩评定将按学生自评、小组互评、老师评价三阶段进行，并按自评占20％，小组互评占30％，教师评价占50％作为学生综合评价结果。

1. 学生进行自我评价，并将结果填入表1－11中。

学习领域编号—页码		学习情境：地陪导游服务	
姓名	班级		日期

表1-11 地陪导游服务学生自评表

学习情境一		地陪导游服务	
班级		姓名	学号
评价项目	评价标准	分值	得分
服务准备	能熟练做好出团前的各项准备工作	5	
迎接服务	能熟练完成旅游团接站服务	10	
入住服务	能熟练完成旅游团入住酒店服务，处理旅游团入住过程中可能出现的各种问题	10	
参观游览服务	能熟练完成参观游览服务，处理参观游览过程中可能出现的各种问题	10	
食购娱服务	能熟练完成食、购、娱服务，处理食、购、娱过程中可能出现的各种问题	5	
送站服务	能熟练完成旅游团送站服务	5	
后续工作	处理好遗留问题，与旅行社完成工作交接，做好总结工作	5	
工作态度	态度端正，无无故缺勤、迟到、早退现象	10	
工作质量	能按计划完成工作任务	10	
协调能力	与小组成员、同学之间能合作交流，协调工作	10	
职业素质	积极介绍和传播地方文化和旅游资源	10	
创新意识	依照《导游服务规范》和《导游服务质量标准》更好地理解地陪导游服务内容	10	
	合计	100	

2. 学生以小组为单位，对地陪服务的过程与结果进行互评，将互评结果填入表1-12中。

表1-12 地陪导游服务学生互评表

学习情境一		地陪导游服务											
评价项目	分值	等级							评价对象（组别）				
									1	2	3	4	5	6
计划合理	8	优	8	良	7	中	6	差	4					
方案准确	8	优	8	良	7	中	6	差	4					
团队合作	8	优	8	良	7	中	6	差	4					
组织有序	8	优	8	良	7	中	6	差	4					
工作质量	8	优	8	良	7	中	6	差	4					
工作效率	8	优	8	良	7	中	6	差	4					
工作完整	16	优	16	良	12	中	8	差	5					
工作规范	16	优	16	良	13	中	11	差	8					
成果展示	20	优	20	良	15	中	10	差	5					
	100													

学习领域编号—页码		学习情境：地陪导游服务	页码：43
姓名	班级	日期	

3. 教师对学生工作过程与工作结果进行评价，并将评价结果填入表1-13中。

表1-13 地陪导游服务教师综合评价表

学习情境一		地陪导游服务			
班级		姓名		学号	
评价项目		评价标准		分值	得分
考勤/10%		无无故迟到、早退、旷课现象		10	
工作过程/60%	服务准备	能熟练做好出团前的各项准备工作		5	
	迎接服务	能熟练完成旅游团接站服务		10	
	入住服务	能熟练完成旅游团入住酒店服务，处理旅游团入住过程中可能出现的各种问题		5	
	参观游览服务	能熟练完成参观游览服务，处理参观游览过程中可能出现的各种问题		10	
	食购娱服务	能熟练完成食、购、娱服务，处理食、购、娱过程中可能出现的各种问题		5	
	送站服务	能熟练完成旅游团送站服务		5	
	后续工作	处理好遗留问题，与旅行社完成工作交接，做好总结工作		5	
	工作态度	态度端正，工作认真、主动		5	
	协调能力	与小组成员之间、同学之间能合作交流，协调工作		5	
	职业素质	积极介绍和传播地方文化和旅游资源		5	
项目成果/30%	工作完整	能按时完成任务		5	
	工作规范	能按《导游服务规范》和《导游服务质量标准》规范服务		10	
	成果展示	能准确表达、汇报工作成果		15	
合计				100	
综合评价		自评/20%	小组互评/30%	教师评价/50%	综合得分

11 学习情境的相关知识点

知识点 1：准备工作

地陪接团服务做好准备工作，是地陪提供良好服务的重要前提。当地陪接到旅游团队接待计划后，就要按照计划认真、充分地做好各项准备工作。地陪工作可谓千头万绪，考虑不周就可能出错。因此，地陪的准备工作应细致、周密、事必躬亲。通常，地陪的准备工作可分为以下几个方面：

一、熟悉接待计划

旅游团队接待计划是组团社委托各地接待社组织落实旅游团活动的契约性计划，是导游人员了解该团基本情况和安排活动日程的重要依据。《导游服务质量标准》要求："地陪在旅游团抵达之前，应认真阅读接待计划和有关资料，详细、准确地了解旅游团（者）的服务项目和要求，重要事宜要做记录。"地陪在接受任务后，通过阅读分析接待计划，了解、掌握旅游团的以下情况：

（一）旅游团的基本信息

（1）组团社名称（计划签发单位）、联络人姓名、电话号码、客源地组团社名称、团号、旅游团的结算方式、旅游团的等级（如豪华团、标准团、经济团等），和全陪的姓名。

（2）旅游团的团名、代号、人数（含儿童）、用车、住房、餐标（是否含酒水）等情况。

（3）在食、住、行、游等方面是否有特殊要求，是否有特殊要求的游客（如残疾游客，高龄游客）。

（二）旅游团员的基本情况

客源地、全陪姓名、游客姓名、性别、职业、年龄（是否有老人和儿童）、宗教信仰、民族。

（三）全程旅游路线，海外旅游团的出入境地点

（四）所乘交通工具情况

抵离本地时所乘飞机（火车、轮船）的班次、时间和机场（车站、码头）的名称。

（五）掌握交通票据的情况

（1）该团去下一站的交通票据是否已按计划订妥，有无变更及更改后的情况，有无返程票，机场建设费的付费方式（是游客自付还是全陪或本社垫付）。

（2）接海外团应了解该团机票有无国内段；要弄清机票的票种是 OK 票还是 OPEN 票。

——OK 票即已订妥日期、航班和机座的机票。持 OK 票的旅客若在该联程或回程站停留 72 小时以上，国内机票需在联程或回程航班起飞前两天中午 12 时以前、国际机票需在 72 小时前办理座位再证实手续，否则原座位不予保留。

——OPEN 票是不定期机票，旅客乘机前需持机票和有效证件（护照、身份证等）去航空公司办理订座手续。订妥座位后才能乘机，此种客票无优先权、无折扣优惠。

（六）掌握特殊要求和注意事项

（1）该团是否要求有关方面负责人出面迎送、会见、宴请等礼遇。

（2）该团有无要办理通行证地区的参观游览项目，如有则要及时办理相关手续。

二、落实接待事宜

《导游服务质量标准》要求："地陪在旅游团抵达的前一天，应与有关部门或人员落实、检查旅游团的交通、食宿、行李运输等事宜。"

（一）落实旅游车辆

（1）与为该团提供交通服务的车队或汽车公司联系，问清、核实司机师傅的姓名、车号、联系电话。

（2）接大型旅游团时，车上应贴编号或醒目的标记。

（3）确定与司机的接头地点并告知活动日程和具体时间。

（二）落实住房

（1）地陪应熟悉该团所住酒店的名称、位置、概况、服务设施和服务项目，如距市中心的距离、附近有何购物娱乐场所、交通状况等。

（2）向酒店销售部或总服务台核实该团游客所住房间的数目、级别、用房时间是否与旅游接待计划相符合和房费内是否含早餐等。

（3）向酒店提供该团抵店的时间。

（三）落实用餐

地陪应提前与各有关餐厅联系，确认该团日程表上安排的每一次用餐的情况，包括日期、团号、用餐人数、餐饮标准、特殊要求等。

（四）落实行李运送

各旅行社是否配备行李车是由旅游团的人数多少而决定的，地陪应了解本社的具体规定。如该团是配有行李车的旅游团，地陪应了解落实为该团提供行李服务的车辆和人员，提前与其联络，使其了解该团抵达的时间、地点、住哪一家酒店。

（五）了解不熟悉景点的情况

对新的旅游景点或不熟悉的参观游览点，地陪应事先了解其概况，包括开放时间、最佳游览路线、厕所位置等，以便游览活动顺利进行。

（六）与全陪联系

地陪应和全陪提前约定接团的时间和地点，防止漏接或空接事故的发生。

三、做好物质准备

《导游服务质量标准》要求："上团前，地陪应做好必要的物质准备，带好接待计划、导游证、胸卡、导游旗、接站牌、结算凭证等物品。"

（一）领取必要的票证和表格

地陪在做准备工作时，一项十分重要的工作就是按照该旅游团中游客的人数和活动日程表中活动安排的实际需要，到本社有关人员处领取门票结算单和旅游团餐饮结算单等结算凭证及与该团有关的表格（如游客意见反馈表等）。地陪一定要注意：在填写各种结算凭证时，具体数目一定要与该团的实到人数相符，人数、金额要用中文大写。

（二）备齐上团必备的证件和物品

（1）导游人员上团必须佩戴导游胸牌，携带导游资格证、计划书等，举本社导游旗。地陪在上团前一定要提前准备好以上证件和物品。

（2）地陪上团前还应配齐记事本、名片、接站牌，有时还应准备旅行车标志。

（三）知识准备

根据旅游团的计划和旅游团的性质和特点准备相应知识。如带专业旅游团所需的专业知识，新开放的游览点或特殊游览点的知识等，对当前的热门话题、国内外重大新闻、游客可能感兴趣的话题等都应做好相应的知识准备。

（四）形象准备

导游人员自身形象的维护不是个人行为，在宣传旅游目的地、传播中华文明方面起着重要作用，也有助于在游客心目中树立导游人员的良好形象。因此，地陪在上团前要做好仪容、仪表方面（即服饰、发型和化妆等）的准备。

（1）导游人员的着装要符合导游人员的身份，要方便导游服务工作。

（2）衣着要整洁、整齐、大方、自然，佩戴首饰要适度，不浓妆艳抹。

（五）心理准备

导游人员在接团前的心理准备主要有两个方面：

1. 准备面临艰苦复杂的工作

在做准备工作时，导游人员不仅要考虑到正规的程序要求，提供给游客热情的服务，还要有充分的思想准备，考虑对特殊游客如何提供服务，以及在接待工作中发生问题和事故时如何去面对和处理。

2. 准备承受抱怨和投诉

由于导游人员接待对象的复杂性，有时可能遇到下述情况：导游人员已尽其所能热情周到地为旅游团服务，但还会有一些游客挑剔、抱怨、指责导游人员的工作，甚至进行投诉。对于这种情况，导游人员也要有足够的心理准备，冷静、沉着地面对。只有对导游工作有着执着的爱，才会无怨无悔地为游客服务。

（六）联络畅通准备

（1）备齐并随身携带与有关接待社各个部门、行李员、车队、餐厅、酒店、剧场、商店、机场、车站等单位联系、问讯的电话号码。

（2）地陪上团前要检查自己的手机是否好用，电力是否充足，以保证与旅行社之间的联络畅通。

知识点2：接站服务

接站是指地陪去机场、车站、码头迎接旅游团。接站服务在地陪服务程序中至关重要，因为这是地陪和游客的第一次直接接触。游客每到一地总有一种新的期待，接站服务是地陪的首次亮相，要给游客留下热情、干练的第一印象。这一阶段的工作直接影响着之后接待工作的质量。《导游服务质量标准》要求："在接站过程中，地陪服务应使旅游团（者）在接站地点得到及时、热情、友好的接待，了解在当地参观游览活动的概况。"

一、旅游团抵达前的业务准备

《导游服务质量标准》要求："地陪应在接站出发前确认旅游团（者）所乘交通工具的准确抵达时间。地陪应提前半小时抵达接站地点，并再次核实旅游团（者）抵达的准确时间。地陪应在旅游团（者）出站前与行李员取得联络，通知行李员将行李送往的地点。地陪应与司机商定车辆停放的位置。地陪应在旅游团（者）出站前持接站标志，站立在出站口醒目的位置热情迎接旅游者。"

接团当天，地陪应提前到达旅行社，全面检查准备工作的落实情况：

（一）落实旅游团所乘交通工具抵达的准确时间

接团当天，地陪应在出发前3小时向机场（车站、码头）问讯处问清飞机（火车、轮船）到达的准确时间（一般情况下应在飞机抵达前的2小时，火车、轮船预定到达时间前1小时向问讯处询问）；做到三核实：计划时间、时刻表时间、问讯时间。

（二）与司机商定出发时间

得知该团所乘的交通工具到达的准确时间以后，地陪应与旅游车司机联系，与其商定出发时间，确保提前半小时抵达接站地点。

（三）与司机商定停车位置

赴接站地点途中，地陪应向司机介绍该团的日程安排。如需要使用音响设备进行导游讲解，地陪应事先调试音量，以免发生噪声。到达机场（车站、码头）后应与司机商定旅游车停放位置。

（四）再次核实该团所乘交通工具抵达的准确时间

地陪提前半小时抵达接站地点后，要马上到问讯处再次核实旅游团所乘飞机（火车、轮船）抵达的准确时间。

（五）与行李员联系

地陪应在旅游团出站前与行李员取得联系，告知其该团行李送往的地点。

（六）迎候旅游团

旅游团所乘交通工具抵达后，地陪应在旅游团出站前，持本社导游旗或接站牌站立在出站口醒目的位置热情迎接旅游团。接站牌上应写清团名、团号、领队或全陪姓名；接小型旅游团或无领队、无全陪的旅游团时，要写上游客的姓名、单位或客源地。地陪也可以从交团社的社旗或游客的人数及其他标志如所戴的旅游帽、所携带的旅行包判断或上前委婉询问，主动认找旅游团。

二、旅游团抵达后的服务

《导游服务质量标准》要求："旅游者（团）出站后，如旅游团中有领队或全陪，地陪应及时与领队、全陪接洽。地陪应协助旅游者将行李放在指定位置，与领队、全陪核对行李件数无误后，移交给行李员。地陪应及时引导旅游者前往乘车处。旅游者上车时，地陪应恭候在车门旁。上车后，应协助旅游者就座，礼貌地清点人数。"

（一）认真核实防错接

找到旅游团后，为防止错接，地陪应及时与领队、全陪接洽，核实该团的客源地、组团社或交团社的名称、领队及全陪姓名、旅游团人数等。如该团无领队和全陪，应与该团成员逐一核对团员、客源地及团员姓名等，无任何出入才能确定是自己应接的旅游团。如因故出现人数增加或减少与计划不符的情况，要及时通知旅行社有关部门。

（二）集中清点移交行李

地陪应协助该团游客将行李集中放在指定位置，提醒游客检查自己的行李物品是否完好无损。与领队、全陪核对行李件数无误后，移交给行李员，双方办好交接手续。若有行李未到或破损，导游人员应协助当事人到机场登记处或其他有关部门办理行李丢失或赔偿申报手续。

（三）集合登车清点人数

地陪应提醒游客带齐手提行李和随身物品，引导游客前往登车处。游客上车时，地陪应恭候在车门旁，协助或搀扶游客上车就座。待游客坐稳后，地陪再检查一下游客放在行李架上的物品是否放稳，礼貌地清点人数，到齐坐稳后请司机开车。地陪在旅游车上开始工作前，要将移动电话调至静音、振动功能上，无紧急事情不要在旅游车上接打私人电话。

三、途中服务

《导游服务质量标准》要求:"行车过程中,地陪应向旅游团(者)致欢迎词并介绍本地概况。"

在行车途中,地陪要做好如下几项工作,这是地陪给全团留下良好第一印象的重要环节。

(一)致欢迎词

欢迎词内容应视旅游团的性质及其成员的文化水平、职业、年龄及居住地区等情况而有所不同。一般应在游客放好物品,各自归位,静等片刻后,再开始讲解。因为游客新到一地,对周围环境有新奇感,左顾右盼,精神不易集中,讲解效果不好。因此地陪要把握好时机,等大家情绪稳定下来后,再讲解。欢迎词要求有激情、有特点、有新意、有吸引力,很快把游客的注意力吸引到你的身上来,给游客留下深刻印象。一般应包括如下内容:

——问候语:各位来宾、各位朋友,大家好;

——欢迎语:代表所在旅行社、本人及司机欢迎游客光临本地;

——介绍语:介绍自己的姓名及所属单位,介绍司机;

——希望语:表示提供服务的诚挚愿望;

——祝愿语:预祝旅游愉快顺利。

(二)调整时间

如接入境团,地陪在致完欢迎词后要介绍两国的时差,请游客将自己的表调到北京时间。

(三)首次沿途导游

游客初来一地感到好奇、新鲜,什么都想问,什么都想知道,地陪应把握时机,选择游客最感兴趣、最急于了解的事物进行介绍,以满足游客的好奇心和求知欲。所以地陪必须做好首次沿途导游。首次沿途导游是显示导游人员知识、导游技能和工作能力的大好机会,精彩成功的首次沿途导游会使游客产生信任感和满足感,从而在他们的心目中树立起导游人员良好的第一印象。

——介绍旅游地概况。如地理位置、历史沿革、人口状况、行政区划、市政建设的巨大变化等等。

——风光风情介绍。地陪在风光风情介绍时,讲解的内容要简明扼要,语言节奏明快、清晰。景物取舍得当,随机应变,见人说人,见景说景,与游客的观赏同步。如可以谈谈旅游地的饮食习惯、气候和土特产品等。

总之，沿途导游贵在灵活，地陪应把握时机、反应敏锐。

（四）介绍下榻的饭店

在旅游车快到下榻的饭店时，地陪应向游客介绍该团所住饭店的基本情况：饭店的名称、位置、距机场（车站、码头）的距离、星级、规模、主要设施和设备及其使用方法、入住手续及注意事项（如赠品和非赠品的区别）。

（五）宣布当日或次日的活动安排

地陪在与领队或全陪核对商定节目安排之后，应及时向本团游客介绍当日或次日的活动安排，讲清集合时间、地点并请游客记住车牌号码。

知识点3：抵达饭店后的服务

《导游服务质量标准》要求："地陪服务应使旅游者抵达饭店后尽快办理好入店手续，进住房间，取到行李，及时了解饭店的基本情况和住店注意事项，熟悉当天或第二天的活动安排，为此地陪应在抵达饭店的途中向旅游者简单介绍饭店情况及入店、住店的有关注意事项，内容应包括：饭店名称和位置；入店手续；饭店的设施和设备的使用方法；集合地点及停车地点。旅游团（者）抵饭店后，地陪应引导旅游者到指定地点办理入店手续。旅游者进入房间之前，地陪应向旅游者介绍饭店内就餐形式、地点、时间，并告知有关活动的时间安排。地陪应等待行李送达饭店，负责核对行李，督促行李员及时将行李送至旅游者房间。地陪在结束当天活动离开饭店之前，应安排好叫早服务。"

一、协助办理住宿手续

游客抵达酒店后，地陪要协助领队和全陪办理入住登记手续，请领队分发住房卡。地陪要掌握领队、全陪和团员的房间号，并将与自己联系的办法如房间号（若地陪住在酒店）、电话号码等告知全陪和领队，以便有事时尽快联系。

二、介绍饭店设施

进入酒店后，地陪应向全团介绍酒店内的外币兑换处、中西餐厅、娱乐场所、商品部、公共洗手间等设施的位置，并讲清住店注意事项，向游客指明电梯和楼梯的位置。

三、带领旅游团用好第一餐

游客进入房间之前，地陪要向游客介绍酒店内的就餐形式、地点、时间及餐饮的有关规定。游客到餐厅用第一餐时，地陪必须带他们去餐厅，帮助他们找到桌次，要将领队和全陪介绍给餐厅领班、主管等有关人员，告知旅游团的特殊要求（如用餐标准、游客口味、忌食等），向游客介绍有关餐饮规定。

四、宣布当日或次日活动安排

游客进入房间之前，地陪应向全团宣布有关当天或第二天活动的安排、集合的时间、地点。如该团中有提前入住的游客，必须通知他们次日的出发时间及活动安排。

五、照顾行李进房

地陪应等待本团行李送达饭店,负责核对行李,督促饭店行李员及时将行李送至游客的房间。

六、确定叫早时间

地陪在结束当天活动离开酒店之前,应与领队商定第二天的叫早时间,并请领队通知全团,地陪则应通知酒店总服务台或楼层服务台。

七、协助处理游客入住后的各类问题

地陪进入房间后,地陪应在本团游客居住区内停留一段时间,处理临时发生的问题,如打不开房门、房间不符合标准、房间卫生差、设施不全或损坏、卫生设备无法使用、行李错投等。有时还可能出现游客调换房间等要求,地陪要协助酒店有关部门处理此类问题。

知识点 4:核对、商定日程

《导游服务质量标准》要求:"旅游团(者)开始参观游览之前,地陪应与领队、全陪核对、商定本地日程安排,并及时通知到每一位旅游者。"

核对、商定日程是旅游团抵达后的重要程序。地陪在接到旅游团后,应尽快与领队、全陪合作完成这项工作。

一、核对、商定日程的必要性

地陪在接受旅行社下达的接待任务时,旅行社的计调部门已将该团的参观游览内容明确规定在旅游协议书上,并已安排好该团的活动日程,其中包括:每天上、下午安排去哪个参观游览的景点;午、晚餐安排在哪家餐厅用餐;晚间活动的内容等。即便如此,地陪也必须与领队和全陪进行核对、商定日程的工作(若无领队和全陪,地陪应与全体游客合作完成这项工作)。

二、核对商定日程的时间、地点

在旅游团抵达后,地陪应抓紧时间尽早进行核对、商定日程的工作,这是与领队、全陪合作的开始,并使本团游客心中有数。如果团队抵达后是直接去游览点的,核对商定团队行程的时间、地点一般可选择在机场或行车途中进行;如果团队是先前往酒店的,一般可选择在酒店入住手续安排好后的一个时间,地点宜在公共场所,如酒店大厅等。

三、核对商定日程时,可能出现的几种情况及处理措施

(一)提出小的修改意见或增加新的游览项目时

(1)及时向旅行社有关部门反映,对"合理又可能"满足的项目,应尽力予以安排;

(2)需要加收费用的项目,地陪要事先向领队或游客讲明,按有关规定收取费用;

(3)对确有困难而无法满足的要求,地陪要详细解释、耐心说服。

（二）提出的要求与原日程不符且又涉及接待规格时

（1）一般应予婉言拒绝，并说明我方不便单方面不执行合同；

（2）如确有特殊理由，并且由领队提出时，地陪必须请示旅行社有关部门，视情况而定。

（三）领队（或全陪）手中的旅行计划与地陪的接待计划有部分出入时

（1）要及时报告旅行社，查明原因，分清责任；

（2）若是接待方的责任，地陪应实事求是地说明情况，并向领队和全体游客赔礼道歉。

知识点5：参观游览服务

《导游服务质量标准》要求："参观游览过程中的地陪服务，应努力使旅游团（者）参观游览全过程安全顺利。应使游客详细了解参观游览对象的特色、历史背景等及其他感兴趣的问题。"参观游览活动是旅游产品消费的主要内容，是游客期望的旅游活动的核心部分，也是导游服务工作的中心环节。因此，地陪在带团参观游览前应认真准备、精心安排；在参观游览过程中应热情服务、生动讲解。

地陪在参观游览服务中应做的工作：

一、出发前的服务

《导游服务质量标准》要求："出发前，地陪应提前10分钟到达集合地点，并督促司机做好出发前的各项准备工作。地陪应请旅游者及时上车。上车后，地陪应清点人数，向旅游者报告当日重要新闻、天气情况及当日活动安排，包括午、晚餐的时间、地点。"

（一）提前到达出发地点

出发前，地陪应提前10分钟到达集合地点。提前到达的好处：

第一，这是导游人员工作负责任的表现，会给游客留下很好的印象。

第二，地陪可利用这段时间礼貌地招呼早到的游客，询问游客的意见和要求。

第三，在时间上留有余地，以身作则遵守时间，应付紧急突发事件，提前做好出发前的各项准备工作。

（二）核实实到人数

若发现有游客未到，地陪应向全陪、领队或其他游客问明原因，并设法及时找到；若有的游客希望留在酒店或不随团活动，地陪要问清情况并妥善安排，必要时报告酒店有关部门。

（三）落实旅游团的当天用餐

地陪要提前落实本团当天的用餐，对午、晚餐的用餐地点、时间、人数、标准、特殊要求逐一核实并确认。

（四）提醒注意事项

出发前，地陪应向游客预报当日的天气，游览景点的地形特点、行走路线的长短等情况，必要时提醒游客带好衣服、雨具，换上舒适方便的鞋。这些看起来是小事，但会使游客感到地陪服务很周到细致，也可以减少或避免游客生病、扭伤、摔伤等问题的发生。

（五）准时集合登车

早餐时向游客问候，提醒集合时间和地点；游客陆续到达后，清点实到人数并请游客及时上车，地陪应站在车门一侧，一面招呼大家上车，一面扶助老弱者登车；开车前，要再次清点人数。

二、途中导游

《导游服务质量标准》要求："在前往景点的途中，地陪应向旅游者介绍本地的风土人情、自然景观，回答旅游者提出的问题。抵达景点前，地陪应向旅游者介绍该景点的简要情况，尤其是景点的历史价值和特色。抵达景点时，地陪应告知在景点停留的时间，以及参观游览结束后集合的时间和地点。地陪还应向旅游者讲明游览过程中的有关注意事项。"

（一）重申当日活动安排

开车后，地陪要向游客重申当日活动安排，包括午、晚餐的时间地点；向游客报告到达游览点途中所需时间；视情况介绍当日国内外重要新闻。

（二）风光导游

在前往景点的途中，地陪应向游客介绍本地的风土人情、自然景观，回答游客提出的问题。

（三）介绍游览景点

抵达景点前，地陪应向游客介绍该景点的简要概况，尤其是景点的历史价值和特色。讲解要简明扼要，目的是满足游客事先想了解有关知识的心理，激起其游览景点的欲望，也可节省到目的地后的讲解时间。

（四）活跃气氛

如旅途长，可以讨论一些游客感兴趣的国内外的奇闻趣事，或做主持人组织适当的娱乐活动等来活跃气氛。

三、景点导游、讲解

（一）交代注意事项

（1）抵达景点下车前，地陪要讲清并提醒游客记住游览车的车型、颜色、标志、车号和停车地点、开车的时间，尤其是下车和上车不在同一地点时，地陪更应提醒游客注意；

　　（2）在景点示意图前，地陪应讲明游览线路、所需时间、集合时间、地点等；

　　（3）地陪还应向游客讲明游览参观过程中的注意事项（如所游览场所是一个禁烟场所，请各位吸烟者注意）。

　　（二）导游讲解

　　抵达景点后，地陪的主要工作是带领本团游客沿着游览线路对所见景物进行精彩的导游讲解。讲解的内容要因人而异、繁简适度，包括该景点的历史背景、特色、地位、价值等方面的内容。讲解时的语言不仅应使游客听得清楚，而且要生动、优美、富有表现力；不仅使游客增长知识，而且得到美的享受。

　　（三）严格执行计划

　　在景点景区内的游览过程中，地陪应严格执行旅游合同，保证在计划的时间与费用内，使游客充分地游览、观赏。擅自缩短时间或克扣门票费用的做法都是错误的。

　　（四）注意游客的安全

　　在游览过程中，地陪应做到讲解与引导游览相结合，适当集中与分散相结合，劳逸适度并应特别关照老弱病残的游客。在讲解时，地陪也应眼观八方、耳听六路，注意游客的安全，要自始至终与游客在一起活动；在景点的每一次移动都要和全陪、领队密切配合并随时清点人数，防止游客走失和意外事件的发生。

　　四、参观活动

　　（一）做好安排落实工作

　　当安排旅游团到工厂、学校、幼儿园参观时，地陪一般都应提前做好联系落实工作。

　　（二）翻译或语言的传递工作

　　在参观时，一般是先由主人做情况介绍，然后是引导参观。在这时候，地陪的主要任务是翻译或做语言信息的传递工作；但整个参观活动的时间安排宜短不宜长。外语导游员应注意在翻译的过程中，如介绍者的言语有不妥之处，应予以提醒，请其纠正后再译。如来不及可改译或不译，但事后要说明，必要时还要把关，以免泄露有价值的情报。

　　五、返程中的工作

　　从景点、参观点返回酒店的途中，地陪可视具体情况做以下工作：

　　（一）回顾当天活动

　　回顾当天参观、游览的内容，回答游客的提问，如在参观游览中有漏讲的内容可进行补充讲解。

　　（二）风光导游

　　如不从原路返回酒店，地陪应该对沿途风光进行导游讲解。

（三）宣布次日活动日程

返回酒店下车前，地陪要预报晚上或次日的活动日程、出发时间、集合地点等。提醒游客带好随身物品。地陪要先下车，照顾游客下车，再向他们告别。

（四）提醒注意事项

如当天回到酒店较早或晚上无集体活动安排，地陪应考虑到游客可能会外出自由活动，所以要在下车前提醒游客注意，如要外出，最好结伴同行，牢记饭店的地址和电话号码，尽量乘出租车前往。

（五）安排叫早服务

如该团需要叫早服务，地陪应在结束当天活动、离开酒店之前妥当安排。

知识点6：食、购、娱等服务

游客出门旅游，游固然是最主要的内容，但是食、购、娱等项目的恰到好处的安排，则能使旅游活动变得丰富多彩，加深游客对旅游目的地的印象。因此，在安排食、购、娱等旅游活动时，地陪同样应该尽心尽力，提供令游客满意的服务。

一、餐饮服务

（一）计划内的团队便餐

地陪要提前按照接待社的安排落实本团当天的用餐，对午、晚餐的用餐地点、时间、人数、标准、特殊要求与供餐单位逐一核实并确认。用餐时，地陪应引导游客进餐厅入座，并介绍餐厅及其菜肴特色，向游客说明餐标是否含酒水以及酒水的类别。

向领队讲清司陪人员的用餐地点及用餐后全团的出发时间。

用餐过程中，地陪要巡视旅游团用餐情况一两次，解答游客在用餐中提出的问题，并监督、检查餐厅是否按标准提供服务并解决出现的问题。

用餐后，地陪应严格按实际用餐人数、标准、饮用酒水数量，填写餐饮费结算单，与餐厅结账。

（二）自助餐的服务

自助餐是旅游团队用餐常见的一种形式，指餐厅把事先准备好的食物、饮料陈列在食品台上。游客进入餐厅后，即可自己动手选择符合自己口味的菜点，然后到餐桌上用餐的一种就餐形式。自助餐方便、灵活，游客可以根据自己口味，各取所需，因此深受游客欢迎。在享用自助餐时，导游员要强调自助餐的用餐要求，提醒游客以吃饱为标准，注意节约、卫生，不可以打包带走。

（三）风味餐的服务

旅游团队的风味餐有计划内和计划外两种。计划内风味餐是包括在团队计划内的，其费用团款中已包括。计划外风味餐则是未包含在计划内的，是游客临时决定而又需现收费用的。计划内风味餐按团队计划运作即可。而计划外风味餐应先收费，后向餐厅预订。

风味餐作为当地的一种特色餐食、美食，是当地传统文化的组成部分，宣传、介绍风味餐是弘扬民族饮食文化的活动。因此，在旅游团队用风味餐时，地陪应加以必要的介绍，如风味餐的历史、特色、人文精神及其吃法等，使游客既饱口福又饱耳福。

在享用风味餐时，如没有游客出面邀请，地陪不可参加。受游客邀请一起用餐时，则要处理好主宾关系，不能反客为主。

（四）宴会服务

旅游团队在行程结束时，常会举行告别宴会。告别宴会是在团队行程即将结束时举行的，因此，游客都比较放松，宴会的气氛往往比较热烈。作为地陪，越是在这样的时刻越要提醒自己不能放松服务这根"弦"。要正确处理好自己与游客的关系，既要与游客共乐而又不能完全放松自己，举止礼仪不可失常，并且要做好宴会结束后的游客送别工作。

二、购物服务

购物是游客旅游过程中的一个重要组成部分。游客总是喜欢购买一些当地名特产品、旅游纪念品送给自己的亲朋好友。游客购物的一个重要特点是随机性较大，因此，作为地陪要把握好游客的购物心理，做到恰到好处地宣传、推销本地的旅游商品，既符合游客的购买意愿，也符合导游工作的要求。在带领旅游团购物时，要做到以下三点：

（1）严格按照《中华人民共和国旅游法》等有关法规开展接待单位制定的游览活动，带旅游团到旅游定点商店购物应避免安排次数过多、强迫游客购物等问题的出现。

（2）游客购物时，地陪应向全团讲清停留时间及购物有关的注意事项，介绍本地商品特色，承担翻译工作，介绍商品托运手续等。

（3）商店不按质论价、抛售伪劣物品、不提供标准服务时，地陪应向商店负责人反映情况，维护游客的利益；如遇小贩强拉强卖，地陪有责任提醒游客不要上当受骗，不能放任不管。

三、娱乐服务

（一）观看文娱节目

旅游团观看文娱演出，分两种情况：计划内和计划外。

计划外的文娱活动要在保证可以安排落实的前提下，向游客收取一定的费用，并给游客票据。

在旅游团的计划内若有观看文娱节目的安排，地陪应向游客简单介绍节目内容及特点并需陪同准时前往。与司机商定好出发的时间和停车位置，引导游客入座，要自始至终和游客在一起。演出结束后，要提醒游客带好随身物品。

在大型的娱乐场所，地陪应主动和领队、全陪配合，注意本团游客的动向和周围的环境，并提醒游客注意安全，不要分散活动。

值得注意的是，导游员决不可以带领旅游团涉足一些格调低下甚至涉及色情的表演场所。

（二）舞会

遇有重大节庆活动，有关单位组织社交性舞会，邀请游客参加，地陪应陪同前往；游客自发组织参加娱乐性舞会，地陪可代为购票；如果游客邀请导游人员，是否参加自便。若不愿参加可婉言谢绝；若参加，应注意适度，但无陪舞的义务。

（三）市容游览服务

市容游览俗称"逛街"，是游客认识和了解一个城市的风貌和民情进而融入当地生活的一种重要方式，也是游客修身养性的一种休闲方式。市容游览的方式有两种：一种是徒步，另一种是乘交通工具。

当地陪带领游客徒步进行市容游览时，要注意以下两点：

（1）所去的游览地应是最能代表当地特色的、最能吸引游客视线的地方。如到武汉的游客安排他们游览江汉路步行街、闻名遐迩的汉正街、武昌的解放路等；

（2）提高警惕，注意游客周围的环境变化，当好游客安全的保卫员。

如果是乘游览车进行市容游览，则要提醒司机车速适中，地陪的导游讲解内容应与车速基本同步。

知识点7：送站服务

《导游服务质量标准》要求："旅游团（者）结束本地参观游览活动后，地陪服务应使游客顺利、安全离站，遗留问题得到及时妥善的处理。"

送站服务是导游工作的尾声，地陪应善始善终，对接待过程中曾发生的不愉快的事情，应尽量做好弥补工作。要想方设法把自己的服务工作推向高潮，使整个旅游过程在游客心目中留下深刻印象。

一、送站前的业务准备

（一）核实、确认离站交通票据

旅游团离开本地的前一天，地陪应核实旅游团离开的机（车、船）票，要核对团名、代号、人数、去向、航班（车次、船次）、起飞（开车、启航）时间（做到计划时间、时刻表时间、票面时间、问询时间四核实）、在哪个机场（车站、码头）启程等事项。如果航班（车次、船次）和时间有变更，应当问清内勤是否已通知下一站，以免造成下一站漏接。

若系乘飞机离境的旅游团，地陪应提醒或协助领队提前72小时确认机票。

（二）商定出行李时间

如团队有大件行李托运，地陪应在该团离开本地前一天与全陪或领队商量好出行李时间，并通知游客及饭店行李房，同时要向游客讲清托运行李的具体规定和注意事项，提醒游客不要将护照或身份证及贵重物品放在托运行李内，托运的行李必须包装完善、锁扣完好、捆扎牢固，并能承受一定的压力。出行李时，地陪应与全陪、领队、行李员一起清点，最后在饭店行李交接单上签字。

（三）商定出发时间

一般由地陪与司机商定出发时间（因司机比较了解路况），但为了安排合理和尊重起见，还应及时与领队、全陪商议，确定后应及时通知游客。

如该团乘早班机（火车或轮船），出发的时间很早，地陪应与领队、全陪商定叫早和用早餐的时间，并通知游客；如果该团需要将早餐时间提前（早于餐厅的正常服务时间），地陪应通知餐厅订餐处提前安排。

（四）协助饭店结清与游客有关的账目

地陪应及时提醒、督促游客尽早与饭店结清与其有关的各种账目（如洗衣费、长途电话费、房间酒水饮料费等）。若游客损坏了客房设备，地陪应协助饭店妥善处理赔偿事宜。同时，地陪应及时通知饭店有关部门旅游团的离店时间，提醒其及时与游客结清账目。

（五）及时归还证件

一般情况下，地陪不应保管旅游团的旅行证件，用完后应立即归还游客或领队。在离站前一天，地陪要检查自己的物品，看是否保留有游客的证件、票据等，若有应立即归还，当面点清。

二、离店服务

（一）集中交运行李

旅游团离开饭店前，地陪要按事先商定好的时间与酒店行李员办好行李交接手续。具体做法如下：先将本团游客要托运的行李收齐、集中，然后地陪与领队、全陪共同清点行李的件数（其中包括全陪托运的行李）；最后与酒店行李员办好行李签字交接手续。

（二）办理退房手续

在团队将离开所下榻的酒店时，地陪要到总服务台办理退房手续。收齐房间的钥匙交到总服务台，核对用房情况，无误后按规定结账签字。若无特殊情况，应在中午12：00以前退房。

同时，要提醒游客带好个人物品及旅游证件，询问游客是否已与酒店结清账目。

（三）集合上车

所有离店手续办好后，照顾游客上车入座。然后地陪要仔细清点人数。全体到齐后，要再一次请游客清点一下随身携带的物品，并询问是否将证件随身携带。此时，地陪最需强调的是提醒游客勿将物品忘在酒店里。如无遗漏则请司机开车离开酒店赴机场（车站、码头）。

（四）送站途中的讲解服务

如果说转移途中讲解是地陪首次亮相的话，那么送站的讲解是地陪的最后一次"表演"。同演戏一样，这最后一次的"表演"应是一场压轴戏。通过这最后的讲解，地陪要让游客对自己所在的地区或城市产生一种留恋之情，加深游客不虚此行的感受。

送站途中的讲解主要有以下几部分内容组成：

1. 行程回顾

在去机场（车站、码头）的途中，地陪应对旅游团在本地的行程包括食、住、行、游、购、娱等各方面做一个概要的回顾，目的是加深游客对这次旅游经历的体验。讲解方式可用归纳式、提问式两种，讲解内容则可视途中距离远近而定。

2. 致欢送词

欢送词的内容主要包括以下五个方面：

（1）感谢语：对领队、全陪、游客及司机的合作分别表示谢意；

（2）惜别语：表达友谊和惜别之情；

（3）征求意见语：向游客诚恳地征询意见和建议；

（4）致歉语：对行程中有不尽如人意之处，祈求原谅，并向游客赔礼道歉；

（5）祝愿语：期望再次相逢，表达美好的祝愿。

致完欢送词后，地陪可将"旅游服务质量意见反馈表"发给游客，请其填写，如需寄出，应先向游客讲明邮资已付。如需导游员带回，则应在游客填写完毕后如数收回、妥善保留。

3. 提前到达机场（车站、码头）

地陪带旅游团到达机场（车站、码头）必须留出充裕的时间。具体要求是：出境航班提前2小时；国内航班提前90分钟；乘火车提前1小时。

旅游车到达机场（车站、码头），地陪要提醒游客带齐随身的行李物品，照顾游客下车。待全团游客下车后，地陪要再检查一下车内有无遗漏的物品。

（五）办理离站手续

1. 送国内航班

（1）提前90分钟到达机场后，带领游客走进机场大厅；

（2）购买机场建设费；

（3）行李检查；

（4）收取游客身份证集中办理换登机牌及行李托运手续；

（5）将机票、登机牌、身份证、行李牌清点后交给全陪（或领队），再由全陪（或领队）发给每位游客；

（6）送别；

（7）游客全部进入隔离区后方可离开。

2. 送火车、轮船

（1）提前抵达车站、码头，使游客有足够的时间上火车、轮船（地陪必须帮助全陪或领队找舱位），应提前30分钟将游客送上车厢或轮船就座；

（2）带领游客找到车厢或客舱；

（3）将交通票据、行李票据交给全陪（或领队）；

（4）送别；

（5）车、船启动后方可离开。

送走旅游团后，地陪应与旅游车司机结账，在用车单据上签字，并保留好单据。

知识点8：善后工作

旅游团结束在本地的游程离开后，地陪还应做好总结、善后工作。

一、处理遗留问题

下团后，地陪应妥善、认真处理好旅游团的遗留问题。如果旅游团离开后，发现游客遗忘了某些物品应及时交回旅行社，设法尽快交还失主；如果游客曾委托地陪办理一些事情，应该向旅行社有关部门反映，尽快帮游客处理完毕。

二、结账

地陪应按旅行社的具体要求并在规定的时间内填写清楚有关接待的财务结算表格，连同保留的各种单据、接待计划、活动日程表等，按规定上交有关人员并到财务部门结清账目。

地陪下团后应将向旅行社借的某些物品，经检查无损后及时归还，办清手续。

三、总结工作

认真做好陪团小结，实事求是地汇报接团情况。涉及游客的意见和建议，力求引用原话，并注明游客的身份。

地陪应及时将"旅游服务质量意见反馈表"交到旅行社有关部门。此表对旅游活动中旅游服务的各方面有一个比较客观的反映。旅行社各部门在接到此表时，会认真对待游客的评议。凡是针对地陪的表扬或意见，地陪应主动说明原因，反映客观情况，必要时写出书面材料。如果是针对餐厅、饭店、车队等方面的意见和建议，地陪也应主动说明真实情况，由旅行社有关部门向这些单位转达游客的意见或建议。如果反映的事项比较严重、意见较大时，地陪应写出书面材料，内容要翔实，尽量引用原话，以便旅行社有关部门和相关单位进行交涉。

旅游接待中，若发生重大事故，要整理成文字材料向接待社或组团社汇报。

知识点9：游客个别要求的处理

游客的个别要求是指参加团体旅游的游客提出的各种特殊要求。面对游客的种种特殊要求，导游员应该怎么处理？怎样才能使要求得到基本满足的游客高高兴兴，又使个别要求没有得到满足的游客也满意导游员的服务，这是对导游员处理问题能力的一个考验，也是保证并提高旅游服务质量的重要条件之一。

面对个别游客的苛刻的要求和过分的挑剔，导游员一定要认真倾听，冷静、仔细地分析，决不能置之不理，更不能断然拒绝。不应在没有听完对方讲话的情况下就胡乱解释，或表示反感，恶语相向，意气用事。对不合理或不可能实现的要求和意见，导游员要耐心解释，实事求是，处理问题要合情合理，尽量使游客心悦诚服。导游员千万不能一口回绝，随便说出"不行"两字。当然，旅游团队中也难免有个别无理取闹者，如有偶遇，导游员应沉着冷静、不卑不亢，既不伤主人之雅又不损客人之尊，理明则让。经过导游员的努力仍有解决不了的困难时，导游员应向接待社领导汇报，请其帮助。总之，对游客提出的要求，不管其难易程度如何、合理与否，导游员都应给予足够的重视并正确及时、合情合理地予以处理，力争使大家愉快地旅行游览。

一般来看，游客的个别要求可以分为四种情况：合理的、经过导游员的努力可以满足的要求；合理的、但现实难以满足的要求；不合理的、经过努力可以满足的要求；不合理的、无法满足的要求。

一、游客在餐饮方面个别要求的处理

"民以食为天"，跨国界、跨地区的游客对餐饮的要求各不相同，因餐饮问题引起的游客投诉屡见不鲜。下面就常见的六种情况探讨导游人员面对此类要求的处理方法。

（一）对特殊饮食要求的处理

由于宗教信仰、生活习惯、身体状况等原因，有些游客会提出饮食方面的特殊要求，例如，不吃荤，不吃油腻、辛辣食品，不吃猪肉或其他肉食，甚至不吃带有盐、糖、味精等调味品的食物。对游客提出的特殊要求，要区别对待：

若所提要求在旅游协议书有明文规定的，接待方旅行社须早作安排，地陪在接团前应检查落实情况，不折不扣地兑现。若旅游团抵达后或到定点餐厅后临时提出要求，则需视情况而定。一般情况下地陪应立即与餐厅联系，在可能的情况下尽量满足其要求；如情况复杂，确实有困难满足不了其特殊要求，地陪则应说明情况，协助游客自行解决。如建议游客到餐厅临时点菜或带他去附近餐馆（最好是旅游定点餐馆）用餐，餐费自理。

(二)要求换餐

部分外国游客不习惯中餐的口味,在吃了几顿中餐后要求改换成西餐;有的外地游客想尝尝当地小吃,要求换成风味餐。诸如此类要求,处理时考虑如下几方面:

首先要看是否有充足的时间换餐。如果旅游团在用餐前3个小时提出换餐的要求,地陪应尽量与餐厅联系,但需事先向游客讲清楚,如能换妥差价由游客自付。询问餐厅能否提供相应服务。若计划中的供餐单位不具备供应西餐或风味餐的能力,应考虑换餐厅。如果是在接近用餐时间或到餐厅后提出换餐要求,应视情况而定:若该餐厅有该项服务,地陪应协助解决。如果情况复杂,餐厅又没有此项服务,一般不应接受此类要求,但应向游客做好解释工作。若游客仍坚持换餐,地陪可建议其到餐厅自己点菜或单独用餐,费用自理并告知原餐费不退。

(三)要求单独用餐

由于旅游团的内部矛盾或其他原因,个别游客要求单独用餐。此时,导游人员要耐心解释,并告诉领队请其调解。如游客坚持,导游人员可协助与餐厅联系,但餐费自理,并告知综合服务费不退。

由于游客外出自由活动,如访友、疲劳等原因不随团用餐,导游员应同意其要求,但要说明餐费不退。

(四)要求在客房内用餐

若游客生病,导游人员或饭店服务员应主动将饭菜端进房间以示关怀。若是健康的游客希望在客房用餐,应视情况办理。如果餐厅能提供此项服务,可满足游客的要求,但须告知服务费标准。

(五)要求自费品尝风味餐

旅游团要求外出自费品尝风味餐,导游人员应予以协助,可由旅行社出面,也可由游客自行与有关餐厅联系订餐。风味餐订妥后旅游团又不想去了,导游人员应劝他们在约定时间前往餐厅,并说明若不去用餐须赔偿餐厅的损失。

(六)要求推迟就餐时间

由于游客的生活习惯不同,或由于在某旅游地游兴未尽等原因要求推迟用餐时间。导游人员可与餐厅联系,视餐厅的具体情况处理。一般情况下,导游人员要向旅游团说明餐厅有固定的用餐时间,劝其入乡随俗,过时用餐需另付服务费。若餐厅不提供过时服务,最好按时就餐。

二、游客在住宿方面个别要求的处理

旅游过程中,酒店是游客临时的家。对于在住房方面的要求,导游人员一定要尽力协助解决。

（一）要求调换酒店

团体游客到一地旅游时，享受什么星级的酒店的住房在旅游协议书中有明确规定，甚至有的在什么城市下榻于哪家酒店都写得清清楚楚。所以，接待旅行社向旅游团提供的客房低于标准，即使用同星级的酒店替代协议中标明的酒店，游客都会提出异议。

如果接待社未按协议安排酒店或协议中的酒店确实存在卫生、安全等问题而致使游客提出换酒店的，地陪应随时与接待社联系，接待社应负责予以调换。如确有困难，按照接待社提出的具体办法妥善解决，并向游客陈述有说服力的理由，提出补偿条件。

（二）要求调换房间

根据客人提出换房的不同缘由，有不同的处理方法：

（1）若由于房间不干净，如有蟑螂、臭虫、老鼠等，游客提出换房应立即满足，必要时应调换酒店。

（2）由于客房设施尤其是房间卫生达不到清洁标准，应立即打扫、消毒，如游客仍不满意，坚持换房，应与饭店有关部门联系并予以满足。

（3）若游客对房间的朝向、层数不满意，要求调换另一朝向或另一楼层的同一标准客房时，若不涉及房间价格并且饭店有空房，可与饭店客房部联系，适当予以满足，或请领队在团队内部进行调整。无法满足时，应做耐心解释，并向游客致歉。

（4）若游客要住高于合同规定标准的房间，如有空房，可予以满足，但游客要交付原定酒店退房损失费和房费差价。

（三）要求住单间

团队旅游一般安排住标准间或三人间。由于游客的生活习惯不同或因同室游客之间闹矛盾，而要求住单间。导游人员应先请领队调解或内部调整，若调解不成，酒店如有空房，可满足其要求。但导游人员必须事先说明，房费由游客自理（一般由提出方付房费）。

（四）要求延长住店时间

由于某种原因（生病、访友、改变旅游日程等）而中途退团的游客提出延长在本地的住店时间。可先与酒店联系，若酒店有空房，可满足其要求，但延长期内的房费由游客自付。如原住酒店没有空房，导游人员可协助联系其他酒店，房费由游客自理。

（五）要求购买房中物品

如果游客看中客房内的某种摆设或物品，要求购买，导游人员应积极协助，与酒店有关部门联系，满足游客的要求。

三、游客在交通方面个别要求的处理

交通是衔接旅游行程的纽带，一般情况交通行程都是事先预订好，并且不方便更改的，但在实际工作中仍会有游客提出个别要求。

（一）要求更换交通工具类型

如火车改为飞机或更换交通工具时间等。这种要求除非在自然灾害、误车（机、船）等特殊情况下，一般都不能答应更换。旅途中票务预订、退换非常棘手，短时间内很难满足。

（二）要求提高交通工具等级

如提高舱位、座位等级等。导游员遇到这种要求应首先与接待社计调部门联系，若有所要求等级的舱位，可帮忙更换座位，但差价及相关费用自理。

（三）要求单独提供交通工具

这种情况可能是因为某些游客想自由活动、单独返回购物等原因暂时脱离团队行动。导游员在保证安全、不影响行程的前提下，可与接待社计调部门联系交通工具或联系出租车等方式满足其要求。

四、游客在游览方面个别要求的处理

游览是游客出行的主要目的，在行程中随着环境和兴致的变化，游客可能会提出个别要求，导游员应针对不同的要求区别处理。

（一）游客要求去不对外开放的地方游览

游客要求去不对外开放的地区、机构或单位参观游览，导游员应婉言拒绝，不得擅自做主答应游客的这种要求，必要时，须提醒对方遵守相关规定。

（二）游客更换或取消游览项目

凡是计划内的游览项目，导游员一般应该不折不扣地按计划进行。若是全团统一提出更换游览项目，则需请示接待社计调部门，请其与组团社联系，同意后方可更换。若是个别游客提出更换游览项目，地陪应向游客耐心解释，不能随意更换。

（三）游客要求增加游览项目

在时间允许的情况下，导游员应请示接待社并积极协助。与接待社有关部门联系，请其报价，将接待社的对外报价报给游客，若游客认可，地陪则陪同前往，并将游客支付的费用上交接待社，将收据交给游客。

五、游客在购物方面个别要求的处理

购物是旅游活动的重要组成部分，游客往往会有各种各样的特殊要求，导游人员要不怕麻烦、不图私利，设法予以满足。

（一）要求单独外出购物

在自由活动期间尽力帮助，当好购物参谋。如建议去哪家商场，联系出租车，写中文便条等。在离开本地当天要劝阻，以防误机（车、船）。

（二）要求退换商品

导游者购物后发现是残次品、计价有误或对物品不满意，要求导游人员帮其退换，导游人员应积极协助，必要时陪同前往。

（三）要求再次前往某商店购物

游客欲购买某一商品，出于"货比三家"的考虑或对于商品价格、款式、颜色等犹豫不决，当时没有购买。后来经过考虑又决定购买，要求地陪帮助。对于这种情况，地陪应热情帮助。如有时间可陪同前往，车费由游客自理。若因故不能陪同前往，可为游客写张中文便条，写清商店地址及欲购商品的名称，请其乘出租车前往。

（四）要求购买古玩或仿古艺术品

游客希望购买古玩或仿古艺术品，导游人员应带其到文物商店购买，买妥物品后要提醒他保存发票，不要将物品上的火漆印（如有的话）去掉，以便海关查验。游客要在地摊上选购古玩，导游人员应劝阻，并告知有关规定。若发现个别游客有走私文物的可疑行为，导游人员须及时报告有关部门。

（五）要求购买中药材

有些游客想买些中药材，并携带出境。导游人员应告知中国海关的有关规定。携带中药材、中成药出境，前往国外的，总值限人民币300元；前往港澳地区的，总值限人民币150元。

寄往国外的中药材、中成药，总值限人民币200元；寄往港澳地区的，总值限人民币100元。严禁携带犀牛角、虎骨、麝香出入境。

（六）要求代办托运

外汇商店一般都经营托运业务，导游人员应告诉购买大件物品的游客。若商店无托运业务，导游人员要协助游客办理托运手续。

游客欲购买某一商品，但当时无货，请导游人员代为购买并托运，对游客的这类要求，导游人员一般应婉拒。实在推托不掉时，导游人员要请示领导，一旦接受了游客的委托，导游人员应在领导指示下认真办理委托事宜。收取足够的钱款（余额在事后由旅行社退还委托者），发票、托运单及托运费收据寄给委托人，旅行社保存复印件，以备查验。

六、游客在娱乐活动方面个别要求的处理

文娱活动是晚间活动的重要内容，有协议书规定的，也有游客要求自费观赏的娱乐演出。在我国，为外国游客提供的文娱活动有京剧、古代音乐舞蹈、杂技、民族歌舞等，也有酒店的服务人员和周围群众自己组织的文娱晚会。这些活动不仅充实了游客的夜间生活，也会给他们留下深刻的印象，帮助他们进一步了解中国的传统文化。对于文娱活动，游客各有爱好，不应该强求一致。游客提出种种要求，导游员应本着"合理而可能"

的原则，视具体情况妥善处理。

（一）要求调换计划内的文娱节目

凡在计划内注明有文娱节目的旅游团，一般情况下，地陪应按计划准时带游客到指定娱乐场所观看文艺演出。若游客提出调换节目，地陪应针对不同情况，本着"合理而可行"的原则，作出如下处理：

（1）如全团游客提出更换，地陪应与接待社计调部门联系，尽可能调换，但不要在未联系妥当之前许诺。如接待社无法调换，地陪要向游客耐心作解释工作，并说明票已订好，不能退换，请其谅解。

（2）如部分游客要求观看别的演出，处理方法同上。若决定分组观看文娱演出，在交通方面导游员可作如下处理：如两个演出点在同一线路，导游人员要与司机商量，尽量为提出新要求的游客提供方便，送他们到目的地。若不同路，则应为他们安排车辆，但车费自理。

（二）要求自费观看文娱节目

在时间允许的情况下，导游员应积极协助。以下两种方法地陪可酌情选择：

与接待社有关部门联系，请其报价。将接待社的对外报价（其中包括节目票费、车费、服务费）报给游客，并逐一解释清楚。若游客认可，请接待社预定，地陪同时要陪同前往，将游客交付的费用上交接待社并将收据交给游客。

协助解决，提醒客人注意安全。地陪可帮助游客联系购买节目票，请游客自乘出租车前往，一切费用由游客自理。但应提醒游客注意安全、带好酒店地址。必要时，地陪可将与自己联系的电话告知游客。

如果游客执意要去大型娱乐场所或情况复杂的场所，导游人员须提醒游客注意安全，必要时陪同前往。

（三）要求前往不健康的娱乐场所

游客要求去不健康的娱乐场所和过不正常的夜生活，导游人员应断然拒绝并介绍中国的传统观念和道德风貌，严肃指出不健康的娱乐活动和不正常的夜生活在中国是禁止的，是违法行为。

七、游客在其他方面个别要求的处理

（一）游客要求自由活动的处理

旅游线路安排中往往有自由活动时间，在集体活动时间内也有游客提出单独活动的要求。导游员应根据不同情况，妥善处理。

1. 应劝阻游客自由活动的几种情况

（1）如旅游团计划去另一地游览，或旅游团即将离开本地时，导游员要劝其随团活动，以免误机（车、船）。

（2）如是治安不太理想、复杂、混乱的地方，导游员要劝阻游客外出活动，更不要单独活动，但必须实事求是地说明情况。

（3）不宜让游客单独骑自行车去人生地不熟或车水马龙的街头游玩。

（4）游河（湖）时，游客提出希望划小船或在非游泳区游泳的要求，导游员不能答应，不能置旅游团于不顾而陪少数人去划船、游泳。

（5）游客要求去不对外开放的地区、机构参观游览，导游人员不得答应此类要求。

2. 允许游客自由活动时导游人员应做的工作

（1）要求全天或某一景点不随团活动

由于有些游客已来多次，或已游览过某一景点不想重复，因而不想随团活动。要求不游览某一景点或一天、数天离团自由活动。如果其要求不影响整个旅游团的活动，可以满足并提供必要帮助。

①提前说明如果不随团活动，无论时间长短，所有费用不退，需增加的各项费用自理。

②告诉游客用餐的时间和地点，以便其归队时用餐。

③提醒其注意安全，保护好自己的财物。

④提醒游客带上酒店卡片（卡片上有中英文酒店名称、地址、电话）备用。

⑤用中英文写张便条，注明客人要去的地点的名称、地址及简短对话，以备不时之需。

⑥必要时将自己的手机号告诉游客。

（2）到游览点后要求自由活动

到某一游览点后，若有个别游客希望不按规定的线路游览而希望自由游览或摄影，若环境许可（游人不太多，秩序不乱），可满足其要求。导游人员要提醒其集合的时间和地点及旅游车的车号，必要时留一字条，写上集合时间、地点和车号以及酒店名称和电话号码，以备不时之需。

（3）自由活动时间或晚间要求单独行动

导游人员应建议不要走得太远，不要携带贵重物品（可寄存在前台），不要去秩序乱的场所，不要太晚回酒店等。

（4）少数人要求一起活动

少数人自由活动时，导游员应与大多数游客在一起。不可置大多数人于不顾，陪少数人单独活动，而且要确保旅游计划的全面开展实施。

（二）游客要求为其转递物品的处理

由于种种原因游客要求旅行社或导游员帮其转递物品。一般情况下，导游人员应建议游客将物品或信件亲手交给或邮寄给收件部门或收件人，若确有困难，可予以协助。转递物品和信件，尤其是转递重要物品和重要信件，或向外国驻华使、领馆转递物品和信件，手续要完备。

（1）必须问清何物，若是应税物品，应促其纳税。若转递物品是食品应婉言拒绝，请其自行处理。

（2）请游客写委托书，注明物品名称、数量、并当面点清、签字并留下详细通信地址及电话。

（3）将物品或信件交给收件人后，请收件人写收条并签字盖章。

（4）将委托书和收条一并交旅行社保管，以备后用。

（5）若是转递给外国驻华使、领馆及其人员的物品或信件，原则上不能接收。

在推托不了的情况下，导游人员应详细了解情况并向旅行社领导请示，经请示同意后将物品和信件交旅行社有关部门，由其转递。

（三）游客要求探视亲友活动的处理

游客到达某地后，希望探望在当地的亲戚或朋友，这可能是其旅游目的之一。导游人员应设法予以满足，并根据以下情况进行处理。

如果游客知道亲友的姓名、地址，导游人员应协助联系，并向游客讲明具体的乘车路线。如果游客只知道亲友姓名或某些线索，地址不详，导游人员可通过旅行社请公安户籍部门帮助寻找，找到后及时告诉游客并帮其联系。若旅游期间没找到，可请游客留下联系电话和通信地址，待找到其亲友后再通知他（她）。如果海外游客要会见中国同行洽谈业务、联系工作或进行其他活动，导游人员应向旅行社汇报，在领导指示下给予积极协助。如果导游人员发现个别中国人与游客之间以亲友身份作掩护进行不正常往来，或游客会见人员中有异常现象，应及时汇报。如果外国游客要求会见在华外国人或驻华使、领馆人员，导游人员不应干预。如果游客要求协助，导游人员可给予帮助。若外国游客盛情邀请导游人员参加使、领馆举办的活动，导游人员应先请示领导，经批准后方可前往。

（四）游客要求亲友随团活动的处理

游客到某地希望会见亲友，但时间有限又不舍得放弃旅游活动，因此向导游人员提出随团的要求，导游人员首先要征得领队和旅游团其他成员的同意。与接待社有关部门联系，如无特殊情况可请随团活动的人员准备好有效身份证件到接待社填写表格，交纳费用。办完随团手续后方可随团活动。如因时间关系无法到旅行社办理相关手续，可电话与接待社有关部门联系，得到允许后代为查阅证件，收取费用，尽快将收据交给游客。若是外国驻华使馆人员或外国记者要求随团活动，应请示接待领导，按照我国政府的有关规定办理。

（五）游客要求中途退团的处理

1. 因特殊原因提前离开旅游团

游客因患病，或因家中出事，或因工作上急需，或因其他特殊原因，要求提前离开旅游团、中止旅游活动，经接待方旅行社与组团社协商后可予以满足。至于未享受的综合服务费，按旅游协议书规定，或部分退还，或不予退还。

2. 无特殊原因执意退团

游客无特殊原因，只是某个要求得不到满足而提出提前离团。导游要配合领队做说服工作，劝其继续随团旅游。若接待方旅行社确有责任，应设法弥补。若游客提出的是无理要求，要耐心解释。若劝说无效，游客仍执意要退团，可满足其要求，但应告知其未享受的综合服务费不予退还。

外国游客不管因何种原因要求提前离开中国，导游人员都要在领导指示下协助游客进行重订航班、机座，办理分离签证及其他离团手续，所需费用游客自理。

（六）延长旅游期限的处理

游客要求延长旅游期限一般有两种情况：

（1）由于某种原因中途退团，但本人继续在当地逗留需延长旅游期。对无论何种原因中途退团并要求延长在当地旅游期限的游客，导游人员应帮其办理一切相关手续。对那些因伤病住院，不得不退团并须延长在当地居留时间者，除了办理相关手续外，还应前往医院探视，并帮助解决患者或其陪伴家属在生活上的困难。

（2）不随团离开或出境。旅游团的游览活动结束后，由于某种原因，游客不随团离开或出境，要求延长逗留期限，地陪应酌情处理，若不需办理延长签证的一般可满足其要求。无特殊原因游客要求延长签证，原则上应予婉拒。若确有特殊原因需要留下但需办理签证延期的，地陪应请示旅行社领导，向其提供必要的帮助。

办理延长签证手续的具体做法如下：

①先到旅行社开证明然后陪同游客持旅行社的证明、护照及集体签证到公安局外国人出入境管理处办理分离签证手续和延长签证手续，费用自理。

②如果离团后继续留下的游客需要帮助，一般可帮其做以下工作：协助其重新订妥航班、机票或火车票、酒店等等，并向其讲明所需费用自理。如其要求继续提供导游或其他服务，则应与接待社另签合同。

③离团后的一切费用均由游客自理。

知识点 10：漏接和错接的处理

一、漏接的原因、预防及处理

漏接是指旅游团（者）抵达后，无导游人员迎接的现象。

漏接无论是何原因引起，都会造成游客抱怨、发火，这都是正常的。导游人员应尽快消除游客的不满情绪，做好安抚工作。

（一）由于主观原因所造成的漏接

1. 主观原因

（1）由于工作不细。没有认真阅读接待计划，把旅游团（者）抵达的日期、时间、地点搞错。

（2）迟到。没有按规定时间提前抵达接站地点。

（3）没看变更记录。只阅读接待计划，没阅读变更记录，仍按原计划接站。

（4）没查对新的航班时刻表。特别是新、旧时刻表交替时，仍按旧时刻表的时间接站，因而造成漏接事故。

（5）导游人员举牌接站的地点选择不当。

2. 处理方法：

（1）实事求是地向游客说明情况，诚恳地赔礼道歉，求得谅解。

（2）如果有费用问题（如游客乘出租车到酒店的车费），应主动将费用赔付游客。

（3）提供更加热情周到的服务，高质量地完成计划内的全部活动内容，以求尽快消除因漏接而给游客造成的不愉快情绪。

（二）由于客观原因造成的漏接

1. 客观原因

（1）由于种种原因，上一站接待社将旅游团原定的班次或车次变更而提前抵达，但漏发变更通知，造成漏接。

（2）接待社已接到变更通知，但有关人员没有能及时通知该团地陪，造成漏接。

（3）司机迟到，未能按时到达接站地点，造成漏接。

（4）由于交通堵塞或其他预料不到的情况发生，未能及时抵达机场（车站），造成漏接。

（5）由于国际航班提前抵达或游客在境外中转站乘其他航班而造成漏接。

2. 处理方法

（1）立即与接待社联系，告知现状，查明原因。

（2）耐心向游客作解释工作，消除误解。

（3）尽量采取弥补措施，使游客的损失减少到最低限度。

(4) 必要时请接待社领导出面赔礼道歉，或酌情给游客一定的物质补偿。

(三) 漏接的预防

1. 认真阅读计划

导游人员接到任务后，应了解旅游团抵达的日期、时间、接站地点（具体是哪个机场、车站、码头）并亲自核对清楚。

2. 核实交通工具到达的准确时间

旅游团抵达的当天，导游人员应与旅行社有关部门联系，弄清班次或车次是否有变更，并及时与机场（车站、码头）联系，核实抵达的确切时间。

3. 提前抵达接站地点

导游人员应与司机商定好出发时间，保证按规定提前半小时到达接站地点。

二、错接的预防及处理

错接是指导游人员接了不应由他接的旅游团（者）。

(一) 错接的预防

(1) 导游人员应提前到达接站地点迎接旅游团。

(2) 接团时认真核实。

导游人员要认真逐一核实旅游客源地派出方旅行社的名称，旅游目的地组团旅行社的名称，旅游团的代号、人数、领队姓名（无领队的团要核实游客的姓名），下榻饭店等。

(3) 提高警惕，严防社会其他人员非法接走旅游团。

(二) 错接的处理

一旦发现错接，地陪应立即采取的措施如下：

(1) 报告领导。发现错接后马上向接待社领导有关人员报告，查明两个错接团的情况，再做具体处理。

(2) 将错就错。如果经调查核实，错接发生在本社的两个旅游团之间，两个导游人员又同是地陪，那么就将错就错，两名地陪将接待计划交换之后就可继续接团。

(3) 必须交换。①经核查，错接的团是两家接待社的团，则必须交换旅游团。②两个团都属于一个旅行社接待，但两个导游人员中有一名是地陪兼全陪，那么，就应该交换旅游团。

(4) 地陪要实事求是地向游客说明情况，并诚恳地道歉，以求得游客的谅解。

(5) 如发生其他人员（非法导游）将游客带走，应马上与酒店联系，看游客是否已住进应下榻的酒店。

知识点 11：旅游计划和日程变更的处理

计划和日程的变更是根据旅游活动中的实际需要而决定的，一般有以下两种情况。

一、旅游团（者）要求变更计划行程

在旅游过程中，由于种种原因，游客向导游人员提出变更旅游路线或旅游日程时，原则上应按旅游合同执行。如遇较特殊的情况或由领队提出，导游人员也无权擅自做主，要上报组团社或接待社有关人员，须经有关部门同意，并按照其指示和具体要求做好变更工作。

二、客观原因需要变更计划和日程

旅游过程中，因客观原因、不可预料的因素（如天气、自然灾害、交通问题等）需要变更旅游团的旅游计划、路线和活动日程时，一般会出现四种情况，针对不同情况要有灵活的应变措施。

（一）缩短或取消在某地的游览时间

1. 旅游团（者）抵达时间延误，造成旅游时间缩短：

（1）仔细分析因延误带来的困难和问题，并及时向接待社外联或计调部门报告，以便将情况尽快反馈给组团社，找出补救措施。

（2）在外联或计调部门的协助下，安排落实该团交通、住宿、游览等事宜。提醒有关人员与酒店、车队、餐厅联系及时办理退房、退餐、退车等一切相关事宜。

（3）地陪应立即调整活动日程，压缩在每一景点的活动时间，尽量保证不减少计划内的游览项目。

2. 旅游团（者）提前离开，造成游览时间缩短：

（1）立即与全陪、领队商量，采取尽可能的补救措施；立即调整活动时间，抓紧时间将计划内游览项目完成。若有困难，无法完成计划内所有游览项目，地陪应选择最有代表性、最具特色的重点旅游景点，以求游客对游览景点有个基本的了解。

（2）做好游客的工作：不要急于将旅游团提前离开的消息告诉旅游团（者），以免引起不安。待与领队、全陪制定新的游览方案后，找准时机向旅游团中有影响的游客实事求是地说明困难，诚恳地道歉，以求得谅解，并将变更后的安排向他们解释清楚，争取他们的认可和支持，最后分头做游客的工作。

（3）地陪应通知接待社计调部门或有关人员办理相关事宜，如退酒店，退餐，退车等。

（4）给予游客适当的补偿：必要时经接待社领导同意可采取加菜、加风味餐、赠送小纪念品等物质补偿的方式。如果旅游团的活动受到较大的影响，游客损失较大而引起强烈不满时可请接待社领导出面表示歉意，并提出补偿办法。

（5）若旅游团（者）提前离开，全陪应立即报告组团社，并通知下一站接待社。

（二）延长旅游时间

游客提前抵达或推迟离开都会造成延长游览时间而变更游览日程。出现这种情况时，地陪应该采取以下措施：

（1）落实有关事宜：与接待社有关部门或有关人员联系，重新落实旅游团（者）的用房、用餐、用车的情况，并及时落实离开本站的机、车票。

（2）迅速调整活动日程：适当地延长在主要景点的游览时间。经组团社同意后，酌情增加游览景点，努力使活动内容充实。

（3）提醒接待有关人员通知下一站该团的日程变化。

（4）在设计变更旅游计划时，地陪要征求领队和全陪的建议和要求，共同商量，取得他们的支持和帮助。在变更的旅游计划决定之后，应与领队、全陪商量好如何向团内游客解释说明，取得他们的谅解与支持。

（三）逗留时间不变，但被迫改变部分旅游计划

出现这种情况，肯定是外界客观原因造成。如大雪封山，维修改造进入危险阶段等。这时导游员应采取如下措施：

（1）实事求是地将情况向游客讲清楚，求得谅解。

（2）提出由另一景点代替的方案，与游客协商。

（3）以精彩的导游讲解、热情的服务激起游客的游兴。

（4）按照有关规定做些相应补偿，如用餐时适当地加菜，或将便餐改为风味餐，赠送小礼品等。必要时，由旅行社领导出面，诚恳地向游客表示歉意，尽量让游客高高兴兴地离开。

（四）因旅行社的原因需要调整计划日程

在旅游计划安排过程中，可能出现因旅行社的工作疏忽（如景区当天不开放、游客预定节目没安排等）造成旅游活动安排不周，需要进行临时调整。出现这种情况时应首先对计划进行合理安排，尽量不影响日程，然后将安排后的计划与领队及游客沟通，获取他们的谅解，再按照新计划安排游览。

知识点12：误机（车、船）事故的处理

误机（车、船）事故是指因故造成旅游团（者）没有按原定航班（车次、船次）离开本站而导致暂时滞留。

一、误机（车、船）事故的原因

（一）客观原因导致的非责任事故

由于游客走失、不听安排或由于途中遇到交通事故、严重堵车、汽车发生故障等突发情况造成迟误。

（二）主观因素导致的责任事故

由于导游人员或旅行社其他人员工作上的差错造成迟误，如导游人员安排日程不当或过紧，没有按规定提前到达机场（车站、码头）；导游人员没有认真核实交通票据；班次已变更但旅行社有关人员没有及时通知导游人员等。

二、误机（车、船）事故的预防

误机（车、船）带来的后果严重。杜绝此类事故发生的关键在预防，地陪应做好以下工作：

（1）认真核实机、车、船票的班次、车次、日期、时间及在哪个机场（车站、码头）乘机（车、船）等。

（2）如果票据未落实，接团期间应随时与接待社有关人员保持联系。没有行李车的旅游团在拿到票据核实无误后，地陪应立即将其交到全陪或游客手中。

（3）离开当天不要安排旅游团到地域复杂、偏远的景点参观游览，不要安排自由活动。

（4）留有充足的时间去机场、车站、码头，要考虑到交通堵塞或突发事件等因素。

（5）保证按规定的时间到达机场、车站、码头。

乘国内航班：提前一个半小时到达机场。

乘国际航班出境：提前两个小时到达机场。

乘火车（船）：提前一个小时到达火车站（码头）。

三、误机（车、船）事故的处理

一旦发生误机（车、船）事故，导游员应按照下列步骤进行处理：

（1）导游人员应立即向旅行社领导及有关部门报告并请求协助。

（2）地陪和旅行社尽快与机场（车站、码头）联系，争取让游客乘最近班次的交通工具离开本站，或包机（车厢、船）或改乘其他交通工具前往下一站。

（3）稳定旅游团（者）的情绪，安排好在当地滞留期间的食宿、游览等事宜。

（4）及时通知下一站，对日程作相应的调整。

（5）向旅游团（者）赔礼道歉。

（6）写出事故报告，查清事故的原因和责任，责任者应承担经济损失并受政纪处分。

知识点13：导游语言的内涵及特性

一、导游语言基本要求

导游是一种社会职业，与其他社会职业一样，在长期的导游实践中逐渐形成了具有职业特点的语言——导游语言。从狭义的角度说，导游语言是导游人员与游客交流思想感情、指导游览、进行讲解、传播文化时使用的一种具有丰富表达力、生动形象的口头语言。

从广义的角度说,导游语言是导游人员在导游服务过程中必须熟练掌握和运用的所有含有一定意义并能引起互动的一种符号。所谓"所有",是指导游语言不仅包括口头语言,还包括态势语言、书面语言和副语言。其中副语言是一种有声而无固定语义的语言,如重音、笑声、叹息、掌声等。所谓"含有一定意义",是指能传递某种信息或表达某种思想感情。如介绍旅游景观如何美、美在何处等。所谓"引起互动",是指游客通过感受导游语言行为所产生的反应。譬如导游人员微笑着搀扶老年游客上车,其态势语言(微笑语和动作语)就会引起游客的互动:老年游客说声"谢谢",周围游客投来"赞许的目光"。所谓"一种符号",是指导游过程中的一种有意义的媒介物。

二、导游语言的特性

语言是以语音为物质外壳,以词汇为建筑材料,以语法为结构规律而构成的体系。导游人员无论是进行导游讲解,还是回答游客的问题,或同游客交谈,在发音之前都要对所讲、所谈的内容进行组织,即把有关词汇按照语法规律组合成具有一定语义的句子,然后用语言表示出来,同时语言在运用中又存在着方法和技巧。对于导游人员来说,由于服务的对象是不同的游客,他们的性格、兴趣和爱好各异,导游人员的语言除了要符合语言规范之外,还要满足以下基本要求:

(一)准确性

导游语言的准确性是指导游人员的语言必须以客观实际为依据,即在遣词造句、叙事上要以事实为基础,准确地反映客观实际。无论是说古论今,是议人还是叙事,是讲故事还是说笑话,都要做到以实论虚、入情入理,切忌空洞无物或言过其实。导游人员的语言要实现准确性,必须注意以下几个方面。

1. 严肃认真的科学态度

严肃认真的科学态度是保证导游语言准确性的前提。首先要求导游人员有竭诚为游客服务的思想,有不断提高导游服务质量的意愿,才能抱着对游客、对自己、对旅行社、对国家负责的态度。说话时,实事求是地用恰当的语言予以表达,而不要信口开河、东拉西扯、言不由衷、词不达意。其次要有锲而不舍、勤学苦练的科学精神。只有这样才能不断进取,认真地对待言语中的每一个词语,使之符合语境并贴切地反映客观实际。

2. 了解和熟悉所讲、所谈的事物和内容

了解和熟悉所讲、所谈的事物和内容是运用好语言的基础。如果导游人员对景点的情况和要对游客要讲的内容不了解、不熟悉,很难想象其语言能表达得清楚、准确,更谈不上流畅、优美了。如果导游人员对所讲、所谈的事物和内容有充分的准备,谙熟于胸,讲起来不仅侃侃而谈、旁征博引,而且遣词造句也十分贴切,就能准确地反映所讲、所谈事物的本来面貌,易于为游客所接受和理解。

3. 遣词造句准确,词语组合、搭配恰当

遣词造句准确,词语组合、搭配恰当是语言运用的关键。一个句子或一个意思要表达确切、清楚,关键在用词与词语的组合及搭配上,要在选择恰当词汇的基础上,按照语法规律和语言习惯进行有机组合和搭配。如果词语用法不当,会使信息失真。如武汉市导游人员在归元寺向游客介绍《杨柳观音图》时说:"这幅相传为唐代阎立本的壁画,它所体现的艺术手法值得我们珍惜。"这里,"珍惜"属于用词不当,而应该用"珍视"。"珍惜"是爱惜的意思,而"珍视"则为看重的意思,即古画所体现的艺术手法值得好好欣赏。又如游客问:"长城是什么时候修建的?"导游人员回答:"秦朝。"这种回答属于表述不清,因为早在春秋战国时期,燕、赵、秦三国为防御北方的匈奴、东胡等民族的南扰就筑起了高大的城墙,即长城的起源。秦统一六国后,在原有长城的基础上修筑成一条具有今天规模的长城。如果对外国游客,还应讲清春秋战国和秦朝的公历年代,这样外国游客才会对中国长城的历史有一个明确的认识。

导游人员在选择贴切的词汇基础上,还要进行词语的组合与搭配,使之组合符合规范,搭配相宜,这样才能准确地表达意思。如导游人员在向游客介绍了某一自然景观之后说:"这里的景色真叫人心旷神怡。"这里的"叫"字同心旷神怡的搭配就不如用"令"字更好,因为"令"字有"使"的含意,即客观事物使人们主观上产生一种感受。

(二)逻辑性

导游语言的逻辑性是指导游人员的语言要符合思维的规律性。

1. 导游人员的思维要符合逻辑规律

逻辑分为形式逻辑和辩证逻辑。前者是孤立地、静止地研究思维的形式结构及其规律的科学。后者是关于思维的辩证发展规律的科学,即从事物本身矛盾的发展、运动、变化来观察、研究、把握事物的内在联系及其相互转化的规律性。形式逻辑的思维规律主要有同一律、矛盾律和排中律。同一律的公式是:甲是甲。它要求在同一思维过程中,思想要保持自身同一。矛盾律的公式是:甲不是非甲。它要求在同一思维过程中,对同一对象不能作出两个矛盾的判断,不能同时既肯定又否定,思想必须保持前后一贯、无矛盾。排中律的公式是:或者是甲,或者是非甲。它要求对两个互相矛盾的判断,承认其中之一是真的,作出非此即彼的明确选择,不能两者都否定,也不能模棱两可。导游人员若能掌握并正确地运用这些逻辑形式,遵守形式逻辑的思维规律,就会使自己的思维具有确定的、前后一贯的、有条理的状态,从而在语言表达上保持首尾一致,具有较强的逻辑性。如导游人员在讲解西湖孤山时运用"孤山不孤、断桥不断、长桥不长"的说法。导游人员作出"孤山不孤"这一判断是从"孤"和"不孤"选择而来的,作出这一选择是由其思维逻辑确定的，即孤山是由火山喷出的流纹岩组成的，整个岛屿原来是和陆地连在一起的，所以说"孤山不孤"。那么为什么又叫它孤山呢？一是因为自然的变迁，湖水将它与陆地分隔开来。二是因为这个风景优美的岛屿过去一直被称为孤家寡人的皇帝所占有。同样，"断桥不断""长桥不长"也是如此。在这里，导游人员运用了形式逻辑中的排中律，从地质学的角度分析了孤山这个岛屿同陆地的内在联系及其转化。

2. 语言表达要有层次感

导游人员应根据思维逻辑，将要讲的内容分成前后次序，即先讲什么，后讲什么，使之层层递进、条理清楚、脉络清晰。如一段介绍武汉市长江夜游的导游词：

各位游客，我们的游船现在所在的位置就是长江与汉江交汇之处，浑黄的长江水与碧绿的汉江水的汇成大大的人字，把武汉分为汉口、汉阳、武昌三镇。这两条江交接的地方像不像鱼的嘴巴？我们武汉人亲切地把它叫作南岸嘴。南岸嘴与被称为"德国角"的莫塞河与莱茵河交汇处极其相似，但规模更大，气势更恢宏。为了开发建设好这个中国内陆城市唯一的江河半岛，政府委托清华大学邀请了七名世界级的设计大师专门对此进行了研讨，同时设计招标工作也已全面展开，希望通过全球范围的竞争为南岸嘴找到最好的景区建设方案。

现在我们看到的是位于汉水北岸的龙王庙码头，它全长有1080米，始建于清乾隆年间，此前此地筑有"龙王庙"。由于龙王庙地段河面非常狭窄，水急浪高，素以险要著称。故有人修筑龙王庙祈求龙王爷保佑平安。这里曾多次发生不同类型的险情，是武汉三镇防洪的心腹之患。1931年，大水涨到26.94米时，汉口就发生过溃堤被淹的情况。新中国成立后，党和政府高度重视堤防安全，龙王庙险段尤为关注。每当汛期来临时，这里就成了各级领导和群众关注的焦点。1998年，武汉遭到了百年罕见的特大洪水，水位达到29.43米。党和国家领导人到龙王庙险段指挥作战。武汉军民和全国人民一起，齐心协力共同作战，取得了抗洪斗争的伟大胜利。就在武汉军民战胜此次特大洪水之后，中央领导指示要抓紧整治龙王庙险段，从而拉开了龙王庙险段整治工程的序幕。1998年11月20日，该工程开工，总投资2.34亿元，主体工程于1999年6月8日完工，并于当年汛期经受住了武汉有水文记录以来第三高水位的严峻考验，真正使险点变成了景点。

请各位顺着我手指的方向看，在码头的防水墙上嵌有纪念1998年抗洪大型花岗石浮雕，共有8个，依次为洪水压境、军民抗洪、严防死守、顽强拼搏、团结奋战、科技神力、力挽狂澜、欢庆胜利。这组浮雕高3.45米，总长度为102米，一幅一个故事，再现1998年抗洪精神。这里还有一幅汉白玉的浮雕"双龙戏珠"，两条巨龙腾空而起，威风凛凛，象征着长江和汉水在龙王庙交结之意。

这一大段导游词的语言表达层次非常清晰。首先介绍了南岸嘴的情况，再介绍龙王庙的历史，然后引导到1998年抗洪救灾，最后到抗洪精神。这位导游人员对此景点的成功介绍与其具有严密的逻辑思维密不可分。

3. 掌握必要的逻辑方法

导游人员的语言要具有逻辑性，必须学习一些基本的逻辑方法。主要的逻辑方法有比较法、分析法与综合法、抽象法、演绎法与归纳法。

（1）比较法

比较法就是两种或两种以上同类的事物辨别其异同或高下的方法。人们常说"有比较才有鉴别"，只有通过比较，才能对事物有所区分。在导游语言中，应用比较法的场合很多。例如：

"长江是中国第一长河，世界名列第三"就是通过比较得出的结论，因为它的长度仅次于南美洲的亚马孙河和非洲的尼罗河。

（2）分析法与综合法

分析法是把一件事物、一种现象或一个概念分成较简单的组成部分，然后找出这些部分的本质属性和彼此之间的关系。综合法则是把分析的对象或现象的各个部分、各种属性联合成一个统一的整体。例如：

"各位游客，到我们武汉市归元寺罗汉堂，数罗汉的方法一般有三种。一是男左女右，进罗汉堂大门后男同志靠左边、女同志靠右边。二是哪只脚跨进罗汉堂大门门槛，就从哪个方向数。三是在罗汉堂里任意一处挑选一尊作为起点，数到自己年龄的最后一个数字，那一尊罗汉便象征您的性格气质命运等。"

这段导游词对武汉市归元寺罗汉堂的讲解运用分析法进行了介绍，首先将其分为三种类型，然后介绍它们各自的方法。若将这些导游词倒过来叙述，即先讲数罗汉的各种方法再归纳为三种，这就是综合法的运用。

（3）抽象法

抽象法又称概括法，是从许多事物中舍弃个别的、非本质的属性，抽出共同的、本质的属性的方法。例如：

"正是由于人们对道教神仙的崇拜、敬仰和畏惧，才产生了道教文化艺术。至今保存在武当山各宫观中大量的道教神仙造像、法器供器，既是中国古人对神仙信仰的生动体现，也是道教文化留给今人的宝贵的艺术成果。道教思想文化，作为中华传统文化的重要组成部分，在悠久和精深博大的中华传统思想文化的哺育下，形成了具有自己特色的思想哲理和信仰体系，为历代有识之学者和方外之士所珍重，引导着历代悟道修真之士信仰修行、研究继承和弘扬发展。"

这段导游词就高度概括出道教文化对湖北武当山和中国传统文化的影响。

(4) 演绎法与归纳法

演绎法与归纳法都是推理的方法,前者是由一般原理推出关于特殊情况下的结论,其中三段论就是演绎的一种形式。后者是由一系列具体的事实概括出一般原理。这两个方法是相互对应的,如导游人员在介绍湖北神农架野人之谜时说:

"关于野人的传说在我国流传几千年,且遍布全国,早在 3000 年前,我国西南少数民族麋国就将'野人'作为礼物献给周成王。战国时屈原曾对'野人'在《九歌》中进行过充满诗意的描写。而在 1976 年 5 月 14 日神农架林区副主任就曾在林区的大龙潭亲眼见到'红毛野人',后又有人再次发现他的毛发、粪便及野人窝,从毛发的表皮来看,无论是髓质形态还是细胞结构都优于高等灵长目动物。最令人惊叹的是'野人窝',它用 20 根箭竹扭成,人躺在上面视野开阔,舒服如靠椅。其制造与使用是介于人和高等灵长目动物之间的奇异动物或野人了。"

此段导游词首先介绍我国关于野人的传说,然后叙述神农架地区有关野人的情况,最后得出"野人窝"证明了这一情况的结论。导游人员在这里采用的逻辑方法正是从一般到特殊的演绎法。归纳法则与此相反,即从特殊到一般。

(三) 生动性

导游人员向游客提供面对面的服务时,游客大多数情况下是在听导游人员说话,所以导游人员的语言除了语音、语调、语速及要有准确性和逻辑性之外,生动性也至关重要。导游人员的语言表达要力求与神态表情、手势动作及声调和谐一致,保证形象生动、言之有情。如果导游人员的语言表达平淡无奇,和尚念经般的单调、呆板,或者十分生硬,游客听了必定兴趣索然,甚至在心理上产生不爱听、不耐烦或厌恶的情绪。反之,生动形象、妙趣横生、幽默诙谐、发人深省的导游语言不仅能引人入胜,而且会起到情景交融的作用。为此,导游语言的表达应力求做到以下三点:使用形象化的语言,以创造美的意境;使用鲜明生动的语言,以增加语言的情趣性;使用幽默诙谐的语言,以增强语言的感染力。

要使口语表达生动形象,导游人员除了要把握好语音、语调之外,还要善于运用比喻、比拟、夸张、映衬、引用等修辞手法。

1. 比喻

比喻就是用类似的事物来打比方的一种修辞手法,它包括下面几种形式:

(1) 使抽象事物形象化的比喻。如"土家族姑娘山歌唱得特别好,她们的歌声就像百灵鸟的声音一样优美动听"。这里土家族姑娘的歌声是抽象的,将其比喻为百灵鸟的声音就形象化了。

(2) 使自然景物形象化的比喻。如"如果说,云中湖是一把优美的琴,那么,喷雪崖就是一根动听的琴弦"。这里将云中湖比喻为琴,将喷雪崖比喻为琴弦,显得既贴切又形象。

(3) 使人物形象更加鲜明的比喻。如"屈原的爱国主义精神和《离骚》《九歌》《天问》等伟大的诗篇,与日月同辉,千古永垂"。这里将屈原比喻为"日月",使其形象更加突出。

(4) 使语言简洁明快的比喻。如"鄂南龙潭是九宫山森林公园的一条三级瀑布,其形态特征各异:一叠仿佛白练悬空;二叠恰似银缎铺地;三叠如同玉龙走潭"。这里将瀑布比喻为白练、银缎和玉龙,言辞十分简洁明快。

(5) 激发丰富想象的比喻。如"陆水湖的水,涟涟如雾地缠绕在山的肩头;陆水湖的山,隐隐作态地沉湎在水的怀抱。陆水湖的山水像一幅涂抹在宣纸上的风景画,极尽构图之匠心,尽显线条之清丽,那么美轮美奂地舒展着,那么风情万种地起伏着。她用山的钟灵揽天光云影,她用水的毓秀成鉴湖风月"。这里将陆水湖比喻为山水风景画,令人产生无穷的遐想。

2. 比拟

比拟是通过想象把物拟作人或把甲物拟作乙物的修辞手法。在导游语言中,最常用的是拟人。譬如:"迎客松位于九宫山狮子坪公路旁,其主干高大挺直,修长的翠枝向一侧倾斜,如同一位面带微笑的美丽少女向上山的游客热情招手。"迎客松是植物,赋予人的思想感情后,会"面带微笑",能"热情招手",显得既贴切又生动形象。

运用比拟手法时,导游人员要注意表达恰当、贴切,要符合事物的特征,不能牵强附会。另外,还要注意使用场合。比拟的手法在描述景物或讲解故事传说时常用,而在介绍景点和回答问题时一般不用。

3. 排比

排比是将几个内容相关、结构相同或相似、语气连贯的词语或句子组合在一起,以增强语势的一种修辞手法。导游讲解中运用得当的话,可产生朗朗上口,一气呵成的效果,增添感人力量。譬如,介绍上海南浦大桥的一段导游词:"大桥的建成已成为又一重要的标志。她仿佛一把钥匙,打开上海与世界的大门;她仿佛一面镜子,反映着代表中国最先进生产力的大都市的现代文明;她仿佛一部史册,叙述着中国的未来;她仿佛一本资质证书,充分证明中国完全可以参与和完成世界上的任何工程项目;她仿佛一曲优美的交响乐,奏出时代的最强音。"

4. 夸张

夸张是在客观真实的基础上,用夸大的词句来描述事物,以唤起人们丰富的想象的一种修辞手法。在导游语言中,夸张可以强调景物的特征,表现导游人员的情感,激起游客的共鸣。譬如："相传四川、湖北两地客人会于江上舟中，攀谈间竞相夸耀家乡风物。四川客人说'四川有座峨眉山，离天只有三尺三'，湖北客人笑言'峨眉山高则高矣，但不及黄鹤楼的烟云缥缈。湖北有座黄鹤楼，半截插在云里头'。惊得四川客人无言以对。"这里用夸张的手法形容黄鹤楼的雄伟壮观，使游客对黄鹤楼"云横九派""气吞云梦"的磅礴气势有了更深的认识。

导游人员运用夸张手法应注意两点：一是要以客观实际为基础，使夸张具有真实感；二是要鲜明生动，能激起游客的共鸣。

5. 映衬

映衬是把两个相关或相对的事物，或同一事物的两个方面并列在一起，以形成鲜明对比的修辞手法。在导游讲解中运用映衬的手法可以增强口语表达效果，激发游客的情趣。譬如："太乙洞（咸宁）厅堂宽敞、长廊曲折、石笋耸立、钟乳倒悬，特别是洞中多暗流，时隐时现、时急时缓，水声时如蛟龙咆哮，闻者惊心动魄；时如深夜鸣琴，令人心旷神怡。"这里"宽敞"和"曲折"，"耸立"与"倒悬"，"隐"和"现"，"急"与"缓"，"蛟龙咆哮"和"深夜鸣琴"形成强烈的对比，更加深了游客对洞穴景观的印象。

6. 引用

引用是指用一些现成的语句或材料（如名人名言、成语典故、诗词寓言等）为依据来说明问题的一种修辞手法。在导游讲解中经常运用这种方法来增强语言的表达效果。引用包括明引、意引和暗引三种形式。

（1）明引：是指直接引用原话、原文。其特点是出处明确、说服力强。譬如："归元寺的寺名'归元'亦称归真，即归于真寂本源、得道成佛之意，取自佛经上的'归元性不二，方便有多门'的偈语。"这里引用佛经里的偈语诠释了归元寺名称的内涵，令人信服。

（2）意引：是指不直接引用原话原文而只引用其主要意思。譬如："国内外洞穴专家考察后确认，湖北腾龙洞不仅是中国目前已知最大的岩溶洞穴，而且是世界特级洞穴之一，极具旅游和科研价值。"这里引用的专家对腾龙洞的评价虽不是原话，但同样具有较强的说服力。

（3）暗引：是指把别人的话语融入自己的话语里，而不注明出处。譬如："东坡赤壁的西面石壁更峻峭，就像刀劈的一样。留在壁面上的层层水迹，表明当年这儿确实有过'惊涛拍岸，卷起千堆雪'的雄奇景象。"这里引用的苏东坡《念奴娇·赤壁怀古》中的词句虽没有点明出处，但却是对赤壁景观最形象的描写和绝妙的概括，让游客听后产生无穷的遐想。

导游人员在运用引用手法时，既要注意为我所用恰到好处，不能断章取义，又要注意不过多引用,更不能滥引。

7. 双关

双关是利用词语同音或者多义条件,使一个语言片段同时兼有表、里两层意思,并以里层意思为表意重点。双关有谐音、谐义两种,在导游词中运用比较多的是谐音双关的技巧。我国民俗文化内容异常丰富,各种用谐音双关手段表现的生活内容要体现在语言表达中。如果在导游词中巧妙地加以利用,不仅能够为表达增色,而且还能够将一些民俗知识巧妙地传达给游客,从而十分生动形象地反映当地的民俗风貌,给游客留下深刻的印象。

8. 示现

示现是把已经过去的事情、将要发生的事情或想象中的事情活灵活现地描述出来的一种修辞技巧。示现一般有回忆、追述、预想等形式。示现具有极其强的表现力,回忆、追述是使过去的事情再现出来,如在眼前,给人以身临其境的感觉;预想是将未来移至眼前,生动形象,给人以活灵活现的感受。不论是哪种示现,都使人"未见如见""未闻如闻",具有较强的艺术魅力与感染力。导游员为了给游客留下深刻的印象,应根据交际的需要,不失时机地使用这种方法进行讲解,以达到更加理想的效果。

知识点 14:导游口头语言表达技巧

在导游服务中,口头语言是使用频率最高的一种语言形式,是导游人员做好导游服务工作最重要的手段和工具。美学家朱光潜告诉我们:"话说得好就会如实地达意,使听者感到舒服,发生美感。这样的说话就成了艺术。"由此可见,导游人员要提高自己的口头语言表达技巧,必须在"达意"和"舒服"上下功夫。

一、口头语言的基本形式

(一)独白式

独白式是导游人员讲游客倾听的语言传递方式。如导游人员致欢迎词、欢送词或进行独白式的导游讲解等。譬如:

(1)"湖北省晴川阁又名晴川楼,始建于明嘉靖年间,取唐代诗人崔颢《黄鹤楼》诗'晴川历历汉阳树'之意而得名。其楼阁背山面江,气势恢宏,有'楚天晴川第一楼'之称。历史上晴川阁屡建屡毁,现存建筑是以清末晴川阁为蓝本于1983年重修而成,共占地386平方米,高17.5米,楼正面匾额'晴川阁'三字为赵朴初手笔……"

(2)"来自新加坡的游客朋友们,大家好!欢迎你们来到美丽的江城武汉观光游览,我叫李明,是武汉春秋旅行社的导游。这位是司机王师傅,他有丰富的驾驶经验,大家坐他的车尽可放心。衷心地希望在游览过程中大家能与我配合,一起顺利完成在武汉的行程。如果我的服务有不尽如人意的地方,也请大家批评指正。最后,祝大家在武汉旅游期间能度过一段难忘的时光。"

从上面两个例子可以看出独白式口头语言的特点：第一，目的性强。如例（1）就是为了介绍晴川阁的概况，例（2）是为了欢迎游客、表达意愿，目的性都很强。第二，对象明确。如例（1）和例（2）始终面对旅游团的全体游客说话，因而能够产生良好的语言效果。第三，表述充分。如例（1）首先介绍晴川阁名称的由来，接着讲述晴川阁的历史和现状，使游客对晴川阁有了比较完整的印象。例（2）话语不多，但充分表明了自己的身份和热情的服务态度。

（二）对话式

对话式是导游人员与一个或一个以上游客之间所进行的交谈。如问答、商讨等。在散客导游中，导游人员常采用这种形式进行讲解。譬如：

导游人员："你们知道武汉最有名的风味小吃是什么吗？"

游客："好像是热干面吧。"

导游人员："那你们知道哪里的热干面最好吃呢？"

游客："听说是汉口蔡林记的热干面最鲜美可口。"

导游人员："那你们知道热干面的来历吗？"

游客："不太清楚，你能给我们讲讲吗？"

导游人员："说起热干面，这里还有个有趣的故事呢。20世纪30年代初期，汉口长堤街有一个名叫李包的人，在关帝庙一带卖凉粉和汤面。一个夏天的晚上，李包还剩下许多面没卖完……"

由上例可看出对话式口头语言的特点：第一，依赖性强，即对语言环境有较强的依赖性。对话双方共处同一语境，有些话不展开来说，只言片语也能表达一个完整的或双方都能理解的意思。第二，反馈及时。对话式属于双向语言传递形式，其信息反馈既及时又明确。

二、口头语言表达的要领

（一）音量大小适度

音量是指一个人讲话时声音的强弱程度。导游人员在进行导游讲解时要注意控制自己的音量，力求做到音量大小适度。一般说来，导游人员音量的大小应以每位游客都能听清为宜，但在游览过程中，音量大小往往受到游客人数、讲解内容和所处环境的影响，导游人员应根据具体情况适当进行调节。譬如，当游客人数较多时，导游人员应适当调高音量，反之则应把音量调低一点；在室外嘈杂的环境中讲解时，导游人员的音量应适当放大，而在室内宁静的环境中则应适当放小一些；对于导游讲解中的一些重要内容、关键性词语或要特别强调的信息，导游人员要加大音量，以提醒游客注意，加深游客的印象。如"我们将于八点三十分出发"就是强调出发的时间,应加大音量以提醒游客注意。

(二)语调高低有序

语调是指一个人讲话的腔调,即讲话时语音的高低起伏和升降变化。语调一般分为升调、降调和直调三种,高低不同的语调往往伴随着人们不同的感情状态。

(1)升调:多用于表示游客的兴奋、激动、惊叹、疑问等感情状态。譬如:

"大家快看,前面就是三峡工程建设工地!"(表示兴奋、激动)

"你也知道我们湖北咸宁有个神秘的'131'军事工程?"(表示惊叹、疑问)

(2)降调:多用于表示游客的肯定、赞许、期待、同情等感情状态。譬如:

"我们明天早晨八点准时出发。"(表示肯定)

"希望大家有机会再来当阳,再来玉泉寺。"(表示期待)

(3)直调:多用于表示游客的庄严、稳重、平静等感情状态。譬如:

"这儿的人们都很友好"。(表示平静状态)

"武汉红楼是中华民族推翻帝制、建立共和的历史里程碑。"(表示庄严、稳重)

(三)语速快慢相宜

语速是指一个人讲话速度的快慢程度。导游人员在导游讲解或同游客谈话时,要力求做到徐疾有致、快慢相宜。如果语速过快,会使游客感到听起来很吃力,甚至跟不上导游人员的节奏,对讲解内容印象不深甚至遗忘;如果语速过慢,会使游客感到厌烦,注意力容易分散,导游讲解亦不流畅;当然,导游人员如果一直用同一种语速往下讲,像背书一样,不仅缺乏感情色彩,而且使人乏味,令人昏昏欲睡。

在导游讲解中,较为理想的语速应控制在每分钟 200 字左右。当然,具体情况不同,语速也应适当调整。譬如,对中青年游客,导游讲解的速度可稍快些,而对老年游客则要适当放慢;对讲解中涉及的重要或要特别强调的内容,语速可适当放慢一些,以加深游客的印象,而对那些不太重要的或众所周知的事情,则要适当加快讲解速度,以免浪费时间,令游客不快。

(四)停顿长短合理

停顿是一个人讲话时语音的间歇或语流的暂时中断。这里所说的停顿不是讲话时的自然换气,而是语句之间、层次之间、段落之间的有意间歇。其目的是集中游客的注意力,增强导游语言的节奏感。导游讲解停顿的类型很多,常用的有以下几种:

(1)语义停顿:是指导游人员根据语句的含义所作的停顿。一般来说,一句话说完要有较短的停顿,一个意思说完则要有较长的停顿。譬如:"武当山是我国著名的道教圣地,/是首批国家级重点风景名胜区和世界文化遗产。//武当山绵亘八百里,/奇峰高耸,险崖陡立，/谷涧纵横，云雾缭绕。//武当山共有七十二峰，/主峰天柱峰海拔高达1612米，/犹如擎天巨柱屹立于群峰之巅。//发源于武当山的武当拳是中国两大拳术流派之一，/素有'北宗少林，南尊武当'之称。"有了这些长短不一的停顿，导游人员就能把武当山的特点娓娓道来，游客听起来也比较自然。

（2）暗示省略停顿：是指导游人员不直接表示肯定或否定，而是用停顿来暗示，让游客自己去判断。譬如："请看，江对面的那座山像不像一只巨龟？//黄鹤楼所在的这座山像不像一条长蛇？//这就是'龟蛇锁大江'的自然奇观。"这里通过停顿让游客去思考、判断，从而留下深刻的印象。

（3）等待反应停顿：是指导游人员先说出令人感兴趣的话，然后故意停顿下来以激起游客的反应。譬如："三斗坪坝址的选择不是一帆风顺的，中外专家在三峡工程坝址的选择上曾发生过长时间的争论。"这时导游人员故意停顿下来，看到游客脸上流露出急于知道答案的神情，再接着介绍将坝址定在三斗坪的原因。

（4）强调语气停顿：是指导游人员讲解时，每讲到重要的内容，为了加深游客内心的印象所作的停顿。譬如："黄鹤楼外观为五层建筑，里面实际上有九层，为什么要这样设计呢？"导游人员讲到这里，故意把问题打住，然后带团上楼参观，使游客在参观过程中联系这个问题进行思考。

知识点15：导游态势语言运用技巧

态势语言亦称体态语言、人体语言或动作语言，它是通过人的表情、动作、姿态等来表达语义和传递信息的一种无声语言。同口头语言一样，它也是导游服务中重要的语言艺术形式之一，常常在导游讲解时对口头语言起着辅助作用，有时甚至还能起到口头语言难以企及的作用。态势语言种类很多，不同类型的态势语言具有不同的语义，其运用技巧亦不相同，下面介绍一些导游服务中常用的态势语言。

一、首语

首语是通过人的头部活动来表达语义和传递信息的一种态势语言，它包括点头和摇头。一般说来，世界上大多数国家和地区都以点头表示肯定，以摇头表示否定。而实际上，首语有更多的具体含义，如点头可以表示肯定、同意、承认、认可、满意、理解、顺从、感谢、应允、赞同、致意等等。另外，因民族习惯的差异，首语在有些国家和地区还有不同的含义，如印度、泰国等地某些少数民族奉行的是点头不算摇头算的原则，即同意对方意见用摇头来表示，不同意则用点头表示。

二、表情语

表情语是指通过人的眉、眼、耳、鼻、口及面部肌肉运动来表达情感和传递信息的一种态势语言。导游人员的面部表情要给游客一种平滑、松弛、自然的感觉，要尽量使自己的目光显得自然、诚挚，额头平滑不起皱纹，面部两侧笑肌略有收缩，下唇方肌和口轮肌处于自然放松的状态，嘴唇微闭。这样，才能使游客产生亲切感。

微笑是一种富有特殊魅力的面部表情，导游人员的微笑要给游客一种明朗、甜美的感觉，微笑时要使自己的眼轮肌放松，面部两侧笑肌收缩，口轮肌放松，嘴角含笑，嘴唇似闭非闭，以露出半牙为宜。这样才能使游客感到和蔼亲切。

三、目光语

目光语是通过人与人之间的视线接触来传递信息的一种态势语言。艺术大师达·芬奇说："眼睛是心灵的窗户。"意思是透过人的眼睛，可以看到他的心理情感。目光主要由瞳孔变化、目光接触的长度及向度三个方面组成。瞳孔变化，是指目光接触瞳孔的放大或缩小，一般来说，当一个人处在愉悦状态时，瞳孔就自然放大，目光有神；反之，当一个人处在沮丧状态时，则瞳孔自然缩小，目光暗淡。目光接触的长度，是指目光接触时间的长短。导游人员一般连续注视游客的时间应在1~2秒钟以内，以免引起游客的厌恶和误解。目光接触的向度是指视线接触的方向。一般来说，人的视线向上接触（即仰视）表示"期待""盼望"或"傲慢"等含义；视线向下接触（即俯视）则表示"爱护""宽容"或"轻视"等含义；而视线平行接触（即正视）表示"理性""平等"等含义。导游人员常用的目光语应是"正视"，让游客从中感到自信、坦诚、亲切和友好。

导游讲解是导游人员与游客之间的一种面对面的交流。游客往往可以通过视觉交往从导游人员的一个微笑，一种眼神，一个动作，一种手势中加强对讲解内容的认识和理解。在导游讲解时，运用目光的方法很多，常用的主要有以下四种：

（一）目光的联结

导游人员在讲解时，应用热情而又诚挚的目光看着游客。正如德国导游专家哈拉尔德·巴特尔所说的，导游人员的目光应该是开诚布公的、对人表示关切的，是一种可以看出谅解和诚意的目光。那种一直低头或望着毫不相干处，翻着眼睛只顾自己口若悬河的导游人员是无法与游客产生沟通的。因此，导游人员应注意与游客目光的联结，切忌目光呆滞（无表情）、眼帘低垂（心不在焉）、目光向上（傲慢）、视而不见（轻视）和目光专注而无反应（轻佻）等不正确的目光联结方式。

（二）目光的移动

导游人员在讲解某一景物时，首先要用目光把游客的目光吸引过去，然后再及时收回目光，并继续投向游客。这种方法可使游客集中注意力，并使讲解内容与具体景物和谐统一，给游客留下深刻的印象。

（三）目光的分配

导游人员在讲解时，应注意自己的目光要统摄全部听讲解的游客，即可把视线落点放在最后边两端游客的头部，也可不时环顾周围的游客，但切忌只用目光注视面前的部分游客，使其他的游客感到自己被冷落，产生被忽略感。

（四）目光与讲解的统一

导游人员在讲解传说故事和逸闻趣事时，讲解内容中常常会出现甲、乙两人对话的场景，需要加以区别，导游人员应在说甲的话时，把视线略微移向一方，在说乙的话时，把视线略微移向另一方，这样可使游客产生一种逼真的临场感，犹如身临其境一般。

四、服饰语

服饰语是通过服装和饰品来传递信息的一种态势语言。一个人的服饰既是所在国家、地区的民族风俗与生活习惯的反映，也是个人气质、兴趣爱好、文化修养和精神面貌的外在表现。服饰语的构成要素很多，如颜色、款式、质地等，其中颜色是最重要的要素，不同的颜色给人的印象和感觉也不一样：深色给人深沉、庄重之感；浅色让人感觉清爽、舒展；蓝色使人感到恬静；白色让人感到纯洁。

导游人员的服饰要注意大方得体。加拿大导游专家帕特里克·克伦认为，衣着装扮得体比浓妆艳抹更能表现一个人趣味的高雅和风度的含蓄。导游人员的衣着装饰要与自己的身材、气质、身份和职业相吻合，要与所在的社会文化环境相协调，这样才能给人以美感。譬如，着装不能过分华丽，饰物也不宜过多，以免给游客以炫耀、轻浮之感。

五、姿态语

姿态语是通过端坐、站立、行走的姿态来传递信息的一种态势语言。可分为坐姿、立姿和走姿三种。

（一）坐姿

导游人员的坐姿要给游客一种温文尔雅的感觉。其基本要领是：上身自然挺直，两腿自然弯曲，双脚平落地上，臀部坐在椅子中央。男导游人员一般可张开双腿，以显其自信、豁达；女导游人员一般两膝并拢，以显示其庄重、矜持。坐态切忌前俯后仰、摇腿跷脚或跷起二郎腿。

（二）立姿

导游人员的立姿要给游客一种谦恭有礼的感觉。其基本要领是：头正目平，面带微笑，肩平挺胸，立腰收腹，两臂自然下垂，两膝并拢或分开与肩平。不要两手叉腰或把手插在裤兜里，更不要有怪异的动作，如抽肩、缩胸、乱摇头、擤鼻子、掐胡子、舔嘴唇、拧领带、不停地摆手等等。

（三）走姿

导游人员的走姿要给游客一种轻盈稳健的感觉。其基本要领是：行走时，上身自然挺直，立腰收腹，肩部放松，两臂自然前后摆动，身体的重心随着步伐前移，脚步要从容轻快、干净利落,目光要平稳,可用眼睛的余光(必要时可转身扭头)观察游客是否跟上。行走时,不要把手插在裤袋里。

导游人员在讲解时多采用站立的姿态。若在旅游车内讲解,应注意面对游客,可适当倚靠司机身后的护栏杆,也可用一只手扶着椅背或护栏杆;若在景点站立讲解,应双脚稍微分开(两脚距离不超过肩宽),将身体重心放在双脚上,上身挺直双臂自然下垂,双手相握置于身前以示"谦恭"或双手置于身后以示"轻松"。如果站立时弓背、缩胸,就会给游客留下猥琐和病态的印象。

六、手势语

手势语是通过手的挥动及手指动作来传递信息的一种态势语言,它包括握手、招手、手指动作等。

(一)握手语

握手是交际双方互伸右手彼此相握以传递信息的手势语,它包含初次见面时表示欢迎,告别时表示欢送,对成功者表示祝贺,对失败者表示理解,对信心不足者表示鼓励,对支持者表示感谢等多种语义。

1. 握手要领

与人握手时,上身应稍微前倾,立正,面带微笑,目视对方;握手时要摘帽和脱手套,女士和身份高者可例外;握手时不要将自己的左手插在裤袋里,不要边握手边拍人家肩头,不要眼看着别人或与他人打招呼,更不要低头哈腰;无特殊原因不要用左手握手;多人在一起时要避免交叉握手。

2. 握手顺序

男女之间,男方要等女方先伸手后才能握手,如女方不伸手且无握手之意,男士可点头或鞠躬致意;宾主之间主人应先向客人伸手,以表示欢迎;长辈与晚辈之间,晚辈要等长辈先伸手;上下级之间,下级要等上级先伸手以示尊重。

3. 握手时间

握手时间的长短可根据握手双方的关系亲密程度灵活掌握。初次见面一般不应超过三秒钟,老朋友或关系亲近的人则可以边握手边问候。

4. 握手力度

握手力度以不握疼对方的手为最大限度。在一般情况下,握手不必用力,握一下即可。男士与女士握手不能握得太紧,西方人往往只握一下女士的手指部分,但老朋友可例外。

导游人员在与游客初次见面时,可以握手表示欢迎,但只握一下即可不必用力。对年龄或身份较高的游客应身体稍微前倾或向前跨出一小步双手握住对方的手以示尊重和欢迎。在机场或车站送行与游客告别时，导游人员和游客之间已建立起较深厚的友谊，握手时可适当紧握对方的手并微笑着说些祝福的话语。对于给予过导游人员大力支持和充分理解的海外游客及友好人士等可加大些力度，延长握手时间，或双手紧握并说些祝福感谢的话语以表示相互之间的深厚情谊。

（二）手指语

手指语是一种较为复杂的伴随语言，是通过手指的各种动作来传递不同信息的手势语。由于文化传统和生活习俗的差异，在不同的国家、不同的民族中手指动作的语义也有较大区别，导游人员在接待工作中要根据游客国籍和民族的特点选用恰当的手指语，以免引起误会和尴尬。

1. 竖起大拇指

在世界上许多国家包括中国都表示"好"，用来称赞对方高明、了不起、干得好，但在有些国家还有另外的意思：如在韩国表示"首领""部长""队长"或"自己的父亲"；在日本表示"最高""男人"或"您的父亲"；在美国、墨西哥、澳大利亚等国则表示"祈祷幸运"；在希腊表示叫对方"滚开"；在法国、英国、新西兰等国人们做此手势是请求"搭车"。

2. 伸出食指

在新加坡表示"最重要"；在缅甸表示"拜托""请求"；在美国表示"让对方稍等"；而在澳大利亚则是"请再来一杯啤酒"的意思。

3. 伸出中指

在墨西哥表示"不满"；在法国表示"下流的行为"；在澳大利亚表示"侮辱"；在美国和新加坡则是"被激怒和极度的不愉快"的意思。

4. 伸出小指

在韩国表示"女朋友""妻子"；在菲律宾表示"小个子"；在日本表示"恋人""女人"；在印度和缅甸表示"要去厕所"；在美国和尼日利亚则是"打赌"的意思。

5. 伸出食指往下弯曲

在中国表示数字"九"；在墨西哥表示"钱"；在日本表示"偷窃"；在东南亚一带则是"死亡"的意思。

6. 用拇指与食指尖形成一个圆圈并手心向前

这是美国人爱用的"OK"手势，在中国表示数字"零"，在日本则表示"金钱"，而希腊人、巴西人和阿拉伯人用这个手势表示"诅咒"。

7. 伸出食指和中指构成英语"Victory"（胜利）的第一个字母"V"

西方人常用此手势来预祝或庆贺胜利，但应注意把手心对着观众，如把手背对着观众做这一手势，则被视为下流的动作。

在导游服务中，导游人员要特别注意不能用手指指点游客，这在西方国家是很不礼貌的动作，譬如导游人员在清点人数时用食指来点数，就会引起游客的反感。

（三）讲解时的手势

在导游讲解中，手势不仅能强调或解释讲解的内容，还能生动地表达口头语言所无法表达的内容，使导游讲解生动形象。导游讲解中的手势有以下三种：

①情意手势

是用来表达导游讲解情感的一种手势。譬如，在讲到"我们湖北的社会主义现代化建设一定会取得成功"时，导游人员用握拳的手有力地挥动一下，既可渲染气氛，也有助于情感的表达。

②指示手势

是用来指示具体对象的一种手势。譬如，导游人员讲到黄鹤楼一楼楹联"爽气西来，云雾扫开天地撼；大江东去，波涛洗尽古今愁"时，可用指示手势来一字一字地加以说明。

③象形手势：是用来模拟物体或景物形状的一种手势。譬如，当讲到"有这么大的鱼"时，可用两手食指比一比；当讲到"五公斤重的西瓜"时，可用手比成一个球形状；当讲到"四川有座峨眉山，离天只有三尺三，湖北有座黄鹤楼，半截插在云里头"时，也可用手的模拟动作来形容。

导游讲解时，在什么情况下用何手势，都应视讲解的内容而定。在手势的运用上必须注意以下五点：一要简洁易懂；二要协调合拍；三要富有变化；四要节制使用；五要避免使用游客忌讳的手势。

（四）服务时的手势

导游员为游客提供服务时也要善于运用手势。譬如，当游客询问时，导游员脸上马上露出笑容，并且用手表示出一种关怀的姿态。这会使游客心里感到愉快，因为他得到了导游员的尊重和关注。又如游客询问洗手间在何处，一般导游员都会用手指指明方向，如果能改用手掌（手心朝上）指明方向，那就更好、更文明了。此外，在导游服务中用带尖的锐器指别人也是不礼貌的。譬如，把刀子递给别人时，不能用刀尖直指对方，而应把刀子横着递过去；在餐桌上，用刀、叉或筷子指着别人让菜也是不够友善的。

知识点 16：导游语言的沟通技巧

导游交际语言包含的内容很多，如见面时的语言、交谈时的语言、致辞（欢迎词、欢送词）的语言，导游人员同游客交往中导游人员对游客进行劝服、提醒、拒绝、道歉的语言等。下面主要介绍各类语言技巧：

一、称谓的语言技巧

（一）交际关系型

交际关系型的称谓主要强调导游员与游客在导游交际中的角色关系。如"各位游客""诸位游客""各位团友""各位嘉宾"等，这类称谓角色定位准确，宾主关系明确，既公事公办，又大方平和，特别是其中的"游客"称谓是导游语言中使用频率最高的一种。

（二）套用尊称型

套用尊称是在各种场合都比较适用，对于各个阶层、各种身份也比较合适的社交通称。如"女士们、先生们""各位女士、各位先生"等，这类称谓尊敬意味浓厚，适用范围广泛，回旋余地较大。但一般对涉外团较好，对国内团有点太过正式，亲和力不够。

（三）亲密关系型

亲密关系型多用于关系比较密切的人际关系之间的称谓。如"朋友们""游客朋友们"等，这类称谓热情友好，亲和力强，注重强化平等亲密的交际关系，易于消除游客的陌生感。

在旅游活动中，导游员对游客的称谓总的原则应把握三点：一要得体，二要尊重，三要通用。

二、自我介绍的语言技巧

在旅游团抵达时，导游员常常要与旅游团团长、领队及其他游客接触见面，导游员即使佩戴了导游证章或社徽，也得进行自我介绍。自我介绍是导游员推销自我形象和价值的一种重要方法，从某种意义上讲，自我介绍是进入导游活动的一把钥匙，这把钥匙运用得好，那么"良好的开端便是成功的一半"。导游员掌握自我介绍的语言艺术，必须注意以下技巧：

（一）热情友善，充满自信

导游员自我介绍时要清晰地报出自己的姓名、单位、身份；面带微笑，用眼神表达友善、诚恳并充满自信。如果嗫嚅含糊，或态度冷淡、随便应付就会使人产生疑虑和不信任感，彼此之间产生隔阂。

（二）介绍内容繁简适度

导游员与旅游团团长、领队或地陪与全陪接头时，自我介绍一般从简，讲清自己的姓名、单位、身份即可，不需要过多地自我介绍。旅游团初到一地，还有许多事情需要与团长、领队或全陪接洽协商。在游客集中后，或去下榻酒店的途中，导游员的自我介绍可以具体详细一些，以便游客尽快熟悉自己。

（三）善于运用不同的方法

自我介绍不单纯是介绍自己的姓名、单位、年龄、身份等，往往还涉及自我评价的问题。恰如其分的自我评价是缩短导游员与游客之间距离的重要途径。其方法有三：

1. 自谦式

譬如："我是去年从外语学院毕业的，导游经验不足，请各位多多关照。"

对东方游客用自谦式自我介绍未尝不可，但对西方客人大可不必用这种自谦式，否则会使游客对你产生不信任感，更有甚者会提出调换导游员。

2. 调侃式

譬如："十分荣幸能成为各位的导游员，只是我的长相不太符合合格导游员的标准。因为有名人说，导游员是一个国家的脸面。大家看，我这脸面能代表我们这个美丽的国家吗？"

其自我嘲讽中包含着自律，于诙谐幽默的自我揶揄之中露出一点自信和自得之意，既能增强言语风趣，又不流于自夸。

3. 自识式

譬如："我姓张，名曲，张是弓长张，曲是弯弯曲曲的曲，但大家不要误会，我不是一个弯弯曲曲的人，而是一个十分正直的人。我为什么要取名'曲'呢？大概是我小时候特别爱唱歌，所以父亲给我取名'张曲'。现在，对于唱歌，我还是名副其实的，等会儿有空，我将为大家演唱一曲两曲。"

三、交谈的语言技巧

在导游交际过程中，虽然导游讲解占据主要的地位，但往往还有大量的时间是属于同游客自由交谈的，这种情况下的交谈对导游人员与游客的沟通、对游客情况的了解非常关键，因此在与游客自由交谈时要注意讲究聊天的技巧。

聊天是交谈的主要形式。聊天是至少两人共同参与的双向或多向的交际活动，是人们交往中最基本、最常见的现象。导游交际中的聊天与一般社交场合的聊天一样，话题往往是随意的，而且可以随时转换，内容也是海阔天空、无所不可的。但不同的是，导游人员与游客的聊天意图是明确的，是以协调双方关系、缩短双方心理距离、建立良好的交际基础为基本目的的。因此，导游人员与游客聊天时主要是从对方感兴趣或对方关心的话题切入。如对旅游目的地的提前了解，女性游客对时装、美容、小孩的关注，老年游客对身体健康、怀旧的兴趣等。

聊天是双方自觉自愿、平等交流、随和开放的行为，导游人员应注意创造聊天的条件，营造聊天的氛围，根据游客的心理特征、语言习惯、文化水平、脾气秉性等各种因素，随机应变地引导聊天的过程，使交谈气氛融洽，交流愉快，达到与游客互相理解、有效沟通的目的。

四、劝服的语言技巧

在导游服务过程中，导游人员常常会面临各种问题，需要对游客进行劝服，如旅游活动日程被迫改变需要劝服游客接受，对游客的某些越轨行为需要进行劝说等。劝服时一要以事实为基础，即根据事实讲明道理；二要讲究方式、方法，使游客易于接受。

（一）诱导式劝服

诱导式劝服即循循善诱，通过有意识、有步骤的引导，澄清事实，讲清利弊得失，使游客逐渐信服。如某旅游团原计划自武汉飞往深圳，因未订上机票只能改乘火车，游客对此意见很大。这时导游人员首先要十分诚恳地向游客致歉，然后耐心地向游客说明原委并分析利弊。导游人员说："没有买上机票延误了大家的旅游行程，我很抱歉，对于大家急于奔赴深圳的心情我很理解。但是如果乘飞机去深圳还得等两天以后，这样你们在深圳只能停留一天，甚至一天还不到；如果现在乘火车，大家可在深圳停留两天，可以游览深圳的一些主要景点。另外，大家一路旅途都非常辛苦，乘火车一方面可以观赏沿途的自然风光，另一方面也可以得到较好的休息。"导游人员的这席话使游客激动的情绪逐渐平静下来，一些游客表示愿意乘坐火车，另一些游客在他们的影响下也表示认可。

对这类问题的劝服，导游人员一是要态度诚恳，使游客感到导游人员是站在游客的立场上为他们考虑；二是要善于引导，巧妙地使用语言分析其利弊得失，使游客感到上策不行取其次也是不错的选择。

（二）迂回式劝服

迂回式劝服是指不对游客进行正面、直接地说服，而采用间接或旁敲侧击的方式进行劝说，即通常所说的"兜圈子"。这种劝服方式的好处是不伤害游客的自尊心，而又使游客较容易接受。如某旅游团有一位游客常常在游览中喜欢离团独自活动，出于安全考虑和旅游团活动的整体性，导游人员走过去对他说："××先生，大家现在游览休息一会儿，很希望您过来给大家讲讲您在这个景点游览中的新发现，作为我导游讲解的补充。"这位游客听了会心一笑，自动地走了过来。

在这里，导游人员没有直接把该游客喊过来，因为那样多少带有命令的口气，而是采用间接的、含蓄的方式，用巧妙的语言使游客领悟到导游人员话中的含意，游客的自尊心也没有受到伤害。

（三）暗示式劝服

暗示式劝服是指导游人员不明确表示自己的意思，而采用含蓄的语言或示意的举动使人领悟的劝说。如有一位游客在旅游车内抽烟，使得车内空气混浊。导游人员不便当着其他游客的面伤了这位游客的自尊，在其面向导游人员又欲抽烟时，导游人员向他摇了摇头（或捂着鼻子轻轻咳嗽两声），暗示游客熄灭香烟。

这里导游人员运用了副语言——摇头、捂鼻子咳嗽,暗示在车内"请勿吸烟",使游客产生了自觉的反应。

总之,劝服的方式要因人而异、因事而异,要根据游客的不同性格、不同心理或事情的性质和程度,分别采用不同的方法。

五、提醒的语言技巧

在导游服务中,导游人员经常会碰到少数游客由于个性或生活习惯的原因表现出群体意识较差或丢三落四的行为,如迟到、离团独自活动、走失、遗忘物品等。对这类游客,导游人员应从关心游客安全和旅游团集体活动的要求出发给予特别关照,在语言上要适时地予以提醒。

提醒的语言方式很多,除了直截了当的命令式(这种方式切忌使用)之外,还有其他委婉的方式。由于导游人员处在为游客服务的位置,导游人员对游客首先应予以尊重,其次要有服务意识,对游客的安全负责,对游客的某些行为需要提醒时,应使用委婉的语言。导游人员提醒的语言要富有情感,要体现对游客的关心,使提醒能在愉悦的气氛中被游客所接受。提醒的语言方式具体如下:

(一)敬语式提醒

敬语式提醒是导游人员使用恭敬口吻的词语,对游客直接进行提醒的方式,如"请""对不起"等。导游人员在对游客的某些行为进行提醒时应多使用敬语,这样会使游客易于接受,如"请大家安静一下""对不起,您又迟到了"。这样的提醒比"喂,你们安静一下""以后不能再迟到了"等命令式语言要好得多。

(二)协商式提醒

协商式提醒是导游人员以商量的口气间接地对游客进行提醒的方式,以取得游客的认同。协商将导游人员与游客置于平等的位置上,导游人员主动同游客进行协商,是对游客尊重的表现。一般说来,在协商的情况下,游客是会主动配合的。如某游客常常迟到,导游人员和蔼地说:"您看,大家已在车上等您一会儿了,以后是不是可以提前做好出发的准备。"又如,某游客在游览中经常离团独自活动,导游人员很关切地询问他:"××先生,我不知道在游览中您对哪些方面比较感兴趣,您能否告诉我,好在以后的导游讲解中予以结合。"

(三)幽默式提醒

幽默式提醒是导游人员用有趣、可笑而意味深长的词语对游客进行提醒的方式。导游人员运用幽默的语言进行提醒,既可使游客获得精神上的快感,又可使游客在欢愉的气氛中受到启示或警觉。如导游人员在带领游客游览长城时,提醒游客注意安全并按时返回时说:"长城地势陡峭,大家注意防止摔倒。另外,也不要头也不回一股脑儿地往前走,一直走下去就是丝绸之路了,有人走了两年才走到,特别辛苦。"又如,几位年轻游客在游览时,纷纷爬到一尊大石象的背上照相,导游人员见了连忙上前提醒他们:"希望大家不要欺负这头忠厚老实的大象!"这比一脸严肃地说"你们这样做是损坏文物,是要罚款的"效果好得多。

六、回绝的语言技巧

回绝即对别人的意见、要求予以拒绝。在导游服务中,导游人员常常会碰到游客提出的各种各样的问题和要求,除了一些常见的问题和一些合理的且经过努力可以办到的要求可予以解释或满足外,也有一些问题和要求是不合理的或不可能办到的,对这类问题或要求导游人员需要回绝。但是,囿于导游人员同游客之间主客关系的束缚,导游人员不便于直接回答"不",这时导游人员必须运用回绝的语言表达方式和技巧。

(一)柔和式回绝

柔和式回绝是导游人员采用温和的语言进行推托的回绝方式。采取这种方式回绝游客的要求,不会使游客感到太失望,避免了导游人员与游客之间的对立状态。如某领队向导游人员提出是否可把日程安排得紧一些,以便增加一两个旅游项目。导游人员明知道这是计划外的要求不可予以满足,便采取了委婉的拒绝方式:"您的意见很好,大家希望在有限的时间内多看看的心情我也理解,如果有时间能安排的话我会尽力的。"这位导游人员没有明确回绝领队的要求,而是借助客观原因(时间),采用模糊的语言暗示了拒绝之意。又如,一位美国游客邀请某导游人员到其公司里去工作,这位导游人员回答说:"谢谢您的一片好意,我还没有这种思想准备,也许我的根扎在这片土地上太深了,一时拔不出来啊!"这位导游人员虽未明确表示同意与否,然而却委婉地谢绝了游客的提议。

上述这类回绝在方式上是柔和的、谦恭的,采用的是拖延策略,取得了较好的效果。

(二)迂回式回绝

迂回式回绝是指导游人员对游客的发问或要求不正面表示意见,而是绕过问题从侧面予以回应或回绝。

对于政治性很强的问题,尤其是西方游客长期受资本主义宣传的影响,一时难以和他们讲清楚,采取这种迂回式的反问方式予以回答也是一种选择。

(三)引申式回绝

引申式回绝是导游人员根据游客话语中的某些词语加以引申而产生新意的回绝方式。如某游客在离别之前把吃剩的半瓶药送给导游人员并说:"这种药很贵重,对治疗我的病很管用,现送给你作个纪念。"导游人员谢绝说:"既然这种药贵重,又对您很管用,送给我这没病的人太可惜了,还是您自己带回去慢慢用更好。"

这里导游人员用客人的话语进行的引申十分自然,既维护了自己的尊严,又达到了拒绝的目的。

（四）诱导式回绝

诱导式回绝是指导游人员针对游客提出的问题进行逐层剖析，引导游客对自己的问题进行自我否定的回应方式。

总之，导游人员无论用哪种回绝方式，其关键都在于尽量减少游客的不快。导游人员应根据游客的情况、问题的性质、要求的合理与否，分别采用不同的回绝方式和语言表达技巧。

七、道歉的语言技巧

在导游服务中，因为导游人员说话的不慎、工作中的某些过失或相关接待单位服务上的欠缺，会引起游客的不快和不满，造成游客同导游人员之间关系的紧张。不管造成游客不愉快的原因是主观的还是客观的，也不论责任在导游人员自身还是在旅行社方面，抑或相关接待单位，导游人员都应妥善处置，需要采用恰当的语言表达方式向游客致歉或认错，以消除游客的误会和不满情绪，求得游客的谅解，缓和紧张关系。

（一）微笑式道歉

微笑是一种润滑剂，微笑不仅可以对导游人员和游客之间产生的紧张气氛起缓和作用，而且微笑也是向游客传递歉意信息的载体。如某导游人员回答游客关于长城的提问时，将长城说成建于秦朝，其他游客纠正后，导游人员觉察到这样简单的回答是错误的，于是对这位游客抱歉地一笑，使游客不再计较了。

（二）迂回式道歉

迂回式道歉是指导游人员在不便于直接、公开地向游客致歉时，采用其他的方法求得游客谅解的方式。如某导游人员在导游服务中过多地接触和关照部分游客，引起了另一些游客的不悦，导游人员觉察后，便主动地多接触这些游客，并给予关照和帮助，逐渐和这部分游客冰释前嫌。在这里，导游人员运用体态语言表示了歉意。又如，某旅游团就下榻酒店的早餐品种单调问题向导游人员表示不满，提出要换住其他酒店。导游人员经与该酒店协商后，增加了早餐的品种，得到了游客的谅解。

导游人员除了采用迂回道歉方式改进导游服务外，导游人员还可请示旅行社或同相关接待单位协商后，采用向游客赠送纪念品、加菜或免费提供其他服务项目等方式向游客道歉。

（三）自责式道歉

由于旅游供给方的过错，使游客的利益受到较大损害而引起强烈不满时，即使代人受过，导游人员也要勇于自责，以缓和游客的不满情绪。如某导游人员接待了一个法国旅游团，该团从北京至武汉，17：00入住酒店后发现团长夫人的一只行李箱没有了，团长夫人非常气愤,连18:30法国驻华大使的宴请也没有参加。至次日零时,该件行李还未找到,所以有团员均未睡觉,都在静静地等着。在这种情况下,陪同的导游人员一面劝游客早点休息,一面自责地对团长和团长夫人说:"十分对不起,这件事发生在我们国家是一件很不光彩的事,对此我心里也很不安,不过还是请您们早点休息,我们当地的工作人员还在继续寻找,我们一定会尽力的。"不管这位团长夫人的行李最终是否找到,但导游人员这种勇于自责的道歉,一方面体现了导游人员帮助客人解决问题的诚意,另一方面也是对客人的一种慰藉。

不管采用何种道歉方式,道歉首先必须是诚恳的;其次,道歉必须是及时的,即知错必改,这样才能赢得游客的信赖;最后,道歉要把握好分寸,不能因为游客某些不快就道歉,要分清深感遗憾与道歉的界限。

八、答问的语言技巧

来自不同国家和地区的游客出于各种动机,常常会提出各种各样的甚至是稀奇古怪的问题,需要导游员给予回答。这时,避而不答和率直的表态是两种反应形式,但这两种反应都是机械的条件反射,有时可能会加深问题的严重性。如果讲究答问的语言技巧,那么不仅会降低问题的严重性,同时又不会削弱表达效果。因此,导游员有必要掌握答问的语言技巧。

(一)是非分明

导游员在回答游客的提问时,能够给予明确回答的,就要是非分明、毫不避讳地给予回答,以澄清对方的误解和模糊认识。

譬如,一法国旅游团参观河北承德时,有游客问:"承德以前是蒙古族人住的地方,因为它在长城以外,对吗?"导游员答:"是的。现在还有一些村落是沿用传统蒙古语名字。"游客又问:"那么,是不是可以说,现在汉人侵略了蒙古族人的地盘呢?"导游员说:"不应该这么讲,应该叫民族融合。中国的北方有汉人,同样南方也有蒙古族人。就像法国的阿拉伯人一样,是由于历史的原因形成的,并不是侵略。现在的中国不是哪一个民族的中国,而是一个统一的多民族的中国。"

(二)以问为答

导游员对客人的有些问题,不直接给予肯定或否定的回答,而是以反问的形式,使对方从中得到答案。

(三)曲语回避

有的客人提的问题很刁,导游员答问时容易陷入"两难境地",无论你是回答肯定或否定,都能被抓住把柄。这时只能以曲折含蓄的语言予以回避,不给予正面回答。

譬如,有位美国游客问导游员:"你认为是毛泽东好还是邓小平好?"这位导游员很机智，立即用曲语回避道："您是否能先告诉我，是华盛顿好还是林肯好？"这位客人顿时哑然。

（四）诱导否定

对方提出问题之后，不马上回答，先讲一点理由，提出一些条件或反问一个问题，诱使对方自我否定，自我放弃原来提出的问题。此方法类同于前述"诱导式回绝。"

知识点 17：导游引导游客审美的技巧

一、传递正确的审美信息

游客来到旅游目的地，由于对当地旅游景观，特别是人文景观的社会、艺术背景不了解，审美情趣会受到很大的影响，往往不知其美在何处，从何着手欣赏。作为游客观景赏美的向导，导游人员首先应把正确的审美信息传递给游客，帮助游客在观赏旅游景观时感受、理解、领悟其中的奥妙和内在的美。譬如，欣赏武汉市黄鹤楼西门牌楼背面匾额"江山入画"，既要向游客介绍苏东坡"江山如画，一时多少豪杰"的名句，又要着重点出将"如"改"入"，一字之改所带来的新意和独具匠心的审美情趣；再如游览武汉市古琴台，导游人员除了要向游客讲解"俞伯牙摔琴谢知音"的传说外，还应引导游客欣赏古琴台这座规模不大但布局精巧的园林特色，介绍古琴台依山就势、巧用借景手法，把龟山月湖巧妙地借过来，构成一个广阔深远的艺术境界。当然，向游客传递正确的审美信息，导游人员首先应注意所传递的信息是准确无误的，很难想象在游览武汉东湖时，导游人员若介绍"水杉是第四世纪冰川时期遗留下来的珍贵树种"，内行的游客听后会是一种什么感觉。

二、分析游客的审美感受

游客在欣赏不同的景观时会获得不同的审美感受，但有时游客在观照同一审美对象时，其审美感受也不尽相同，甚至表现出不同的美感层次。我国著名美学家李泽厚就将审美感受分为"悦耳悦目""悦心悦意"和"悦志悦神"三个层次。

（1）悦耳悦目是指审美主体以耳、目为主的全部审美感官所体验的愉快感受，这种美感通常以直觉为特征，仿佛主体在与审美对象的直接交融中，不加任何思索便可于瞬间感受到审美对象的美，同时唤起感官的满足和愉悦。譬如，漫步于湖北九宫山森林公园之中，当游客看到以绿色为主的自然色调，呼吸到富含负离子的清新空气，嗅到沁人心脾的花香，听到林间百鸟鸣唱，就会不自觉地陶醉其中。从而进入"悦耳悦目"的审美境界。

（2）悦心悦意是指审美主体透过眼前或耳边具有审美价值的感性形象，在无目的中直观地领悟到对方某些较为深刻的意蕴，获得审美享受和情感升华，这种美感是一种意会，有时很难用语言加以充分而准确地表述。譬如，观赏齐白石的画，游客看到的不只是草木鱼虾，还能感受到一种悠然自得、鲜活洒脱的情思意趣；泛舟神农溪，聆听土家族姑娘优美动人的歌声,游客感受到的不只是音响、节奏与旋律的形式美,更是一种饱含着甜蜜和深情的爱情信息流或充满青春美的心声。这些较高层次的审美感受,使游客的情感升华到一种欢快愉悦的状态,达到了较高的艺术境界。

(3) 悦志悦神是指审美主体在观照审美对象时,经由感知、想象、情感、理解等心理功能交互作用,从而唤起的那种精神意志上的亢奋和伦理道德上的超越感。它是审美感受的最高层次,体现了审美主体大彻大悟,从小我进入大我的超越感,体现了审美主体和审美对象的高度和谐统一。譬如,乘船游览长江,会唤起游客的思旧怀古之情,使游客产生深沉崇高的历史责任感;登上垦子岭俯视繁忙的三峡工程建设工地,会激起游客的壮志豪情,使游客产生强烈的民族自豪感。

导游人员应根据游客的个性特征,分析他们的审美感受,有针对性地进行导游讲解,使具有不同美感层次的游客都能获得审美愉悦和精神享受。

三、激发游客的想象思维

观景赏美是客观风光环境和主观情感结合的过程。人们在观景赏美时离不开丰富而自由的想象,譬如泰山石碑上的"虫二"二字,如果没有想象,我们很难体会到其中"风月无边"的意境。人的审美活动是通过以审美对象为依据,经过积极的思维活动,调动已有的知识和经验,进行美的再创造的过程。一些旅游景观,尤其是人文景观的导游讲解,需要导游人员制造意境,进行美的再创造,才能激起游客的游兴。譬如,游览西安半坡遗址,导游人员面对着那些打磨的石器、造型粗糙的陶器,只是向游客平平淡淡地介绍这是什么,那是什么,游客就会感到枯燥乏味。如果导游人员在讲解中制造出一种意境,为游客勾画出一幅半坡先民们集体劳动、共同生活的场景:"在六千年前的黄河流域,就在我们脚下的这片土地上,妇女们在田野上从事农业生产,男人们在丛林中狩猎、在河流中捕鱼,老人和孩子们在采集野果。太阳落山了,村民们聚集在熊熊燃烧的篝火旁童叟无欺、公平合理地分配着辛勤劳动的成果,欢声笑语此起彼伏……半坡先民们就是这样依靠集体的力量向大自然索取衣食,用辛勤艰苦的劳动创造了光辉灿烂的新石器文化。"游客们就会产生浓厚的兴趣,时而屏息细听,时而凝神遐想,游客的想象力被充分激发起来,导游境界也得到了升华。

四、灵活掌握观景赏美的方法

(1) 动态观赏和静态观赏

无论是山水风光还是古建园林,任何风景都不是单一的、孤立的、不变的画面形象,而是活泼的、生动的、多变的、连续的整体。游客漫步于景物之中,步移景异,从而获得空间进程的流动美,这就是动态观赏。譬如在陆水湖中泛舟,游人既可欣赏山上树木葱茏、百花竞艳,也可领略水上浮光跃金、沙鸥翔集,还有镶嵌在绿波之上的几百个岛屿,撩你的思绪,勾你的魂魄,让你在移动中流连忘返。

然而,在某一特定空间,观赏者停留片刻,选择最佳位置驻足观赏,通过感觉、联想来欣赏美、体验美感,这就是静态观赏。这种观赏形式时间较长、感受较深,人们可获得特殊的美的享受。譬如在湖北九宫山山顶观赏云雾缭绕的云中湖,欣赏九宫十景之一的"云湖夕照",让人遐想,令人陶醉。

(2) 观赏距离和观赏角度

距离和角度是两个不可或缺的观景赏美因素。自然美景千姿百态,变幻无穷,一些似人似物的奇峰巧石,只有从一定的空间距离和特定的角度去看,才能领略其风姿。譬如游客在长江游轮上观赏神女峰,远远望去,朦胧中看到的是一尊丰姿秀逸、亭亭玉立的美女雕像,然而若借助望远镜观赏,游客定会大失所望,因为看到的只是一堆石头而已,毫无美感可言;又如,在黄山半山寺望天都峰山腰,有堆巧石状似公鸡,头朝天门,振翅欲啼,人称"金鸣叫天门",但到了龙蟠坡,观看同一堆石头,看到的则似五位老翁在携杖登险峰,构成了"五老上天都"的美景。这些都是由于空间距离和观赏角度不同造就的不同景观。导游人员带团游览时要善于引导游客从最佳距离、最佳角度去观赏风景,使其获得美感。

除空间距离外,游客观景赏美还应把握心理距离。心理距离是指人与物之间暂时建立的一种相对超然的审美关系。在审美过程中,游客只有真正从心理上超脱于日常生活中功利的、伦理的、社会的考虑,摆脱私心杂念,超然物外,才能真正获得审美的愉悦,否则就不可能获得美感。譬如,恐海者不可能领略大海的波澜壮阔;刚失去亲人的游客欣赏不了地下宫殿的宏伟;有恐高症的游客体验不到"不到长城非好汉"的英雄气概;等等。常年生活在风景名胜中的人往往对周围的美景熟视无睹,也不一定能获得观景赏美带来的愉悦,"不识庐山真面目,只缘身在此山中"就说明了这个道理。

(3) 观赏时机

观赏美景要掌握好时机,即掌握好季节、时间和气象的变化。清明踏青、重阳登高、春看兰花、秋赏红叶、冬观蜡梅等都是自然万物的时令变化规律造成的观景赏美活动。变幻莫测的气候景观是欣赏自然美景的一个重要内容。譬如在泰山之巅观日出,在峨眉山顶看佛光,在庐山小天池欣赏瀑布云,在蓬莱阁观赏海市蜃楼,这些都是因时间的流逝、光照的转换造成的美景,而观赏这些自然美景,就必须把握住稍纵即逝的观赏时机。

(4) 观赏节奏

观景赏美是为了让游客愉悦身心、获得享受,如果观赏速度太快,不仅使游客筋疲力尽达不到观赏目的,还会损害他们的身心健康,甚至会影响旅游活动的顺利进行,因此导游人员要注意调节观赏节奏。

①有张有弛，劳逸结合。导游人员要根据旅游团成员的实际情况安排有弹性的活动日程，努力使旅游审美活动既丰富多彩又松紧相宜，让游客在轻松自然的活动中获得最大限度的美的享受。

②有急有缓，快慢相宜。在审美活动中，导游人员要视具体情况把握好游览速度和导游讲解的节奏，哪儿该快、哪儿该慢、哪儿多讲、哪儿少讲甚至不讲，必须做到心中有数。对年轻人讲得快一点、走得快一点、活动多一点；对老年人则相反。如果游客的年龄相差悬殊、体质差异大，要注意既让年轻人的充沛精力有发挥的余地，又不使年老体弱者疲于奔命。总之，观赏节奏要因人、因时、因地随时调整。

③有讲有停，导、游结合。导游讲解是必不可少的，通过讲解和指点，游客可适时地、正确地观赏到美景，但在特定的地点、特定的时间让游客去凝神遐想，去领略、体悟景观之美，往往会收到更好的审美效果。

总之，在旅游过程中，导游人员应力争使观赏节奏适合游客的生理负荷、心理动态和审美情趣，安排好行程，组织好审美活动，让游客感到既顺乎自然又轻松自如。只有这样，游客才能获得旅游的乐趣和美的享受。

学习情境二　全陪导游服务

1　学习情境描述

全陪的全称是全程陪同导游人员，是指受组团旅行社委派，作为组团社的代表，在领队和地方陪同导游人员的配合下实施接待计划，为旅游团提供全程陪同服务的导游人员。在旅游过程中，全陪要实施组团旅行社的接待计划，监督各地接待社的履约情况和接待质量，负责旅游活动过程中与旅行社的联络，做好各站衔接工作，协调处理旅游活动中的问题，在职责范围内，积极有效地配合领队、地陪的工作，从而保障整个旅游活动的顺利实施。

2　学习目标

通过本学习情境的学习，在符合《中华人民共和国旅游法》、《导游服务规范》（GB/T 15971—2023）的要求下，你应该能够完成以下任务：

1. 能够读懂接待计划，做好各项接团前的准备工作，会搜集、整理旅游路线相关节点的资料。
2. 能完成首站接团服务（迎接旅游团、致欢迎词）。
3. 会与地陪导游进行工作对接、核对行程单。
4. 会办理旅游团队入住手续并完成酒店入住服务。
5. 能完成旅游途中各项服务工作（各站服务、离站服务、异地移动途中的服务）。
6. 能够与地陪导游配合处理游览过程中的常见事故。
7. 能做好末站服务工作（致欢送词、旅游服务质量单的填写）。
8. 会完成团队全陪服务结算手续（填写财务结算单、按规定结算费用）。
9. 会做好团队全陪服务善后工作（处理旅游团遗留问题、上交带团物品、书写带团小结）。

3　工作与学习内容

1. 在老师指导下，小组成员协作完成全陪导游接团前的各项准备工作。
2. 在老师指导下，小组成员协作完成全陪导游首站接团服务，包括迎接旅游团、致

学习领域编号—页码		学习情境：全陪导游服务			
姓名		班级		日期	

欢迎词。

3. 在老师指导下，小组成员协作完成全陪导游入住服务。

4. 在老师指导下，小组成员协作完成全陪导游旅游途中各项服务，包括各站服务、离站服务、异地移动途中的服务。

5. 在老师指导下，小组成员协作完成全陪导游末站服务。

6. 在老师指导下，小组成员协作完成全陪导游后续服务。

4 任务书

以某旅行社的全陪导游小王为游客提供全陪导游服务为工作任务，导游出团单和旅游接待计划由教师按开课时间根据具体项目确定。

5 分组任务

将学生按每组3～4人分组，明确每组的工作任务，并填写表2-1。

表2-1 全陪导游服务学生分组表

班级		组号		指导老师	
组长		学号			
组员	姓名		学号	姓名	学号
任务分工					

学习领域编号—页码		学习情境：全陪导游服务	
姓名		班级	日期

6 工作准备

1. 阅读工作任务单，见表2-2，结合旅行社带团通知，熟悉旅游接待计划；熟悉团队成员信息；充实旅游行程中所需的其他资料。

表2-2 《全陪导游服务》任务单

学习领域	导游实务		
学习情境	情境二：全陪导游服务	课时	10
检验成果	任务单元一：准备工作 1. 熟悉接待计划 2. 物质准备 3. 知识准备 4. 与首站接待社联系	任务单元二：全程陪同 1. 首站接团服务 2. 住宿服务 3. 旅途服务 4. 末站服务	
	任务单元三：后续服务 1. 处理遗留问题 2. 结清账目，归还物品 3. 总结工作		
考核方式	1. 档案文件（各项操作表单单据、资料）：20% 2. 老师开展过程观察考核，成员互评：20% 3. 项目成果：30% 4. 答辩：30%		

2. 收集《中华人民共和国旅游法》、《导游服务规范》（GB/T 15971—2023）中有关全陪导游服务的部分知识及国家标准；

3. 结合任务书分析全陪导游服务在服务中的难点和特殊或突发情况。

7 工作计划

针对全陪导游带团旅游所需资料、物品及工作过程制订带团服务计划。

 引导问题1：查看全陪导游规范服务流程图。如图2-1。

学习领域编号—页码			学习情境：全陪导游服务		
姓名		班级		日期	

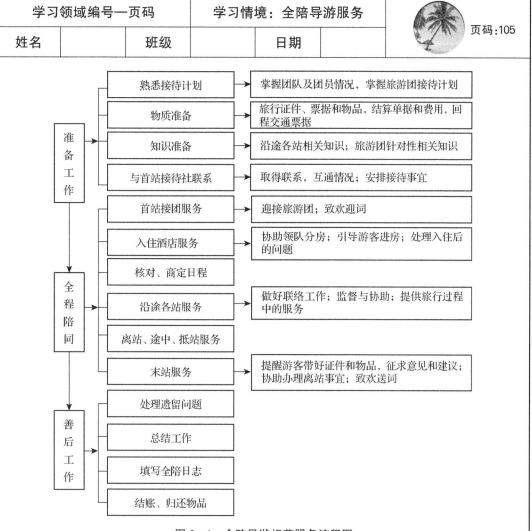

图 2-1 全陪导游规范服务流程图

思考学习：全陪导游规范服务流程是什么？服务的要点有哪些？

❓引导问题 2：学生分组讨论工作过程如何实施，实施过程中的难点与解决方法有哪些。

❓引导问题 3：制订工作计划和全陪导游服务方案

每个学生提出自己的计划和方案，经小组讨论比较，得出 2~3 个方案；教师检查每

学习领域编号—页码		学习情境：全陪导游服务	
姓名	班级		日期

个小组的全陪导游服务方案、工作计划并提出整改建议；各小组进一步优化方案，确定最终工作方案。

各小组将制订的工作计划及全陪导游服务方案填入表2-3。

表2-3 全陪导游服务行动计划单

学习领域	导游实务		
学习情境	情境二：全陪导游服务	课时	10
行动目标结果			
行动进程安排			
序号	实施步骤	人员分工	
质量保证计划			
教师评语			

8 工作实施

准备工作是做好全陪服务的重要环节之一。全陪的工作时间长，与游客和领队相处的时间长，途经多个省市，工作内容较为繁杂。因此在服务前做好充分细致的准备工作，是全陪导游服务工作的重要环节和保障之一。

准备工作包括熟悉接待计划、物质准备、知识准备、与首站接待社联系。

学习领域编号—页码			学习情境：全陪导游服务		页码:107
姓名		班级		日期	

❓ 引导问题 1：熟悉接待计划

全陪熟悉旅游接待计划主要应掌握哪些信息？

❓ 引导问题 2：物质准备

全陪出团前应从哪些方面做好物质准备？

❓ 引导问题 3：知识准备

全陪出团前应从哪些方面做好知识准备？

❓ 引导问题 4：与首站接待社联系

全陪出团前需要与首站接待社落实哪些方面事宜？

在旅游途中，一般有多个旅游站点，还可能涉及几个接待旅行社。这些站点或接待社需要由全陪把它们连起来，帮助游客完成一次完美的旅行。

全程陪同服务包括首站接团服务、住宿服务、旅途服务和末站服务。

❓ 引导问题 5：首站接团服务，需要完成以下两项任务：迎接旅游团、致欢迎词。

1. 全陪导游首站迎接旅游团的工作要求有哪些？

2. 全陪欢迎词的要点包括哪些内容？请完成一篇欢迎词。

学习领域编号—页码	学习情境：全陪导游服务	
姓名	班级	日期

❖ 【案例导入】：欢迎词示例

女士们、先生们：

　　你们好！首先请允许我代表××旅行社以及我的同事们，欢迎你们来到中国，欢迎你们来到我们美丽的城市武汉！我是你们这次中国之行的全程导游员×××。这位是程小姐，是大家在武汉游玩期间的地陪导游员。这位是我们的司机向先生。我们非常荣幸能有机会为大家服务，并衷心祝愿你们的中国之行圆满成功！下面有请程小姐给大家介绍武汉的有关情况。

　　3. 全陪导游首次带领游客出发时，需要向游客说明哪些注意事项？

引导问题 6：住宿服务

1. 请按照服务提供的时间顺序，总结全陪导游住宿服务的程序和规范。

2. 全陪导游应如何尽快安排游客入住酒店？

引导问题 7：旅途服务，需要完成以下三项任务：各站服务、离站服务、异地移动途中的服务。

1. 在旅途中全陪导游应提供哪些常规服务？请写出旅途中全陪导游服务的程序及要点。

2. 在异地移动途中，全陪导游如何为游客提供旅途服务？
（1）乘坐飞机时的导游服务注意事项

(2) 乘坐火车时的导游服务注意事项

> ❖【知识链接】保证行车安全
>
> 　　为了保证行车安全，全陪可从以下几个方面加以注意：拒绝使用设备不达标的车；不随意与司机聊天；提醒司机不开快车；提醒游客不要把头、手伸出窗外；选择合适的时间和地点，适当满足游客停车观景的需要；汽车行驶 2 小时就应停一下，既能满足游客上卫生间的需求，也可以使司机适当休息一下。

3. 全陪导游如何协调与旅游服务部门和工作人员之间的关系？
   （1）协调与领队的关系

   （2）协调与地陪的关系

   （3）协调与司机的关系

   （4）协调与相关旅游合作单位的关系

4. 如果旅途中出现了以下突发情况，全陪导游该如何处理呢？
   （1）证件丢失

   （2）钱物丢失

   （3）行李遗失

(4) 游客走失

(5) 游客患病

(6) 游客死亡

(7) 交通事故

(8) 治安事故

(9) 火灾事故

(10) 食物中毒

(11) 游客出现越轨言行

❖ **【案例导入1】游客贵重物品遗失的处理**

　　法国某旅游团即将结束在H市的游览,乘飞机由H市飞抵D市,在旅游车快要抵达机场时,团员怀特夫人神色慌张地告诉导游员小王,她将一条钻石项链放在枕头下面,因离店时匆忙,忘记取出,要求立即返回酒店。请问,在得知怀特夫人将钻石项链遗忘在房间后,小王应如何妥善处理?

案例分析:

　　1. 阻止怀特夫人返回酒店寻找项链,并说明原因。
　　2. 立即与酒店联系(或通过旅行社与饭店联系),请其协助寻找。
　　3. 找到项链后,请酒店或旅行社立即派人送到机场,如来不及,请他们将项链送到下一站旅游团下榻的酒店。
　　4. 将找到项链的消息告诉怀特夫人,并告知处理办法及所需费用由其自理。
　　5. 如果找不到项链,表示歉意,并请怀特夫人详细回忆,让酒店继续寻找。

6. 钻石项链是珍贵物品，确定找不到时，应请地接社和当地公安局开具遗失证明，以便出海关时查验或向保险公司索赔。

❖【案例导入2】游客证件遗失的处理

某旅游团从A地飞往B地，在A地机场办理登机手续时，要求检查护照。全陪匆匆地向游客收取护照，办理完登机手续后，他随手将护照递给了领队，自己向游客分发登机卡。到B地后，游客彼得告诉全陪他的护照不见了，还说在A地机场收护照后好像没有还给他，但领队说他肯定将护照还给了彼得。请问：

1. 在A地机场，全陪的行为有哪些不妥？
2. 导游员怎样处理游客丢失护照的问题？
3. 对待游客的护照等证件，导游员正确的态度是什么？

案例分析：

1. 在A地机场，全陪的做法有不妥之处：

（1）需要证件时不应由全陪直接向游客收取，用完后应将证件交还领队，且应当面点数；

（2）发登机卡的不应是全陪，而是领队。

2. 处理游客丢失护照问题的过程：

（1）问清情况，帮助游客回忆真的没有收到护照还是忘在什么地方；

（2）与领队联系，确认是没有将护照还给游客还是已经还给他了，以求分清责任；

（3）与领队一起协助游客寻找护照；

（4）确定护照丢失，地方接待旅行社要开具遗失护照证明；

（5）失主持旅行社的证明到当地公安局挂失并开具遗失证明；

（6）失主持公安局的遗失证明到他所在国驻华使、领馆申请领取新护照或临时证件；

（7）领到新证件后再到公安局或其派出机构办理签证手续；

（8）费用问题待分清责任后处理。

3. 对海外游客的证件，导游员的正确做法如下：

（1）不保管游客的护照等证件；

（2）需要时由领队收取，中方导游员在接收证件时要点清数目，用完后立即将证件交还领队并点清数目；

（3）旅游团离开本地或离境时，导游员要检查自己的行李，若有游客的证件，应立即归还。

❖【案例导入3】游客患病的处理

美国某旅游团一行15人按计划5月3日由W市飞往S市,5月7日离境。在从W市飞往S市途中,团内一位老人心脏病复发,其夫人手足无措。该团抵达S市后,老人马上被送医院,经抢救脱离危险,但仍需住院治疗。半个月后老人痊愈、返美。

1. 老人在途中心脏病复发,全陪应该采取哪些措施?
2. 在医院抢救过程中,地陪要做好哪些工作?
3. 老人仍需住院治疗期间,地陪要做好哪些工作?

案例分析:

1. 全陪在途中应采取的措施:
(1) 让老人平躺,头略高;
(2) 让其夫人或旅游团成员在老人身上找药,让其服下;
(3) 请空乘人员在飞机上找医生,若有,请其参加救护工作;
(4) 请机组与S市的急救中心和接待旅行社联系。

2. 老人在医院抢救期间,地陪的工作如下:
(1) 请领队、老人的家属及旅行社领导到现场。
(2) 详细了解老人的心脏病史及治疗情况,做好文字记录,以备医院参考。
(3) 医院要采取特殊措施时,要征得老人家属的同意并由其签字。
(4) 老人或其家属身体不支,需要其子女来华时,应协助与其子女联系;子女来到后要安排好他们的生活。

3. 老人脱离危险,但仍需住院治疗时,不仅不能随团活动,而且不能按时离境,地陪要做好如下工作:
(1) 不时去医院探视,帮助解决老人及亲属生活方面的问题。
(2) 帮助办理分离签证手续,必要时办理延长签证手续。
(3) 出院时帮其办理出院手续。
(4) 帮助老人及其家属重订航班、机座。
(5) 上述各项所需费用均由老人自理。在他离团住院期间未享受的综合服务费由中外旅行社之间结算,按旅游协议书规定退还老人。

❖【案例导入4】游客因病死亡的处理

一天,全陪发现一位每天准时用早餐的住单人房间的游客没有来吃早饭,他有点纳闷,但以为其已起身外出散步,没有在意。但集合登车时还没有见此游客,他就找领队询问,领队也不知道。于是打电话,没人接,他们俩就上楼找。敲门,无人答应;推门,门锁着;问楼层服务员,回答说没见人外出。于是请服务员打开门,发现游客已死

学习领域编号—页码	学习情境：全陪导游服务	
姓名　　　　班级　　　　日期		

在床上。两人吓得跑到前厅，惊恐地告诉大家该游客死亡的消息。地陪当即决定取消当天的游览活动，并赶紧打电话向地方接待旅行社报告消息，请领导前来处理问题。然后就在前厅走来走去，紧张地等待领导。

请问：在此次事件中，导游员在哪些方面做得不对？应该怎样做？

1. 导游员行动的不妥之处：

（1）发现游客死在床上，两人不应该都跑下来。

（2）不应该惊恐地当众宣布死讯。

（3）地陪不应该立即宣布取消当天的游览活动。

（4）地陪不应该只打电话向旅行社报告游客死亡的消息。

（5）不应该在大厅焦急地等待旅行社领导而不管其他游客。

2. 导游员正确的做法是：

（1）应有一人留在原地与楼层服务员一起保护现场。

（2）应与地陪商量后向游客宣布死讯。

（3）应安抚其他游客的情绪。

（4）地陪（或由旅行社另派地陪）应继续带团到预定地点游览。

（5）在通知旅行社的同时要通知酒店保卫部门。

（6）对旅行社领导进行翔实报告。

（7）有关部门来调查时，应积极配合。

5. 全陪导游可以从哪些方面了解游客？

6. 旅游团中如果有重点游客，全陪导游应该如何做好相关的接待工作？

（1）儿童

（2）高龄游客

(3) 残疾游客

(4) 宗教人士

(5) 有特殊身份和地位的游客

❖ 【案例导入】高龄游客的接待

  导游员小李接待了一个老人团，在行程即将结束时，老人们提出品尝当地的正宗小吃。小李便带老人们到一个水上餐厅吃海鲜餐，老人们也一致赞同。可在当天返回酒店途中，有的老人就出现了头晕、恶心、浑身乏力的症状，有的老人还出现了呕吐和腹泻的情况。请问小李此举有哪些不妥之处，应该注意什么？

案例分析：

小李没有考虑到老年人的生理特点及身体状况，差点造成严重的后果。

导游员在接待老人团时必须牢记以下服务细节：

  1. 饮食合理，就餐环境卫生。因老人消化能力较弱，容易发生水土不服的情况，尽量不安排刺激性强、过于生冷的饮食。

  2. 游览消耗了老人的大部分体力，自身免疫力和抵抗力也会下降，导游员要注意劳逸结合，行程安排的时间上要充裕、宽松。

  7. 全陪的离站工作具体有哪些程序和步骤？

❓ **引导问题 8：末站服务**

  1. 全陪欢送词的要点包括哪些内容？请完成一篇欢送词。

学习领域编号—页码		学习情境：全陪导游服务	
姓名	班级	日期	

❖ **【案例导入】全陪的欢送辞**

女士们、先生们：

经过几天的观光游览，你们即将离开中国，借此机会我代表我们旅行社和在座的各位中国同事，向各位亲爱的朋友们表示感谢，并向你们道别。谢谢大家的耐心和友善，这使我的工作变得更加顺利，也使我更多地了解了你们的国家和人民。你们中有的人教我学英语，有的人给我介绍你们的文化和生活方式。你们使我成为一个更好的导游员。还有各位的合作和理解使我们旅途特别愉快，我在此感谢大家。几天以前，我们还互不相识。而今天，我们却以朋友的身份相互告别。我将永远珍藏与大家共度的美好时光。我相信越来越多的交往会使我们两国人民走得越来越近，进一步促进世界的友好与和平。旅游业在中国是一个不断发展的行业，我们一直努力改进我们的旅游服务质量。下次你们来中国，一切将变得更好。我们期待着能再次见到你们。祝你们返程旅途愉快！早日和家人团聚。我再次衷心地感谢大家。祝大家旅途顺利。

2. 全陪的末站服务包括哪些程序和步骤？

下团后，全陪应在尽可能短的时间内认真处理好旅游团的后续工作，以免长时间拖延对总结工作带来不利影响。

❓引导问题9：后续服务

1. 送团后，全陪需要填写哪些资料和表格？如何做好结算手续？

2. 送团后，全陪导游的总结工作包含哪些内容？

9 质量验收

❓引导问题1：全陪导游服务必须符合《导游服务规范》（GB/T 15971—2023）中有关服务的要求和规范。熟悉旅行社出团计划表，如表2-4，要求规范准确填写并提交。

页码:116	学习领域编号—页码		学习情境：全陪导游服务	
	姓名	班级		日期

表 2-4　××旅行社出团计划表

编号：　　　　　　　　　　　　　　　　　　　　　　　　　　　年　月　日

国别：	在中国旅游时间：		团队等级：	团队类型：
境外组团社：	团号： 联系人： 电话/传真：		领队姓名： 电话：	团队人数 成人：　儿童： 男：　　女：
国内组团社：	团号：		联系人： 电话、传真：	全陪： 电话：
国内接待社：	北京××接待社 联系人： 电话： 西安××接待社 联系人： 电话： 桂林××接待社 联系人： 电话： 上海××接待社 联系人： 电话：		地陪： 地陪： 地陪： 地陪：	电话： 电话： 电话： 电话：
	中国境内行程安排				
线路名称	抵离时间/地点/交通	酒店	用餐	活动内容
城市				
北京				
西安				
桂林				
上海				
国内组团计调：	（签名）		电话/传真：	
注意事项和特殊要求：				
任务完成情况及说明：				

❓引导问题2：依照行业标准，填写并提交全陪日志，如表 2-5。填写并提交游客意见反馈表，如表 2-6。

学习领域编号—页码		学习情境：全陪导游服务		页码:117
姓名		班级	日期	

表2-5 全陪日志

单位/部门			团号	
全陪姓名			组团社	
领队姓名			国籍	
接待时间	年 月 日至	年 月 日	人数	（含 岁儿童 名）
途经城市				
团内重要客人、特殊情况及要求				
领队或游客的意见、建议和对旅游接待工作的评价				
该团发生问题和处理情况（意外事件、游客投诉、追加费用等）				
全陪意见和建议				
全陪对全过程服务的评价：	合格		不合格	
行程状况	顺利	较顺利	一般	不顺利
客户评价	满意	较满意	一般	不满意
服务质量	优秀	良好	一般	比较差
全陪签字		部门经理签字		质管部门签字
日期		日期		日期

页码:118	学习领域编号—页码		学习情境：全陪导游服务	
姓名		班级	日期	

表 2-6 全陪导游服务游客意见反馈表

尊敬的游客：

　　欢迎您参加旅行社组成的团队出外旅游，希望此次旅程能为您留下难忘的印象。为不断提高我市旅游服务水平和质量，请您协助我们填写此表（在每栏其中一项打"√"），留下宝贵的意见。谢谢您！欢迎再次旅游！

组团社：　　　　　　　　　　　全陪导游姓名：
团号：　　　　　　　　　　　　人数：
游览线路：　　　　　　　　　　天数：
游客代表姓名：　　　　　　　　联系电话：
单位：　　　　　　　　　　　　填写时间：　　　年　　　月　　　日

项目	满意	较满意	一般	不满意	游客意见与建议
咨询服务					
线路设计					
日程安排					
活动内容					
价格质量相符					
安全保障					
全陪导游业务技能					
全陪导游服务态度					
地陪导游服务					
住宿					
餐饮					
交通					
娱乐					
履约程度					
整体服务质量评价					

 10　评价

　　学生完成学习情境的成绩评定将按学生自评、小组互评、教师评价三阶段进行，并按自评占 20%，小组互评占 30%，教师评价占 50% 作为学生综合评价结果。

1. 学生进行自我评价，并将结果填入表 2-7 学生自评表中。

学习领域编号—页码	学习情境：全陪导游服务	
姓名	班级	日期

表 2-7 全陪导游服务学生自评表

学习情境二	全陪导游服务		
班级		姓名	学号
评价项目	评价标准	分值	得分
准备工作	能做好接团前的各项准备工作	10	
全程陪同服务	能完成全程陪同服务（首站接团服务、住宿服务、旅途服务和末站服务）	20	
后续服务	能完成全陪服务善后工作（处理旅游团遗留问题、上交带团物品、书写带团小结）	10	
工作态度	态度端正，无无故缺勤、迟到、早退现象	10	
工作质量	能按计划完成工作任务	20	
协调能力	与小组成员、同学之间能合作交流，协调工作	10	
职业素质	积极介绍和传播地方文化和旅游资源	10	
创新意识	能依照《导游服务规范》和《导游服务质量标准》更好地理解全陪导游服务内容	10	
	合计	100	

2. 学生以小组为单位，对全陪服务的过程与结果进行互评，将互评结果填入表 2-8 学生互评表中。

表 2-8 全陪导游服务学生互评表

学习情境二		全陪导游服务												
评价项目	分值	等级								评价对象（组别）				
										1	2	3	4	5	6
计划合理	8	优	8	良	7	中	6	差	4						
方案准确	8	优	8	良	7	中	6	差	4						
团队合作	8	优	8	良	7	中	6	差	4						
组织有序	8	优	8	良	7	中	6	差	4						
工作质量	8	优	8	良	7	中	6	差	4						
工作效率	8	优	8	良	7	中	6	差	4						
工作完整	16	优	16	良	12	中	8	差	5						
工作规范	16	优	16	良	13	中	11	差	8						
成果展示	20	优	20	良	15	中	10	差	5						
	100														

学习领域编号—页码		学习情境：全陪导游服务	
姓名	班级		日期

3. 教师对学生工作过程与工作结果进行评价，并将评价结果填入表2-9教师综合评价表中。

表2-9 全陪导游服务教师综合评价表

学习情境二		全陪导游服务			
班级		姓名		学号	
评价项目		评价标准		分值	得分
考勤/10%		无无故迟到、早退、旷课现象		10	
工作过程/60%	准备工作	能做好接团前的各项准备工作		5	
	全程陪同服务	能完成全程陪同服务（首站接团服务、住宿服务、旅途服务和末站服务）		20	
	后续服务	能完成全陪服务善后工作（处理旅游团遗留问题、上交带团物品、书写带团小结）		5	
	工作态度	态度端正，工作认真、主动		10	
	协调能力	与小组成员之间、同学之间能合作交流，协调工作		10	
	职业素质	积极介绍和传播地方文化和旅游资源		10	
项目成果/30%	工作完整	能按时完成任务		5	
	工作规范	能按《导游服务规范》和《导游服务质量标准》规范服务		10	
	成果展示	能准确表达、汇报工作成果		15	
合计				100	
综合评价	自评/20%	小组互评/30%	教师评价/50%	综合得分	

11 学习情境的相关知识点

知识点1：准备工作

准备工作是做好全陪服务的重要环节之一。

一、熟悉接待计划

全陪在拿到旅行社下达的旅游团队接待计划书后，必须熟悉该团的相关情况，注意掌握该团重点游客情况和该团的特点。

(1) 听取该团外联人员或旅行社领导对接待方面的要求及注意事项的介绍。

(2) 熟记旅游团名称、旅游团人数，了解旅游团成员性别构成、年龄结构、宗教信仰、职业、居住地及生活习惯等。

(3) 掌握旅游团的等级、餐饮标准，游客在饮食上有无禁忌和特别要求等情况。

(4) 有无特殊安排，如有无会见、座谈，有无特殊的文娱节目等。

(5) 了解收费情况及付款方式，如团费、风味餐费、各地机场建设费等。

(6) 掌握旅游团的行程计划、旅游团抵离旅游线路各站的时间、所乘交通工具的航班（车、船）次，以及交通票据是否订妥或是否需要确认、有无变更等情况。

二、物质准备

(1) 全陪团中所需旅行手续；带齐必要的证件，如身份证、导游资格证、胸卡等。

(2) 必要的票据和物品，如旅游团接待计划书、分房表、旅游宣传资料、行李封条、旅行社徽记、全陪日记、名片等。

(3) 结算单据和费用，如拨款结算通知单或支票、现金，足够的旅费等。在这里，要强调全陪须慎重保管好所带的支票及现金。在旅行社，尤其是国内旅行社业务来往中，有时是采用现金支付的方法，全陪所带现金数额往往较大，如不加以妥善保管而发生意外，给自己和旅行社都会带来重大经济损失。

(4) 回程机票，国内团的回程机票若是由组团社出好并由全陪带上，全陪则须认真清点，并核对团员名字有无写错。

三、知识准备

(1) 根据旅游团的不同类型和实际需要准备相关知识：了解各旅游目的地的政治、经济、历史、文化、民俗风情和旅游点的大概情况，以应对游客的咨询；同时还应了解游客所在地的上述情况，以便能做相互比较，和游客做更多的沟通。

(2) 沿途各站的相关知识：如全陪对该团所经各站不太熟悉，一定要提前准备各站的基本知识，如主要景观、市容民情、风俗习惯等。

四、与接待社联系

根据需要,接团前一天与第一站接待社取得联系,互通情况,妥善安排好接待事宜。

知识点 2:首站接团服务

首站接团服务要使旅游团抵达后能立即得到热情友好的接待,让游客有宾至如归的感觉。

一、迎接旅游团

(1) 接团前,全陪应向旅行社了解本团接待工作的详细安排情况。

(2) 接团当天,全陪应提前 30 分钟到接站地点迎接旅游团。

(3) 接到旅游团后,全陪应与领队尽快核实有关情况,做好以下工作:问候全团游客;向领队做自我介绍并核对实到人数,如有人数变化,与计划不符,应尽快与组团社联系。

二、致欢迎词

在首站,全陪应代表组团社和个人向旅游团致欢迎词,内容应包括表示欢迎、自我介绍、提供热情服务的真诚愿望、预祝旅行顺利等。

由于全陪在整个旅游过程中较少向游客讲解,所以要重视首站的介绍。致完欢迎词后,全陪要向全团游客简明扼要地介绍行程,对于住宿、交通等方面的情况适当让游客有所了解;还要向游客说明行程中应该注意的问题和一些具体的要求,以求团队旅途顺利、愉快。这种介绍有利于增加游客对全陪的信任。

知识点 3:酒店内服务

旅游团进入所下榻的酒店后,全陪应尽快与地陪一起办好有关住店手续。

一、分房

和地陪一起到酒店总台领取房间钥匙,由领队分配住房。掌握旅游团成员所住房号,并把自己的房号告诉全体团员。

二、热情引导游客进入房间

三、处理入住后的问题

协助有关人员随时处理游客入住过程中可能出现的问题。遇到地陪在酒店无房的情况,全陪应负起全责照顾好全团游客。

四、掌握与地陪的联系方法

掌握与地陪联系的方法。请地陪留下家庭电话和移动电话的号码,以便联络。

知识点 4:核对商定日程

全陪应分别与领队和地陪核对、商定日程,以免出差错,造成不必要的误会和经济损失。一般以组团社的接待计划为依据,尽量避免大的改动。小的变动(如不需要增加费用、调换上下午的节目安排等）可主随客便，而对无法满足的要求，要详细解释。如遇难以解决的问题（如领队提一些使计划有较大变动的提议或全陪手中的计划与领队或地陪手中的计划不符等情况）应立即反馈给组团社，并使领队得到及时的答复。详细日程商定后，请领队向全团宣布。全陪同领队、地陪商定日程不仅是一种礼貌，也是十分必要的流程。

知识点5：各站服务

各站服务工作是全陪工作的主要组成部分。全陪要通过这一项工作使旅游团的计划得以顺利全面的实施，使旅游团有一次愉快、难忘的经历和体验。

一、联络工作

全陪要做好各站间的联络工作，架起联络沟通的桥梁。

（1）做好领队与地陪、游客与地陪之间的联络、协调工作。

（2）做好旅游线路上各站间，特别是上、下站之间的联络工作。若实际行程和计划有出入时，全陪要及时通知下一站。

（3）抵达下一站后，全陪要主动把团队的有关信息，如前几站的活动情况、团员的个性、团长的特点等通报给地陪，以便地陪能采取更有效、主动的措施。

二、监督与协助

在旅游过程中，全陪要正确处理好监督与协助这两者的关系。一方面，全陪和地陪的目标是一致的，他们都是通过自己的服务使游客获得一次美好的经历，让游客满意，并以此来树立自己旅行社的品牌。因此，从这方面来说，作为全陪，协助地陪做好服务工作是主要的。但是全陪和地陪毕竟分别代表各自的旅行社，且全陪会更多地考虑游客的利益，因此，监督地陪及其所在接待社按旅游团协议书提供服务也是全陪必须要做的工作。所以，协助是必要的，监督是协助基础上的监督，两者相辅相成。

（1）若活动安排上与上几站有明显重复，应建议地陪进行必要的调整。

（2）若对当地的接待工作有意见和建议，要诚恳地向地陪提出，必要时向组团社汇报。

三、旅行过程中的服务

（一）生活服务

生活服务包括以下几个主要内容：

（1）出发、返回、上车、下车时要协助地陪清点人数，照顾年老体弱的游客上下车。

（2）游览过程中，要留意游客的举动，防止游客走失和意外事件的发生，以确保游客人身和财产安全。

（3）按照"合理而可能"的原则，帮助游客解决旅行过程中的一些疑难问题。

（4）融洽气氛，使旅游团有强烈的团队精神。

（二）讲解服务和文娱活动

作为全陪，提供讲解服务并非最重要的，但适当的讲解仍是必要的。尤其是长时间乘坐交通工具的过程之中，全陪也要提供一定的讲解服务。其讲解内容必须是游客感兴趣的。此外，为防止长途旅行时团队气氛沉闷，全陪还要组织游客开展一些文娱活动，如唱歌、讲故事、讲笑话、玩游戏等。形式上力求丰富多彩，但要有吸引力，使游客能踊跃参与。

（三）为游客当好购物顾问

食、住、行、游、购、娱是旅游内容的几个重要组成部分。和地陪相比，全陪因自始至终和游客在一起，感情上更融洽一些，也更能赢得游客的信任。因此，在很多方面（诸如购物等），游客会更多地向全陪咨询，请全陪拿主意。在这种时候，全陪一定要从游客的角度考虑，结合自己所掌握的旅游商品方面的知识，为游客着想，当好购物顾问。

知识点6：离站、途中、抵站服务

一、离站服务

每离开一地前，全陪都应为本站送站与下站接站的顺利衔接做好以下工作：

（1）提前提醒地陪落实离站的交通票据及核实准确时间。

（2）如离站时间因故变化，全陪要立即通知下一站接待社或请本站接待社通知，以防空接和漏接的发生。

（3）协助领队和地陪妥善办理离站事宜，向游客讲清托运行李的有关规定并提醒游客检查、带好旅游证件。

（4）协助领队和地陪清点托运行李，妥善保存行李票。

（5）按规定与接待社办妥财务结账手续。

（6）如遇行程推迟或取消，全陪应协同机场人员和该站地陪安排好游客的食宿和交通事宜。

二、途中服务

在向异地（下一站）转移途中，无论乘坐何种交通工具，全陪应提醒游客注意人身和物品的安全，安排好旅途中的生活，努力使游客旅行充实、轻松愉快。

（1）全陪必须熟悉各种交通工具的性能及交通部门的有关规定，如两站之间的行程距离、所需时间、途中经过的城市等。

（2）由领队分发登记牌、车船票，并安排游客座位。

（3）组织旅游团顺利登机（车、船）。

（4）加强与交通部门工作人员（如飞机乘务员、列车乘务员等）的沟通，争取他们的支持，共同做好途中的安全保卫工作和生活服务工作。

（5）做好途中的食、住、娱工作。如乘火车（或轮船）途中需要就餐时，上车（或船）后，全陪应尽快找餐车（或餐厅）负责人联系，按该团餐饮标准为游客订餐。如该团有餐饮方面的特殊要求或禁忌应提前向负责人说明。

（6）旅游团中若有晕机（车、船）的游客，全陪要给予特别关照；游客突患重病，全陪应立即采取措施，并争取乘务人员的协助。

（7）做好与游客的沟通工作（如通过交谈联络感情等）。

三、抵站服务

（1）所乘交通工具即将抵达下一站时，全陪应提醒游客整理带齐个人的随身物品，下机（车、船）时注意安全。

（2）下飞机后，凭行李票领取行李，如发现游客行李丢失和损坏，要立即与机场有关部门联系处理并做好游客的安抚工作。

（3）出港（出站）时全陪应举社旗走在游客的前面，以便尽快同接该团的地陪取得联系。如出现无地陪迎接的现象，全陪应立即与接待社取得联系，告知具体情况。

（4）向地陪介绍本团领队和旅游团情况，并将该团计划外的有关要求转告地陪。

（5）组织游客登上旅游车，提醒其注意安全并负责清点人数。

知识点7：末站服务

末站服务是全陪服务的最后环节，和地陪工作一样，全陪仍要一丝不苟，通过这最后服务，加深游客对行程的良好印象。

（1）当旅行结束时，全陪要提醒游客带好自己的物品和证件。

（2）向领队和游客征求团队对此次行程的意见和建议，并填写团队服务质量反馈表。

（3）致欢送词，对领队、游客给予的合作和支持表示感谢并期望再次相逢。

知识点8：善后工作

下团后，全陪应认真处理好旅游团的遗留问题。

（1）对团队遗留的重大、重要问题，要先请示旅行社有关领导后再做处理。认真对待游客的委托，并依照规定办理。

（2）对团队的整个行程进行总结。若有重大情况发生或有影响到旅行社以后团队操作的隐患问题，应及时向领导汇报。

（3）认真、按时填写全陪日志。

（4）及时归还所借钱物，按财务规定办理报销事宜。

知识点9：遗失的预防和处理

一、证件、钱物、行李遗失的预防

（1）多做提醒工作。参观游览时，导游人员要提醒游客带好随身物品和箱包；身处热闹、拥挤的场所和购物时，导游人员要提醒游客保管好自己的包袋和贵重物品；离开酒店时，导游人员要提醒游客带好随身行李物品，检查是否带齐了旅行证件；下车时提醒游客不要将贵重物品遗留在车上。

（2）不代为游客保管证件。导游人员在工作中需要游客的证件时，要经由领队收取，用毕立即如数归还，不要代为保管，还要提醒游客保管好自己的证件。

（3）切实做好每次行李的清点、交接工作。

（4）每次游客下车后，导游人员都要提醒司机清车、关窗并锁好车门。

二、遗失证件的处理

请失主冷静地回忆，详细了解丢失情况，找出线索，尽量协助寻找。如确已丢失，马上报告公安部门、接待社领导和组团社并留下游客的详细地址、电话。然后根据领导或接待社有关人员的安排，协助失主办理补办手续，所需费用由失主自理。

（一）丢失外国护照和签证

（1）由旅行社出具证明。

（2）请失主准备有效照片。

（3）失主本人持证明去当地公安局（外国人出入境管理处）报失，由公安局出具证明。

（4）持公安局的证明去所在国驻华使、领馆申请补办新护照。

（5）领到新护照后，再去办理签证手续。

（二）丢失团体签证

（1）由接待社开具遗失公函。

（2）提供原团体签证复印件（副本）。

（3）重新打印与原团体签证格式、内容相同的该团人员名单。

（4）提供该团全体游客的护照。

（5）持以上证明材料到公安局出入境管理处报失，并填写有关申请表（可由一名游客填写，其他成员附名单）。

（三）丢失中国护照和签证

1. 华侨丢失护照和签证

（1）接待社开具遗失证明。

（2）失主准备有效照片。

（3）失主持证明、照片到公安局出入境管理处报失并申请办理新护照。

（4）持新护照到其居住国驻华使、领馆办理入境签证手续。

2．中国公民出境旅游时丢失护照、签证

（1）请当地陪同协助在接待社开具遗失证明。

（2）持遗失证明到当地警察机构报案，并取得警察机构开具的报案证明。

（3）持当地警察机构的报案证明和有关材料到我国驻该国使、领馆领取《中华人民共和国旅行证》。

（4）回国后，可凭《中华人民共和国旅行证》和境外警方的报失证明，申请补发新护照。

（四）丢失港澳居民来往内地通行证（港澳同胞回乡证）

1．向公安局派出所报失，并取得报失证明；或由接待社开具遗失证明。

2．持报失证明或遗失证明到公安局出入境管理处申请领取赴港澳证件。

3．经出入境管理部门核实后，给失主签发一次性《中华人民共和国入出境通行证》。

4．失主持该入出境通行证回港澳地区后，填写《港澳居民来往内地通行证件遗失登记表》和申请表，凭本人的港澳居民身份证，向通行证受理机关申请补发新的通行证。

（五）丢失台湾同胞旅行证明

失主向遗失地的大陆旅行社或户口管理部门或侨办报失、核实后，发放一次性有效的入出境通行证。

（六）丢失中华人民共和国居民身份证

由接待社开具证明，失主持证明到公安局报失，经核实后开具身份证明，机场安检人员核准放行。回到居住所在地后，凭公安局报失证明和有关材料到当地派出所办理新身份证。

三、丢失钱物的处理

（一）外国游客丢失钱物的处理

1．稳定失主情绪，详细了解物品丢失的经过，物品的数量、形状、特征、价值。仔细分析物品丢失的原因、时间、地点，并迅速判断丢失的性质，是不慎丢失还是被盗。

2．立即向公安局以及保险公司报案（特别是贵重物品的丢失）。

3．及时向接待社领导汇报，听取领导指示。

4．接待社出具遗失证明。

5．若丢失的是贵重物品，失主持遗失证明、本人护照或有效身份证件到公安局出入境管理处填写失物经过说明，列出遗失物品清单。

6．若失主遗失的是入境时向海关申报的物品，要出示《中国海关行李申报单》。

7．若将《中国海关行李申报单》遗失，要在公安局出入境管理处申请办理中国海关行李申报单报失证明。

8. 若遗失物品已在国外办理财产保险，领取保险时需要证明，可以到公安局出入境管理处申请办理财物报失证明。

9. 若遗失物品是旅行支票、信用卡等票证，在向公安机关报失的同时也要及时向有关银行挂失。

10. 失主持以上由公安局开具的所有证明，供海关查验或向保险公司索赔。

发生证件、财物特别是贵重物品被盗是治安事故，导游人员应立即向公安机关及有关部门报警，并积极配合有关部门早日破案，挽回不良影响；若不能破案，导游人员要尽力安慰失主，并按上述步骤办理。

（二）国内游客丢失钱物的处理

1. 立即向公安局、保安部门或保险公司报案。

2. 及时向接待社领导汇报。

3. 若旅游团行程结束时仍未破案，可根据失主丢失钱物的时间、地点、责任方等具体情况做善后处理。

四、行李遗失的处理

（一）来华途中丢失行李

1. 带失主到机场失物登记处办理行李丢失和认领手续。失主须出示机票及行李牌，详细说明始发站、转运站，说清楚行李件数及丢失行李的大小、形状、颜色、标记、特征等，并一一填入失物登记表。将失主即将下榻酒店的名称、房间号和电话号码（如果已经知道的话）告诉登记处并记下登记处的电话和联系人，记下有关航空公司办事处的地址、电话，以便联系。

2. 游客在当地游览期间，导游人员要不时打电话询问寻找行李的情况，一时找不回行李，要协助失主购置必要的生活用品。

3. 离开本地前行李还没有找到，导游人员应帮助失主将接待旅行社的名称、全程旅游线路以及各地可能下榻的酒店名称转告有关航空公司，以便行李找到后及时运往相应地点交还失主。

4. 如行李确系丢失，失主可向有关航空公司索赔或按国际惯例赔偿。

（二）在中国境内丢失行李

游客在我国境内旅游期间丢失行李，一般是在三个环节上出了差错，即交通运输部门、酒店行李部门和旅行社的行李员。导游人员必须认识到，不论是在哪个环节出现的问题，都是我方的责任，应设法积极负责查找。

1. 仔细分析，找出差错的线索或环节。

(1) 如果游客在机场领取行李时找不到托运行李，则很有可能是上一站行李交接或机场行李托运过程中出现了差错。这时,全陪应马上带领失主凭机票和行李牌到机场行李查询处登记办理行李丢失或认领手续,并由失主填写行李丢失登记表。地陪应立即向接待社领导或有关人员汇报,安排有关人员与机场、上一站接待社、有关航空公司等单位联系,积极寻找。

(2) 如果抵达酒店后,游客告知没有拿到行李,问题则可能出现在四个方面。①本团游客误拿;②酒店行李部投递出错;③旅行社行李员与酒店行李员交接时有误;④在往返运送行李途中丢失。

出现这种情况,地陪应立即依次采取以下措施:①地陪与全陪、领队一起先在本团内寻找;②如果不是以上原因,应立即与饭店行李部取得联系,请其设法查找;③如果仍找不到行李,地陪应马上向接待社领导或有关部门汇报,请其派人了解旅行社行李员有关情况,设法查找。

2. 做好善后工作。

主动关心失主,对因丢失行李给失主带来的诸多不便表示歉意,并积极帮助其解决因行李丢失而带来的生活方面的困难。

3. 随时与有关方面联系,询问查找进展情况。

4. 若行李找回,及时将找回的行李归还失主。若确定行李已丢失,由责任方负责人出面向失主说明情况,并表示歉意。

5. 帮助失主根据有关规定或惯例向有关部门索赔。

6. 事后写出书面报告(包括事故的全过程:行李丢失的原因、经过、查找过程、赔偿情况及失主和其他团员的反应)。

知识点 10:游客走失的预防和处理

一、游客走失的预防

(1) 做好提醒工作

提醒游客记住接待社的名称,旅行车的车号和标志,下榻酒店的名称、电话号码,带上酒店的店徽等。

团体游览时,地陪要提醒游客不要走散;自由活动时,提醒游客不要走得太远;不要回酒店太晚;不要去过于热闹、拥挤、秩序混乱的地方。

(2) 做好各项活动的安排和预报

在出发前或旅游车离开酒店后,地陪要向游客介绍一天的行程和安排,如上、下午游览点和吃中、晚餐餐厅的名称和地址。

到游览点后,在景点示意图前,地陪要向游客介绍游览线路,告知旅游车的停车地点,强调集合时间和地点,再次提醒旅游车的特征和车号。

(3) 时刻和游客在一起，经常清点人数。

(4) 地陪、全陪和领队应密切配合，全陪和领队要主动负责做好旅游团的断后工作。

(5) 导游人员要以高超的导游技巧和丰富的讲解内容吸引游客。

二、游客走失的处理

(一) 游客在旅游景点走失

1. 了解情况后迅速寻找

导游人员应立即向其他游客、景点工作人员了解情况并迅速寻找。地陪、全陪和领队要密切配合，一般情况下是全陪、领队分头去找，地陪带领其他游客继续游览。

2. 寻求帮助

在经过认真寻找仍然找不到走失者后，应立即向游览地的派出所和管理部门求助，特别是面积大、范围广、进出口多的游览点，因寻找工作难度较大，争取当地有关部门的帮助尤其必要。

3. 与饭店联系

在寻找过程中，导游人员可与饭店前台、楼层服务台联系，请他们注意该游客是否已经回到饭店。

4. 向旅行社报告

如采取了以上措施仍找不到走失的游客，地陪应向旅行社及时报告并请求帮助，必要时请示领导，向公安部门报案。

5. 做好善后工作

找到走失的游客后，导游人员要做好善后工作，分析走失的原因。如属导游人员的责任，导游人员应向游客赔礼道歉；如果责任在走失者，导游人员也不应指责或训斥对方，而应对其进行安慰，讲清利害关系，提醒以后注意。

6. 写出事故报告

若发生严重的走失事故，导游人员要写出书面报告，详细记述游客走失经过、寻找经过、走失原因、善后处理情况及游客的反映等。

(二) 游客在自由活动时走失

1. 立即报告接待社和公安部门

导游人员在得知游客自己外出时走失，应立即报告旅行社领导，请求指示和帮助；通过有关部门向公安局管区派出所报案，并向公安部门提供走失者可辨认的特征。

2. 做好善后工作

找到走失者，导游人员应表示高兴。而后问清情况，安抚因走失而受惊吓的游客，必要时提出善意的批评，提醒其引以为戒，避免走失事故再次发生。

3. 其他情况

若游客走失后出现其他情况，应视具体情况作为治安事故或其他事故处理。

知识点11：游客患病、死亡问题的处理

一、游客患病的预防

1. 游览项目选择有针对性。在做准备工作时，应根据旅游团的信息材料，了解旅游团成员的年龄及旅游团其他情况，做到心中有数。选择适合这一年龄段游客的游览路线，如游览磨山时，老年人多的团可选择坐缆车下山而不要用滑道下山。

2. 安排活动日程要留有余地。做到劳逸结合，使游客感到轻松愉快；不要将一天的游览活动安排得太多、太满；更不能将体力消耗大、游览项目多的景点集中安排，要有张有弛；晚间活动的时间不宜排得过长。

3. 随时提醒游客注意饮食卫生，不要买小贩的食品，不要喝生水。

4. 及时报告天气变化。提醒游客随着天气的变化及时增减衣服，带雨具等。尤其是炎热的夏季要注意防中暑。

二、游客患一般疾病的处理

经常有游客会在旅游期间感到身体不适或患一般疾病，如感冒、发烧、水土不服、晕车、失眠、便秘、腹泻等，这时导游员应该做好以下工作：

（1）劝其及早就医，注意休息，不要强行游览

在游览过程中，导游人员要观察游客的神态、气色，发现游客出现病态时，应多加关心，照顾其坐在较舒服的座位上，或留在酒店休息，但一定要通知酒店给予关照，切不可劝其强行游览。游客患一般疾病时，导游人员应劝其及早去医院就医。

（2）关心患病的游客

对因病没有参加游览活动，留在酒店休息的游客，导游人员要主动前去问候、询问身体状况，以示关心。必要时通知餐厅为其提供送餐服务。

（3）需要时，导游人员可陪同患者前往医院就医，但应向患者讲清楚，所需费用自理。提醒其保存诊断证明和收据。

（4）严禁导游人员擅自给患者用药。

三、游客突患重病的处理

（一）在前往景点途中突然患病

游客在去旅游景点的途中突然患病，导游人员应做好以下工作：

（1）在征得患者、患者亲友或领队同意后，立即将患重病游客送往就近医院治疗，或拦截其他车辆将其送往医院。必要时，暂时中止旅行，用旅游车将患者直接送往医院。

（2）及时将情况通知接待社有关人员。

（3）一般由全陪、领队、病人亲友同往医院。如无全陪和领队，地陪应立即通知接待社请求帮助。

（二）在参观游览时突然患病

（1）不要搬动患病游客，让其就地坐下或躺下。

（2）立即拨打电话呼叫救护车。

（3）向景点工作人员或管理部门请求帮助。

（4）及时向接待社领导及有关人员报告。

（三）在酒店突然患病

游客在酒店突患重病，先由酒店医务人员抢救，然后送往医院，并将其情况及时向接待社领导汇报。

（四）在向异地转移途中突患重病

在乘飞机、火车、轮船前往下一站的途中游客突患重病，导游人员应做好以下工作：

（1）全陪应请求乘务员帮助，在乘客中寻找医护人员。

（2）通知下一站旅行社做好抢救的各项准备工作。

（五）处理要点

（1）游客病危，需要送往急救中心或医院抢救时，需由患者家属、领队或患者亲友陪同前往。

（2）如果患者是国际急救组织的投保者，导游人员应提醒其亲属或领队及时与该组织的代理机构联系。

（3）在抢救过程中，需要领队或患者亲友在场，并详细记录患者患病前后的症状及治疗情况，并请接待社领导到现场或与接待社保持联系，随时汇报患者情况。

（4）如果需要做手术，须征得患者亲属的同意，如果亲属不在，需由领队同意并签字。

（5）若患者病危，但亲属又不在身边时，导游人员应提醒领队及时通知患者亲属。如果患者亲属系外国人士，导游员要提醒领队通知所在国使、领馆。患者亲属到后，导游人员要协助其解决生活方面的问题；若找不到亲属，一切按使、领馆的书面意见处理。

（6）有关诊治、抢救或动手术的书面材料，应由主治医生出具证明并签字。材料要妥善保存。

（7）地陪应请求接待社领导派人帮助照顾患者、办理医院的相关事宜，同时安排好旅游团继续按计划活动，不得将全团活动中断。

（8）患者转危为安但仍需要继续住院治疗，不能随团继续旅游或出境时，接待社领导和导游人员（主要是地陪）要不时去医院探望，帮助患者办理分离签证、延期签证以及出院、回国手续及交通票证等事宜。

（9）患者住院和医疗费用自理。如患者没钱看病，请领队或组团社与境外旅行社、其家人或保险公司联系解决其费用问题。

（10）患者在离团住院期间未享受的综合服务费由中外旅行社之间结算后，按协议规定处理。患者亲属在国内期间的一切费用自理。

四、游客因病死亡的处理

游客在旅游期间不论什么原因导致死亡，都是一件很不幸的事情。当出现游客死亡的情况时，导游员应沉着冷静，立即向接待社领导和有关人员汇报，按有关规定办理善后事宜。

（1）如果死者的亲属不在身边，应立即通知亲属前来处理后事；若死者系外国人士，应通过领队或有关外事部门迅速与死者所属国的驻华使、领馆联系，通知其亲属来华。

（2）由参加抢救的医师向死者的亲属、领队及好友详细报告抢救经过，并出示"抢救工作报告""死亡诊断证明书"，由主治医生签字后盖章，复印后分别交给死者的亲属、领队或旅行社。

（3）对死者一般不做尸体解剖，如果要求解剖尸体，应有死者的亲属或领队，或其所在国家使、领馆有关官员签字的书面请求，经医院和有关部门同意后方可进行。

（4）如果死者属非正常死亡，导游人员要保护好现场，立即向公安局和旅行社领导汇报，协助查明死因。如需解剖尸体，要征得死者亲属和领队或所在国驻华使、领馆人员的同意，并签字认可。解剖后写出《尸体解剖报告》（无论属何种原因解剖尸体，都要写《尸体解剖报告》）。此外，旅行社还应去司法机关办理相关公证文书。

（5）死亡原因确定后，在与领队、死者亲属协商一致的基础上，请领队向全团宣布死亡原因及抢救、死亡经过情况。

（6）遗体的处理，一般以火化为宜，遗体火化前，应由死者亲属或领队，或所在国家驻华使、领馆提请"火化申请书"并签字后进行火化。

（7）死者遗体由领队、死者亲属护送火化后，火葬场死者的《火化证明书》交给领队或死者亲属；由民政部门发给对方携带骨灰出境证明。各有关事项的办理，旅行社应予以协助。

（8）死者如在生前已办理人寿保险，旅行社应协助死者亲属办理人寿保险索赔、医疗费报销等有关证明。

（9）出现因病死亡事件后，除领队、死者亲属和旅行社代表负责处理外，其余团员应当由代理领队带领仍按原计划参观游览。至于旅行社派何人处理死亡事故，何人负责团队游览活动，一律请示旅行社领导决定。

（10）若涉外游客死者亲属要求将遗体运回国，除需办理上述手续外，还应由医院对尸体进行防腐处理，并办理"尸体防腐证明书""装殓证明书""外国人运送灵柩（骨灰）许可证"和"尸体灵柩进出境许可证"等有关证件，方可将遗体运出境。灵柩要按有关规定包装运输，要用铁皮密封，外廓要包装结实。

（11）由涉外游客死者所属国驻华使、领馆办理一张经由国的通行证，此证随灵柩通行。

（12）有关抢救死者的医疗、火化、尸体运送、交通等各项费用，一律由死者亲属或旅游团队交付。

（13）死者的遗物由其亲属或领队，死者生前好友代表，全陪或所在国驻华使、领馆有关官员共同清点造册，列出清单，清点人要在清单上一一签字，一式两份，签字人员分别保存。遗物要交死者亲属或死者所在国家驻华使、领馆有关人员。接收遗物者应在收据上签字，收据上应注意接收时间、地点、在场人员等。

处理要点提示：在处理死亡事故时，应注意以下问题：①必须有死者的亲属、领队、使、领馆人员及旅行社有关领导在场，导游人员和旅行社人员切忌单独行事。②在有些环节还需公安局、旅游主管部门、保险公司的有关人员在场。每个重要环节都应经得起事后查证并有文字根据。③口头协议或承诺均属无效。事故处理后，将全部报告、证明文件、清单及有关材料存档备查。

知识点12：游客安全事故的预防与处理

一、交通事故

（一）交通事故的预防

（1）司机开车时，导游人员不要与司机聊天，以免分散其注意力。

（2）安排游览日程时，在时间上要留有余地，避免造成司机为抢时间、赶日程而违章超速行驶。不催促司机开快车。

（3）如遇天气不好（下雪、下雨、有雾）、交通堵塞、路况不好，尤其是狭窄道路、山区行车时，导游人员要主动提醒司机注意安全，谨慎驾驶。

（4）如果天气恶劣，地陪对日程安排可适当灵活，加以调整；如遇有道路不安全的情况，可以改变行程。必须把安全放在第一位。

（5）阻止非本车司机开车。提醒司机在工作期间不要饮酒。如遇司机酒后开车，决不能迁就，地陪要立即阻止，并向领导汇报，请求改派其他车辆或更换司机。

（6）提醒司机经常检查车辆，如发现事故的隐患应及时提出更换车辆的建议。

（二）交通事故的处理

1. 立即组织抢救

导游人员应立即组织现场人员迅速抢救受伤的游客,特别是抢救重伤员,并尽快让游客离开事故车辆。立即打电话呼叫救护车或拦车将重伤员送往距出事地点最近的医院抢救。

2. 立即报案并保护好现场

事故发生后,不要在忙乱中破坏现场,要设法保护现场,并尽快通知交通、公安部门,争取尽快派人来现场调查处理。

3. 迅速向接待社报告

地陪应迅速向接待社领导和有关人员报告,讲清交通事故的发生和游客伤亡情况,请求派人前来帮助和指挥事故的处理,并要求派车把未受伤和受轻伤的游客接走送至酒店或继续旅游活动。

4. 做好安抚工作

事故发生后,交通事故的善后工作将由交运公司和旅行社的领导出面处理。导游人员在积极抢救、安置伤员的同时,还应做好其他游客的安抚工作,力争按计划继续进行参观游览活动。待事故原因查清后,请旅行社领导出面向全体游客说明事故原因和处理结果。

5. 开具证明书

请医院开出诊断和医疗证明书,并请公安局开具交通事故证明书,以便向保险公司索赔。

6. 写出书面报告

交通事故处理结束后,需要相关部门出具有关事故的证明和调查结果,导游人员要立即写出书面报告。内容包括事故的原因和经过,抢救经过和治疗情况,人员伤亡情况和诊断结果,事故责任及对责任者的处理结果,受伤者及其他旅行者对处理的反应等。书面报告力求详细、准确、清楚、实事求是,最好和领导联署。

二、治安事故

在旅游活动过程中,遇到坏人行凶、诈骗、偷窃、抢劫,导致游客身心及财物受到不同程度的损害,统称治安事故。

(一)治安事故的预防

导游人员在接待工作中要时刻提高警惕,采取一切有效的措施防止治安事故的发生。

(1)入住酒店时,导游人员应建议游客将贵重财物存入酒店保险柜。不要随身携带大量现金或将大量现金放在客房内。

(2)提醒游客不要将自己的房号随便告诉陌生人;更不要让陌生人或自称酒店的维修人员随便进入自己的房间;尤其是夜间决不可贸然开门,以防意外;出入房间一定锁好门。

(3) 提醒游客不要与个人兑换外币，并讲清我国关于外汇管制的规定。

(4) 每当离开游览车时，导游人员都要提醒游客不要将证件或贵重物品遗留在车内。游客下车后，导游人员要提醒司机锁好车门、关好车窗，尽量不要走远。

(5) 在旅游景点活动中，导游人员要始终和游客在一起，随时注意观察周围的环境，发现可疑的人或在人多拥挤的地方，提醒游客看管好自己的财物。

(6) 汽车行驶途中，不得停车让非本车人员上车、搭车；若遇不明身份者拦车，导游人员应提醒司机不要停车。

（二）治安事故的处理

导游人员在陪同旅游团（者）参观游览的过程中，遇到此类治安事件的发生，必须挺身而出，全力保护游客的人身安全，决不能置身事外，更不能临阵脱逃。发现不正常情况，立即采取行动。

1. 全力保护游客

遇到歹徒向游客行凶、抢劫，导游人员应做到临危不惧，毫不犹豫地挺身而出，奋力与坏人拼搏，勇敢地保护游客。同时，立即将游客转移到安全地点，力争在在场的群众和公安人员的帮助下缉拿罪犯，追回钱物，但也要防备犯罪分子携带凶器狗急跳墙。所以，切不可鲁莽行事，要以游客的安全为重。

2. 迅速抢救

如果有游客受伤，应立即组织抢救，或送伤者去医院。

3. 立即报警

治安事故发生后，导游人员应立即向公安局报警，如果罪犯已逃脱，导游人员要积极协助公安局破案。要把案件发生的时间、地点、经过、作案人的特征，以及受害人的姓名、性别、国籍、伤势及损失物品的名称、数量、型号、特征等向公安部门报告清楚。

4. 及时向接待社领导报告

导游人员在向公安部门报警的同时要向接待社领导及有关人员报告。如情况严重，请求领导前来指挥处理。

5. 妥善处理善后事宜

治安事件发生后，导游人员要采取必要措施稳定游客情绪，尽力使旅游活动继续进行下去，并在领导的指挥下，准备好必要的证明、资料，处理好受害者的补偿、索赔等各项善后事宜。

6. 写出书面报告

事后，导游人员要按照有关要求写出详细、准确的书面报告。

三、火灾事故

（一）火灾事故的预防

1. 做好提醒工作

提醒游客不要携带易燃、易爆物品；不乱扔烟头和火种，不要躺在床上吸烟；向游客讲清，在托运行李时应按运输部门有关规定去操作，不得将不准作为托运行李运输的物品夹带在行李中。只有这样，才能尽可能地减少火灾事故的发生。

2. 熟悉酒店的安全出口和转移路线

导游员带领游客住进酒店后，在介绍酒店内的服务设施时，必须介绍酒店楼层的太平门、安全出口、安全楼梯的位置，并提醒游客进入房间后，看懂房门上贴的安全转移路线示意图，掌握失火时的疏散路线。

3. 牢记火警电话（119）

导游人员一定要牢记火警电话；掌握领队和全体游客的房间号码。一旦有火情发生，能及时通知游客。

（二）火灾事故的处理

万一发生了火灾，导游人员应做好以下工作：

（1）立即报警；

（2）迅速通知领队及全团游客；

（3）配合工作人员，听从统一指挥，迅速通过安全出口疏散游客；

（4）判断火情，引导自救。

如果情况危急，不能马上离开火灾现场而被困，导游人员应采取的正确做法如下：①千万不能让游客搭乘电梯或慌乱跳楼，尤其是在三层以上的旅客，切记不要跳楼；②用湿毛巾捂住口、鼻，尽量身体重心下移，使面部贴近墙壁、墙根或地面；③必须穿过浓烟时，可用水将全身浇湿或披上浸湿的衣被并捂住口鼻，贴近地面蹲行或爬行；④若身上着火了，可就地打滚，将火苗压灭，或用厚重衣物压灭火苗；⑤大火封门无法逃脱时，可用浸湿的衣物、被褥将门封堵塞严，或泼水降温，等待救援；⑥当见到消防人员来灭火时，可以摇动色彩鲜艳的衣物为信号，争取救援。

（5）协助处理善后事宜。游客得救后，导游人员应立即组织抢救受伤者；若有重伤者应迅速送医院，若有人死亡，按有关规定处理；采取各种措施安定游客的情绪，解决因火灾造成的生活方面的困难，设法使旅游活动继续进行；协助领导处理好善后事宜；写出翔实的书面报告。

四、食物中毒

游客因食用变质或不干净的食物常会发生食物中毒。其特点是潜伏期短，发病快，且常常集体发病，若抢救不及时会有生命危险。

（一）食物中毒的预防

为防止食物中毒事故的发生，导游人员应注意以下三点：

（1）严格执行在旅游定点餐厅就餐的规定；

（2）提醒游客不要在卫生条件不过关的摊点上购买食物；

（3）用餐时，若发现食物、饮料不卫生，或有异味变质的情况，导游人员应立即要求更换，并要求餐厅负责人出面道歉，必要时向旅行社领导汇报。

（二）食物中毒的处理

发现游客食物中毒，导游人员应采取以下措施：设法催吐，让食物中毒者多喝水以加速排泄，缓解毒性；立即将患者送医院抢救，请医生开具诊断证明；迅速报告旅行社并追究供餐单位的责任。

知识点13：游客越轨言行的处理

越轨行为一般是指游客侵犯一个主权国家的法律和世界公认的国际准则的行为。外国游客在中国境内必须遵守中国的法律，若犯法，必将受到中国法律的制裁。

游客越轨言行的处理，事前要认真调查核实，处理时要特别注意"四个分清"：分清越轨行为和非越轨行为的界限，分清有意和无意的界限，分清无故和有因的界限，分清言论和行为的界限。

导游人员应积极向游客介绍中国的有关法律及注意事项，多做提醒工作，以免个别游客无意中做出越轨、犯法行为；发现可疑现象，导游人员要有针对性地给予必要的提醒和警告，迫使预谋越轨者知难而退；对顽固不化者，其越轨言行一经发现应立即汇报，协助有关部门进行调查，分清性质。处理这类问题要严肃认真、实事求是，要合情、合理、合法。

一、对攻击和诬蔑言论的处理

对于海外游客来说，由于其国家的社会制度与我国的不同，政治观点也会有所差异，因此，他们中的一些人可能对中国的方针政策及国情有误解或不理解，在一些问题的看法上产生分歧也是正常现象，可以理解。此时，导游人员要积极友好地介绍我国的国情，认真地回答游客的问题，阐明我国对某些问题的立场、观点。总之，多做工作，求同存异。

对于个别游客站在敌对的立场上进行恶意攻击、蓄意诬蔑挑衅，作为一名中国的导游人员要严正驳斥，驳斥时要理直气壮，观点鲜明，导游人员应首先向其阐明自己的观点，指出问题的性质，劝其自制。如果一意孤行，影响面大，或有违法行为的，导游人员应立即向有关部门报告。

二、对违法行为的处理

对于海外游客的违法行为,首先要分清原因是对我国的法规缺乏了解还是明知故犯。对前者,应讲清道理,指出错误之处,并根据其违法行为的性质、危害程度确定是否报有关部门处理。对那些明知故犯者,导游人员要提出警告,明确指出其行为是中国法律和法规所不允许的,并报告有关部门严肃处理。

中外游客中若有窃取国家机密和经济情报、宣传邪教、组织邪教活动、走私、贩毒、偷窃文物、倒卖金银、套购外汇、贩卖黄色书刊及音像制品、嫖娼、卖淫等犯罪活动,一旦发现应立即汇报,并配合司法部门查明罪责,严正处理。

三、对散发宗教宣传品行为的处理

游客若在中国散发宗教宣传品,导游人员一定要予以劝阻,并向其宣传中国的宗教政策,指出不经我国宗教团体邀请和允许,不得在我国布道、主持宗教活动和在非完备活动场合散发宗教宣传品。处理这类事件要注意政策界限和方式方法,但对不听劝告并有明显破坏活动者,应迅速报告,由司法、公安有关部门处理。

四、对违规行为的处理

(一)一般性违规的预防及处理

在旅游接待中,导游人员应向游客宣传、介绍、说明旅游活动中涉及的具体规定,防止游客不知而误犯。例如参观游览中某些地方禁止摄影,禁止进入等,都要事先讲清,并随时提醒。若在导游人员已讲清了、提醒了的情况下明知故犯,当事人要按规定受到应有的处罚(由管理部门或司法机关处理)。

(二)对异性越轨行为的处理

对于游客中举止不端,行为猥亵的任何表现,都应向其郑重指出其行为的严重性,令其立即改正。导游人员遇到此类情况,为了自卫要采取断然措施。情节严重者应及时报告有关部门依法处理。

(三)对酗酒闹事者的处理

游客酗酒,导游人员应先规劝并严肃指明可能造成的严重后果,尽力阻止其饮酒。不听劝告、扰乱社会秩序、侵犯他人、造成物质损失的肇事者必须承担一切后果,直至法律责任。

知识点 14:重点游客的接待技巧

一、对儿童的接待

出于增长见识、健身益智的目的,越来越多的游客喜欢携带自己的子女一同到目的地旅游,其中不乏一些少年儿童。导游人员应在做好旅游团中成年游客旅游工作的同时,根据儿童的生理和心理特点,做好专门的接待工作。

（一）注意儿童的安全

儿童游客，尤其是 2~6 岁的儿童，天生活泼好动，因此要特别注意他们的安全。地陪可酌情讲些有趣的小故事吸引他们，既活跃了气氛，又使他们不到处乱跑。在旅游过程中，经常会出现中国游客喜欢和外国儿童合影留念的情况。面对好客的中国人，孩子和家长开始很兴奋、新鲜，很愿意合作。但时间一长，次数一多，外国儿童和家长就会产生厌烦情绪。遇到这种情况，导游员一方面要代他们婉言谢绝，另一方面也可做一些工作，尽量让双方都满意。

（二）掌握"四不宜"原则

对有儿童的旅游团，导游人员应掌握"四不宜"原则：

(1) 不宜为讨好儿童而给其买食物、玩具；

(2) 不宜在旅游活动中突出儿童，而冷落其他游客；

(3) 即使家长同意也不宜单独把儿童带出活动；

(4) 儿童生病，应及时建议家长请医生诊治，而不宜建议其给孩子服药，更不能提供药品给儿童服用。

（三）对儿童多给予关照

导游人员对儿童的饮食起居要特别关心，多给一些关照。如天气变化时，要及时提醒家长给孩子增减衣物，如果天气干燥，还要提醒家长多给孩子喝水等；用餐前，考虑到儿童个子小，且外国儿童不会使用中餐用具，地陪应先给餐厅打电话，请餐厅准备好儿童用椅和刀、叉、勺等一些儿童必备用具，以减少用餐时的不便。

（四）注意儿童的接待价格标准

对儿童的收费是根据不同的年龄有不同的收费标准和规定，如机票，车、船票，住房，用餐等一般都会有些优惠措施，导游人员应特别注意。

二、对高龄游客的接待

在我国入境旅游和国内旅游市场，老年游客均占有较大的比例。而在这些老年游客中还有年龄在 80 岁以上的高龄游客。尊敬老人是我们中华民族的传统美德，因此，导游人员应通过谦恭尊敬的态度、体贴入微的关怀以及不辞辛苦的服务做好高龄游客的接待工作。

（一）妥善安排日程

导游人员应根据高龄游客的生理特点和身体情况，妥善安排好日程。首先，日程安排不要太紧，活动量不宜过大、项目不宜过多。在不减少项目的情况下，尽量选择便捷路线和有代表性的景观，少而精，以细看、慢讲为宜。其次，应适当增加休息时间。参观游览时可在上、下午各安排一次中间休息，在晚餐和看节目之前，应安排回酒店休息一会儿，晚间活动不要回酒店太晚。此外，带高龄游客团不能用激将法和诱导法，以免体力消耗过大，发生危险。

（二）做好提醒工作

高龄游客由于年龄大，记忆力减退，导游人员应每天多次讲解第二天的活动日程并提醒注意事项。如预报天气情况，提醒增减衣服、带好雨具、穿上旅游鞋等。进入游人多的景点时，要反复提醒他们提高警惕，带好自己的随身物品。其次，由于外国游客对人民币不熟悉，加上年纪大，视力差，使用起来较困难。为了使用方便或不被人蒙骗，地陪应提醒其准备适量的小面值人民币。此外，由于饮食习惯和生理上的原因，带高龄游客团队，地陪还应适当增加去厕所的次数。

（三）注意放慢速度

高龄游客大多数腿脚不太灵活，有时甚至力不从心。地陪在带团游览时，一定要注意放慢行走速度，照顾走得慢或落在后面的高龄游客，选台阶少，较平坦的地方走，以防摔倒碰伤。在向高龄游客讲解时，导游人员也应适当放慢速度、加大音量，吐字要清楚，必要时还要多重复。

（四）耐心解答问题

老年游客在旅游过程中喜欢提问题，好刨根问底，再加上年纪大，记忆力不好，一个问题经常重复问几遍，遇到这种情况，导游人员不应表示反感，要耐心、不厌其烦地给予解答。

（五）预防游客走失

每到一个景点，地陪要不怕麻烦、反复多次地告诉高龄游客旅游路线及旅游车停车的地点，尤其是上下车地点不同的景点，一定要提醒高龄游客记住停车地点。另外，还要提前嘱咐高龄游客，一旦发现找不到团队，千万不要着急，不要到处乱走，要在原地等待导游人员的到来。

（六）尊重西方传统

许多西方老年游客在旅游活动中不愿过多地受到导游人员的特别照顾，认为那是对他们的侮辱，会证明他们是无用之人。因此，对此类游客应尊重西方传统，注意照顾方式。

三、对残疾游客的接待

在外国旅游团队中，有时会有聋哑、截瘫、视力障碍（盲人）等残疾游客，他们克服了许多常人难以想象的困难来到中国旅游，这既表明他们有着比常人更加强烈的对旅游的渴望，也说明他们对中国有着特殊的感情，对中国悠久的历史文化有着浓厚的兴趣。而且他们之所以在众多的旅游目的地中选择了中国，一定是相信在中国不会受到歧视。因此，在任何时候、任何场合都不应讥笑和歧视他们，而应表示尊重和友好。残疾游客的自尊心和独立性特别强，虽然他们需要关照，但又不愿给别人增添麻烦。因此，在接待残疾游客时，导游人员要特别注意方式方法，既要热情周到，尽可能地为他们提供方便，又要不给他们带来压力或伤害他们的自尊心，真正做到让其乘兴而来、满意而归。

（一）适时、恰当的关心照顾

接到残疾游客后，导游人员首先应适时地询问他们需要什么帮助，但不宜问候过多，如果过多当众关心照顾，反而会使他们反感。其次，如果残疾游客不主动介绍，不要打听其残疾的原因，以免引起不快。此外，在工作中要时刻关注残疾游客，注意他们的行踪，并给予恰当的照顾。尤其是在安排活动时，要多考虑残疾游客的生理条件和特殊需要，譬如选择路线时尽量不走或少走台阶、提前告诉他们洗手间的位置、通知餐厅安排在一层餐厅就餐等。

（二）具体、周到的导游服务

对不同类型的残疾游客，导游服务应具有针对性。接待聋哑游客时要安排他们在车上前排就座，因为他们需要通过导游人员讲解时的口形来了解讲解的内容。为了让他们获得更多的信息，导游人员还应有意面向他们放慢讲解的速度。对截瘫游客，导游人员应根据接待计划分析游客是否需要轮椅。如需要应提前做好准备。接团时，要与计调或有关部门联系，最好派有行李箱的车，以便放轮椅或其他物品。对有视力障碍的游客，导游人员应安排他们在前排就座，能用手触到的地方、物品可以尽量让他们触摸。在导游讲解时可主动站在他们身边，讲解内容要力求细致生动，口语表达更加准确、清晰，讲解速度也应适当放慢。

四、对宗教界人士的接待

来中国旅游的外国游客中，常常会有一些宗教界人士，他们以游客的身份来华旅游，同时进行宗教交流活动，导游人员要掌握他们身份特殊、要求较多的特点，做好接待工作。

（一）注意掌握宗教政策

导游人员平时应加强对宗教知识和我国宗教政策的学习，接待宗教旅游团时，既要注意把握政策界限，又要注意宗教游客的特点。譬如，在向游客宣传我国的宗教政策时，不要向他们宣传"无神论"，尽量避免有关宗教问题的争论，更不要把宗教、政治、国家之间的问题混为一谈，随意评论。

（二）提前做好准备工作

导游人员在接到接待宗教团的计划后，要认真分析接待计划，了解接待对象的宗教信仰及其职位，对接待对象的宗教教义、教规等情况要有所了解和准备，以免在接待中发生差错。如果该团在本地旅游期间包括有星期日,要征求领队或游客的意见,是否需要安排去教堂,如需要,要了解所去教堂的位置及开放时间。

（三）尊重游客信仰习惯

在接待过程中,要特别注意宗教游客的宗教习惯和戒律,尊重他们的宗教信仰和习惯。

（四）满足游客特殊要求

宗教界人士在生活上一般都有些特殊的要求和禁忌,导游人员应按旅游协议书中的规定,不折不扣地兑现,尽量予以满足。譬如,对宗教游客在饮食方面的禁忌和特殊要求,导游人员一定要提前通知餐厅做好准备。

五、对有特殊身份和地位游客的接待

所谓"有特殊身份和地位的游客"是指外国在职或曾经任职的政府高级官员、皇室成员,对华友好的官方或民间组织团体的负责人,社会名流或在国际国内有一定影响的各界知名人士,国际或某国著名的政治家、社会活动家、大企业家等。这些游客是世界各国人民的使者,他们来到中国除了参观游览外,往往还有其他任务或使命,因此,做好他们的接待工作意义重大。首先,导游人员要有自信心,不要因为这些游客地位较高、身份特殊而胆怯、畏惧。往往越是身份高的人,越懂得尊重别人。他们待人接物非常友好、客气,十分尊重他人的人格和劳动。如果导游人员因为心理压力过大,工作起来缩手缩脚,反倒会影响导游效果。其次,由于这些游客文化素质高、知识渊博,导游人员要提前做好相关的知识准备,如专用术语、行业知识等等,以便能选择交流的话题,并能流利地回答他们提出的问题。最后,由于这些游客有时会有相关领导人或负责人的接见、会谈任务,所以游览日程、时间变化较大,导游人员要注意灵活掌握,随时向有关领导请示、汇报,尽最大努力安排好他们的行程和相关活动。

知识点 15：合理安排团队的旅游活动

一、灵活搭配活动内容

导游员在带团过程中应该掌握游览活动的节奏,遵循"旅速游缓""先远后近""先高后低"的原则。只有这样,才能带好旅游团。导游员安排活动内容时首先应注意游览景点的安排要避免雷同,这是因为游客在旅游活动中需求的内容是不断变化的。其次,游览要与购物、娱乐相结合,只有游览、购物和娱乐结合得好,才可以满足游客的多样化需求。

二、科学安排游客饮食

（1）不要过多地在旅游期间改变饮食习惯,坚持饮食荤素搭配,注意多吃水果,以利消化。

(2) 注意饮食卫生，一定要吃得干净，防止"病从口入"。

(3) 注意饮食平衡，吃饭不可饥一顿、饱一顿，多饮水，保持体内水分。

(4) 防止偏食，特别注意少吃大鱼、大肉等肥腻食物，防止消化不良。

(5) 各地美食一定要"品"，但一定要注意量不可大，不可忽视消化能力。

(6) 不要勉强自己吃不喜欢吃的东西。

(7) 提醒游客注意水土不服的问题。

三、尽快安排游客入住

(1) 首先，要安排好游客，在大厅找椅子让游客坐下来休息，顺手拿些美食介绍和景点介绍让游客阅读。游客有了可看之物，分散了注意力，就不会因干等而着急了。

(2) 其次，在游客休息时，将提前填好的住房名单交给前厅服务员，能很快拿到住房卡和钥匙。

(3) 再次，拿到房卡和钥匙后，立即走到大家休息的地方——发给大家，同时请地陪帮着将房号登记在游客名单上。然后将整理好的名单交给前台，复印三份，一份留前台，一份给地陪，一份给自己。这个过程的关键是想得周到，准备工作做得好，到时才不会忙乱。

(4) 最后，游客陆续进入房间，导游人员要认真做好以下工作：一是帮助游客学会使用酒店房门钥匙；二是帮助游客安排好行李，使行李迅速入房；三是帮助游客看看房间是否已打扫干净。

四、旅行服务技巧

导游员带团乘坐任何交通工具时，按国际惯例，都要第一个下，最后一个上。

1. 乘坐飞机的技巧

乘坐飞机时，导游员一般应当最后登机，这样可以确保全团都顺利登上飞机。导游员应选择坐在游客中间靠走道的位置，以便在飞行时照料游客。下飞机时，应当先下，因为只有导游员才认识前来迎接的地陪。

(1) 购票后，要检查一下票面，并了解乘机注意事项，一定要按时抵达机场等候。

(2) 到机场后，办理登机手续，导游员应请游客带好机票、身份证、登机牌等，过安全检查，等候上机。

(3) 上机后，如有晕机经历者，可先服晕车药。在飞机上如有游客出现晕机反应，导游员可用手压其合谷穴处以减轻反应。若严重，可与机组乘务员联系。

(4) 上机后，听从机组乘务员安排，请游客仔细听乘务员介绍安全知识，一般来讲，机组乘务员都能热情服务，所以，在机上有什么问题，有什么要求，可以随时向乘务员提出。

(5) 到达时，听从乘务员安排，按顺序下机。提醒大家千万别忘取走自己的行李，如果行李出现损坏现象，要及时报告，争取从机场得到相应赔偿。

2. 乘坐火车的技巧

乘坐火车时，导游员要尽力把自己安排在位于游客中间的包房或床位、席位，要经常走动一下，关照每一位游客。在分配包房时，注意游客之间的关系，千万别把一家人、夫妻、情侣分配在两个包房中。

（1）提前购票，最好买旅游专列车票，虽价格略贵一点，但车厢干净，服务规范，令人感到物有所值。此点导游员要向游客说明，便于他们合理选择。

（2）购得火车票后，要检查票面，千万别乘错车次。

（3）到车站，听广播和服务员召唤，千万别误了车次。如遇排队，导游员领头靠前，请团长负责其后，以便前后照料。

（4）上车后，找好铺位和席位，找不到时可请乘务员协助。

（5）上车后，要安排好车上生活，要经常活动一下身体，以防不适。

（6）注意车上广播，关照大家早些做好下车准备。一般下一站的导游员，会在出站口迎接大家。请大家安心服从安排。

五、引导游客理性购物

1. 帮助游客制订购物计划

一般而言，旅游购物品主要包括：①旅游工艺品，如饰物、手编、民间工艺品等；②旅游纪念品，如带有当地景观的小型纪念品，像泰山手杖、长城纪念章等；③文物古玩、土特产品，如贵州茅台酒、云南白药、东北人参、苏杭丝绸等；④旅游食品；⑤旅游日用品。

2. 引导游客理性购物

首先，导游员要告诉游客，购物的首要原则是"少买吃的，多买用的"。其次，导游员要提醒游客，购物时应坚持"三要"与"五不要"。"三要"：要买自己喜欢的物品，买东西一定要商家开发票，贵重物品一定要保单。还要注意"五不要"：贵重物品不要买；金银物品不要买；珠宝玉器不要买；大件物品不要买；海鲜水产不要买。

知识点16：导游人员的协作技能

一、导游人员与领队的协作

领队是受海外旅行社委派，全权代表该旅行社带领旅游团从事旅游活动的人员。在旅游团中，领队既是海外旅行社的代表，又是游客的代言人，还是导游服务集体中的一员，在海外社、组团社和接待社之间以及游客和导游人员之间起着桥梁作用。导游人员能否圆满完成任务，在很大程度上要靠领队的合作和支持，因此，搞好与领队的关系就成为导游人员不能忽视的重要工作内容。

（一）尊重领队，遇事与领队多磋商

带团到中国来旅游的领队，多数是职业领队，在海外旅行社任职多年并受过专业训练，对我国的情况尤其是我国旅游业的业内情况相当熟悉。他们服务周到细致，十分注意维护组团社的信誉和游客的权益，深受游客的信赖。此类领队是中方旅行社长期合作的海外客户代表，也是旅游团中的"重点客人"，对他们一定要尊重，遇事要与他们多磋商。旅游团抵达后，地陪要尽快与领队商定日程，如无原则问题应尽量考虑采纳领队的建议和要求。在遇到问题处理事故时，全陪、地陪更要与领队磋商，争取领队的理解和支持。

（二）关心领队，支持领队的工作

职业领队常年在异国他乡履行自己的使命，进行着重复性的工作，十分辛苦。由于他的"特殊的身份"，游客往往更多地关注领队如何关心自己而很少去主动关心领队。因此，导游人员如果在生活上对领队表示关心、在工作上给予领队支持，他会很感动。当领队的工作不顺利或游客不理解时，导游人员应主动助其一臂之力，能办到的事情尽量给予帮助，办不到的多向游客解释，为领队解围，如说明原因不在领队而是本方条件所限或是由不可抗拒的原因造成的等等。但要注意，支持领队的工作并不是取代领队，导游人员应把握好尺度。此外，作为旅游团中的"重点人物"，导游人员要适当给领队以照顾或提供方便，但应掌握分寸，不要引起游客的误会和心理上的不平衡。

（三）多配合领队，调动领队的积极性

要想搞好与领队的关系，导游人员还要随时注意配合领队，遇到一些显示权威的场合，应多让领队尤其是职业领队出头露面，使其博得游客们的好评。如游览日程商定后，地陪应请领队向全团游客宣布。只要导游人员真诚地对待领队，多配合领队，领队一般也会领悟到导游人员的良苦用心，从而采取合作的态度。

（四）灵活应变，掌握工作主动权

由于旅游团成员对领队工作的评价会直接影响到领队的得失进退，所以有的领队为讨好游客而对导游工作指手画脚，当着全团游客的面"抢话筒"，一再提"新主意"，给导游人员出难题，使地陪的工作比较被动。遇到类似情况地陪应采取措施变被动为主动，对于"抢话筒"的领队，地陪既不能马上反抢话筒，也不能听之任之，而应灵活应变，选择适当的时机予以纠正，让游客感到"还是地陪讲得好"。这样，导游人员既表明了自己的态度又不失风范，工作上也更为主动了。

（五）争取游客支持，避免与领队正面冲突

在导游服务中，接待方导游人员与领队在某些问题上有分歧是正常现象。一旦出现此类情况，接待方导游人员要主动与领队沟通，力求及早消除误解，避免分歧扩大发展。

一般情况下，接待社导游人员要尽量避免与领队发生正面冲突。

在入境旅游团中也不乏工作不熟练、个性突出且难以合作的领队。对此，导游人员要沉着冷静、坚持原则、分清是非，对违反合同内容、不合理的要求不能迁就，对于某些带侮辱性的或"过火"的言辞不能置之不理，要根据"有理、有利、有节"的原则讲清道理，使其主动道歉，但要注意避免与领队发生正面冲突。

有时领队提出的做法行不通，导游人员无论怎样解释说明，领队仍固执地坚持己见。这时导游人员就要向全团游客讲明情况，争取大多数游客的理解和支持。但要注意，即使领队的意见被证明不对也不能把领队"逼到绝路"，要设法给领队台阶下，以维护领队的自尊和威信，争取以后的合作。

二、导游人员与司机的协作

旅游车司机在旅游活动中扮演着非常重要的角色。司机一般熟悉旅游线路和路况，经验丰富。导游人员与司机配合得好坏，是导游服务工作能否顺利进行的重要因素之一。

（一）及时通报信息

（1）旅游线路有变化时，导游人员应提前告诉司机。

（2）如果接待的是外国游客，在旅游车到达景点时，导游人员用外语向游客宣布集合时间、地点后，要记住用中文告诉司机。

（二）协助司机做好安全行车工作

大部分旅游车的司机具有丰富的驾驶经验，可以胜任旅游团的安全驾驶任务。但有些时候，导游人员适当给予协助能够减轻司机的工作压力，便于工作更好地开展。可经常性地协助司机做一些小事情：

（1）帮助司机更换轮胎，安装或卸下防滑链，或帮助司机进行小修理；

（2）保持旅游车挡风玻璃、后视镜和车窗的清洁；

（3）不要与司机在行车途中闲聊，影响驾驶安全；

（4）遇到险情，由司机保护车辆和游客，导游人员去求援；

（5）不要过多干涉司机的驾驶工作，尤其不应对其指手画脚，以免司机感到被轻视。

（三）与司机研究日程安排，征求司机对日程的意见

导游人员应注意倾听司机的意见，从而使司机产生团队观和被信任感，积极参与导游服务工作，帮助导游人员顺利完成带团的工作任务。

三、导游人员与全陪或其他地陪的协作

无论是做全陪或地陪，都与其他地陪或全陪配合的问题。协作成功的关键便是各自应把握好自身的角色或位置，要有准确的个人定位。要认识到虽受不同的旅行社委派，但都是旅游服务的提供者，都在执行同一个协议。导游人员与全陪或其他地陪的关系是

平等的关系。

导游人员正确的做法如下：首先要尊重全陪或其他地陪，努力与合作者建立良好的人际关系。其次，要善于向全陪或其他地陪学习，有事多请教。此外，要坚持原则，平等协商。如果全陪或其他地陪"打个人小算盘"，提出改变活动日程、减少参观游览时间、增加购物等不正确的做法，导游人员应向其讲清道理，尽量劝阻并按计划执行，如对方仍坚持己见、一意孤行，应采取必要的措施并及时向接待社反映。

四、导游人员与旅游接待单位的协作

旅游产品是一种组合性的整体产品，不仅包括沿线的旅游景点，还包括沿线提供的交通、食宿、购物、娱乐等各种旅游设施和服务，需要旅行社、酒店、景点和交通、购物、娱乐部门等旅游接待单位的高度协作。作为旅行社的代表，导游人员应搞好与旅游接待单位的协作。

（一）及时协调，衔接好各环节的工作

导游人员在服务过程中，要与酒店、车队、机场（车站、码头）、景点、商店等许多部门和单位打交道，其中任何一个接待单位或服务工作中的某一环节出现失误和差错，都可能导致"一招不慎，满盘皆输"的不良后果。导游人员在服务工作中要善于发现或预见各项旅游服务中可能出现的差错和失误，通过各种手段及时予以协调，使各个接待单位的供给正常有序。譬如，旅游团活动日程变更涉及用餐、用房、用车时，地陪要及时通知相关的旅游接待单位并进行协调，以保证旅游团的食、住、行能有序地衔接。

（二）主动配合，争取协作单位的帮助

导游服务工作的特点之一是独立性强。导游人员一人在外独立带团，常常会有意外、紧急情况发生，仅凭导游人员一己之力，问题往往难以解决。因此导游人员要善于利用与各地旅游接待单位的协作关系，主动与协助单位有关人员配合，争取得到他们的帮助。譬如，迎接散客时，为避免漏接，地陪可请司机站在另一个出口处举牌帮助迎接。又如，旅游团离站时，个别游客到达机场后发现自己的贵重物品遗落在酒店客房内，导游人员可请求酒店协助查找，找到后立即将物品送到机场。

知识点17：导游提供心理服务的技巧

一、把握心理服务的要领

（一）尊重游客

尊重是人际关系中的一项基本准则。不管游客是来自境外还是来自境内，是来自东方国家还是来自西方国家，也不管游客的肤色、宗教、信仰、消费水平如何，他们都是客人，导游人员都应一视同仁地尊重他们。

尊重游客就是要尊重游客的人格和愿望。游客对于能否在旅游目的地受到尊重非常敏感。他们希望在同旅游目的地的人们的交往中，人格得到尊重，意见和建议得到尊重；希望在精神上能得到在本国、本地区所得不到的满足；希望要求得到重视，生活得到关心和帮助。游客希望得到尊重是正常的、合理的，也是起码的要求。导游人员必须明白，只有当游客处于热情友好的气氛中，自我尊重的需求得到满足时，为他们提供的各种服务才有可能发挥作用。

"扬他人之长，隐其之短"是尊重人的一种重要做法，在旅游活动时，导游人员要妥善安排，让游客进行"参与性"活动，使其获得自我成就感，增强自豪感，从而在心理上获得满足。

（二）微笑服务

微笑是自信的象征，是友谊的表示，是和睦相处、合作愉快的反映。微笑还是一种无声的语言，有强化有声语言、沟通情感的功能，有助于增强交际效果。

导游人员若想向游客提供成功的心理服务，就得学会提供微笑服务，要笑口常开，"笑迎天下客"。只有养成逢人就亲切微笑的好习惯，才会广结良缘，事事顺利成功。

（三）使用柔性语言

"一句话能把人说笑，也能把人说跳。"导游人员有时一句话说好了会使游客感到高兴；有时一不小心，甚至是无意中的一句话，就有可能伤害游客的自尊心。因此，导游人员在与游客交往时必须注意自己的语言表达方式，与游客说话要语气亲切、语调柔和、措辞委婉、说理自然，常用商讨的口吻与游客说话。这样的"柔性语言"既使人愉悦，又有较强的征服力，往往能达到以柔克刚的效果。

（四）与游客建立"伙伴关系"

在旅游活动中，游客不仅是导游人员的服务对象，也是合作伙伴，只有游客通力合作，旅游活动才能顺利进行，导游服务才能取得良好的效果。要想获得游客的合作，导游人员应设法与游客建立"伙伴关系"。一方面，导游人员可通过诚恳的态度、热情周到的服务、谦虚谨慎的作风和让游客获得自我成就感等方式与游客建立合乎道德的、正常理性的情感关系。当然，这种情感关系应是面对每一位游客的，决不能厚此薄彼；另一方面，导游人员在与游客交往时还应把握正确的心理状态，尊重游客，与游客保持平行式交往，避免交锋式交往。

（五）提供个性化服务

个性化服务是导游人员在做好规范化服务的同时，针对游客个别要求而提供的服务。导游人员应该明白，每位游客既希望导游人员一视同仁、公平相待，又希望能给予自己一些特别的关照。因此导游人员既要通过规范化服务去满足游客的一般要求，又要根据每位游客的具体情况提供个性化服务,满足游客的特殊要求。这样做游客会感觉到"导游员心中有我",拉近了与导游人员之间的感情距离,因而产生满足感。个性化服务虽然不是全团游客的共同要求,而只是个别游客的个别需求,有时甚至只是旅游过程中的一些琐碎小事,但是,做好这类小事往往会起到事半功倍的效果,尤其是对注意细节的西方游客而言,可使他们感受到导游人员求真务实的作风和为游客分忧解难的主动性,从而产生对导游人员的信任。"细微之处见真情",讲的就是这个道理。

提供个性化服务做起来并不容易,关键在于导游人员要将游客"放在心中",眼中"有活儿",把握时机主动服务。个性化服务要求导游人员要了解游客,用热情主动的服务尽力满足其合理要求。此外,个性化服务只有与规范化服务完美地结合才是优质的导游服务。

二、了解游客的心理

导游人员要有效地向游客提供心理服务,就必须了解游客的心理与变化。

(一) 从国籍、年龄、性别和所属阶层等方面了解游客

每个国家、每个民族都有自己的传统文化和民风习俗,人们的性格和思维方式亦不相同,即使是同一个国家,不同地区、不同民族的人在性格和思维方式上也有很大差异。与此同时,游客所属的社会阶层、年龄和性别的不同,对其心理特征和生活情趣也会产生较为明显的影响。导游人员应从这些方面去了解游客,并有针对性地向他们提供心理服务。

1. 区域和国籍

首先,从区域的角度看,东方人和西方人在性格和思维方式上有较明显的差异。西方人较开放、感情外露,喜欢直截了当地表明意愿,其思维方式一般由小到大、由近及远、由具体到抽象;东方人较含蓄、内向,往往委婉地表达意愿,其思维方式一般从抽象到具体、从大到小、从远到近。了解了这些差异,导游人员在接待西方游客时,就应特别注重细节。譬如西方游客认为,只有各种具体的细节做得好,由各种细节组成的整体才会好,他们把导游人员提供的具体服务抽象为导游人员的工作能力与整体素质。

其次,从国籍的角度看,同是西方人,在思维方式上也存在着一些差别。如英国人矜持、讲究绅士风度;美国人开放、随意、重实利;法国人浪漫、爱享受生活;德国人踏实、勤奋、守纪律;意大利人热情、热爱生活等。

2. 所属社会阶层

文化程度高的游客相对来说严谨持重些,发表意见时往往经过深思熟虑,他们期待听到高品位的导游讲解,以获得高雅的精神享受;一般游客则喜欢不拘形式的交谈,话题广泛,比较关心带有普遍性的社会问题及当前的热门话题。在参观游览时,期待听到

故事性的导游讲解，希望轻轻松松地旅游度假。

3. 年龄和性别

年老的游客好思古怀旧，对游览名胜古迹、会见亲朋老友有较大的兴趣，他们希望得到尊重，希望导游人员多与他们交谈；年轻的游客好逐新猎奇，喜欢多动多看，对热门社会问题有浓厚的兴趣；女性游客则喜欢谈论商品及购物，喜欢听带故事情节的导游讲解。

（二）从分析游客所处的地理环境来了解游客

游客由于所处的地理环境不同，对于同一类旅游产品会有不同的需要与偏好，他们对那些与自己所处地理环境迥然不同的旅游目的地往往情有独钟。譬如，我国北方游客喜爱南国风情，南方游客偏好北国风光；内陆地区游客喜欢去青岛、三亚等海滨城市，沿海地区游客向往九寨沟、西双版纳独特的风貌；游人们在盛夏时节去大连、哈尔滨等北方名城，隆冬季节奔赴海南岛和东南亚。这种反向、反季节出游已成为一种普遍的现象，导游人员可通过分析地理环境来了解游客的这些心理活动。

（三）从游客的出游动机来了解游客

旅游行为的形成有其客观条件和主观条件。客观条件主要是人们有足够的可自由支配收入和闲暇时间；主观条件是指人们必须具备旅游的动机。一般说来，人们参加旅游团的心理动机有以下几点：省心，不用做决定；节省时间和金钱；有伴侣、有团友；有安全感；能正确了解所看到的景物。导游人员通过周到、细致的服务和精彩、生动的讲解能满足游客的这些心理需求。

从旅游的角度看，游客的旅游动机一般包括：观赏风景名胜、探求文化差异、寻求文化交融的文化动机；考察国情民风、体验异域生活、探亲访友寻根的社会动机；考察投资环境、进行商务洽谈、购买旅游商品的经济动机；休闲度假、康体健身、消遣娱乐的身心动机。导游人员了解和把握了游客的旅游动机，就能更恰当地安排旅游活动和提供导游服务。

（四）从游客不同的个性特征了解游客

游客的个性各不相同，导游人员从游客的言行举止可以判断其个性，从而达到了解游客并适时提供心理服务的目的。

（1）活泼型游客：爱交际，喜讲话，好出点子，乐于助人，喜欢多变的游览项目。对这类游客，导游人员要扬长避短，既要乐于与他们交朋友，又要避免与他们过多交往，以免引起其他团员的不满；要多征求他们的意见和建议，但注意不让其左右旅游活动，打乱正常的活动日程；可适当地请他们帮助活跃气氛，协助照顾年老体弱者等。活泼型游客往往能影响旅游团的其他人，导游人员应与之搞好关系，在适当的场合表扬他们的工作并表示感谢。

（2）急躁型游客：性急、好动、争强好胜、易冲动、好遗忘、情绪不稳定，比较喜欢离群活动。对这类比较难对付的游客，导游人员要避其锋芒，不与他们争论，不激怒他们；在他们冲动时不要与之计较，待他们冷静后再与其好好商量，往往能取得良好的效果；对他们要多微笑，服务要热情周到，而且要多关心他们，随时注意他们的安全。

（3）稳重型游客：稳重，不轻易发表见解，一旦发表，希望得到他人的尊重；这类游客容易交往，但他们不主动与人交往，不愿麻烦他人；游览时他们喜欢细细欣赏，购物时爱挑选比较。导游人员要尊重这类游客，不要怠慢，更不能故意冷淡他们；要主动多接近他们，尽量满足他们的合理而可行的要求；与他们交谈要客气、诚恳，速度要慢，声调要低；讨论问题时要平心静气，认真对待他们的意见和建议。

（4）忧郁型游客：身体弱，易失眠，忧郁孤独，少言语但重感情。面对这类游客，导游人员要格外小心，别多问，尊重他们的隐私；要多亲近他们、多关心体贴他们，但不能过分表示亲热；多主动与他们交谈些愉快的话题，但不要与之高声说笑，更不要与他们开玩笑。

这四种个性的游客中以活泼型和稳重型居多，急躁型和忧郁型只是少数。不过，典型个性只能反映在少数游客身上，多数游客往往兼有其他类型个性的特征。而且，在特定的环境中，人的个性往往会发生变化。因此导游人员在向游客提供服务时要因人而异，要随时观察游客的情绪变化，及时调整，力争使导游服务更具针对性，获得令游客满意的效果。

（五）通过分析旅游活动各阶段游客的心理变化了解游客

游客来到异地旅游，摆脱了在家乡紧张的生活、烦琐的事务，希望自由自在地享受愉快的旅游生活。由于生活环境和生活节奏的变化，在旅游的不同阶段，游客的心理活动也会随之发生变化。

1. 旅游初期阶段：求安全心理、求新心理

游客刚到旅游地，兴奋激动，但人生地疏、语言不通、环境不同，往往容易产生孤独感、茫然感和不安全感，唯恐发生不测，有损自尊心，危及财产甚至生命。也就是说，在旅游初期阶段，游客求安全的心态表现得非常突出。因此，消除游客的不安全感成为导游人员的首要任务。人们来到异国他乡旅游，其注意力和兴趣从日常生活转移到旅游目的地，全新的环境、奇异的景物、独特的民俗风情，使游客逐新猎奇的心理空前高涨，这在旅游初期阶段表现得尤为突出，往往与不安全感并存。所以在消除游客不安全心理的同时，导游人员要合理安排活动，满足他们的求新心理。

2. 旅游中期阶段：懒散心态、求全心理、群体心理

随着时间的推移、旅游活动的开展以及相互接触的增多，旅游团成员间、游客与导

游人员之间越来越熟悉，游客开始感到轻松愉快，会产生一种平缓、轻松的心态。但是，正由于这种心态的左右，游客往往忘却了控制自己，思辨能力也不知不觉地减退，常常自行其是，甚至出现一些反常言行及放肆、傲慢、无理的行为。一方面，游客的个性充分暴露，开始出现懒散心态，如时间概念较差，群体观念更弱，游览活动中自由散漫、丢三落四，旅游团内部的矛盾逐渐显现；另一方面，游客把旅游活动理想化，希望在异国他乡能享受到在家中不可能得到的服务，希望旅游活动的一切都是美好的、理想的，从而产生生活上、心理上的过高要求，对旅游服务横加挑剔，求全责备，求全心理非常明显。再者，由于游客的思考力和判断力减弱，这时，如果团内出现思辨能力较强而又大胆直言的"领袖人物"时，其他游客便会不假思索地附和他，唯其马首是瞻，不知不觉地陷入一种人云亦云、随波逐流的群体心理状态。

导游人员在旅游中期阶段的工作最为艰巨，也最容易出差错。因此，导游人员的注意力必须高度集中，对任何事都不得掉以轻心。与此同时，这个阶段也是对导游人员组织能力和独立处理问题能力的实战检验，是对其导游技能和心理素质的全面检阅，所以每个导游人员都应十分重视这个阶段的工作。

3. 旅游后期阶段：忙于个人事务

旅游活动后期，即将返程时，游客的心理波动较大，开始忙乱起来。譬如，与家庭及亲友联系突然增多，想购买称心如意的纪念品但又怕行李超重等。总之，他们希望有更多的时间处理个人事务。在这一阶段，导游人员应给游客留出充分的时间处理自己的事情，对他们的各种疑虑要尽可能耐心地解答，必要时做一些弥补和补救工作，使前一段时间未得到满足的个别要求得到满足。

三、调整游客的情绪

游客在旅游过程中，会随着自己的需要是否得到满足而产生不同的情感体验。如果他们的需要得到满足，就会产生愉快、满意、欢喜等肯定的、积极的情感；反之则会产生烦恼、不满、懊恼甚至愤怒等否定的、消极的情感。导游人员要善于从游客的言行举止和表情变化去了解他们的情绪，在发现游客出现消极或否定情绪后，应及时找出原因并采取相应措施来消除或进行调整。

（一）补偿法

指导游人员从物质上或精神上给予游客补偿，从而消除或弱化游客不满情绪的一种方法。譬如，如果没有按协议书上注明的标准提供相应的服务，应给予游客补偿，而且替代物一般应高于原先的标准；如果因故无法满足游客的合理要求而导致其不满时，导游人员应实事求是地说明困难，诚恳地道歉，以求得游客的谅解，从而消除游客的消极情绪。

（二）分析法

指导游人员将造成游客消极情绪的原委向游客讲清楚，并一分为二地分析事物的两面性及其与游客的得失关系的一种方法。譬如，由于交通原因不得不改变日程，游客要多花时间于旅途之中，常常会引起他们的不满，甚至愤怒抗议。导游人员应耐心地向游客解释造成日程变更的客观原因，诚恳地表示歉意，并分析改变日程的利弊，强调其有利的一面或着重介绍新增加的游览内容的特色和趣味，这样往往能收到较好的效果。

（三）转移注意法

指在游客产生烦闷或不快情绪时，导游人员有意识地转移游客的注意力，使其从不愉快、不顺心的事转移到愉快、顺心的事情上去。譬如，有的游客因对参观什么内容有不同意见而不快；有的游客因爬山时不慎划破了衣服而懊恼；有的游客因看到不愉快的现象产生联想而伤感等。导游人员除了说服或安慰游客以外，还可通过讲笑话、唱山歌、学说本地话或讲些民间故事等形式来活跃气氛，使游客的注意力转移到有趣的文娱活动上来。

学习领域编号—页码		学习情境：导游领队服务		页码:155
姓名	班级	日期		

学习情境三　导游领队服务

1　学习情境描述

　　导游领队服务是出境旅游的导游服务，为出境旅游的旅游者提供办理出入境手续、酒店入住、往返交通安排等服务，同时，其负有与境外地接社联系和接洽，协助境外的地接导游安排旅游行程，并代表组团社监督地接社全面、高质量地履行旅游合同，处理团队在境外遇到的各种事宜及一切紧急情况，确保出境旅游者的人身及财物安全等多项职责。

2　学习目标

　　通过本学习情境的学习，在符合《中国公民出国旅游管理办法》和《旅行社出境旅游服务规范》的要求下，你应该能够完成以下任务：

　　1．能够读懂接待计划，做好各项接团前的准备；会搜集、整理旅游路线相关节点的资料；能够做好游客出发前的各项通知与联系工作；能够做好出团前的准备工作。

　　2．会带领游客办理出入境、乘机手续并能做好旅途中服务工作。

　　3．会与地陪导游进行工作对接，核对行程单。

　　4．会办理旅游团队入住手续并做好相关酒店入住服务。

　　5．能在参观游览过程中与地陪导游、司机进行配合。

　　6．能够与地陪导游配合处理游览过程中的突发事件及投诉。

　　7．能做好散团服务（含致欢送词、旅游服务质量单的填写）。

　　8．会完成团队领队服务结算手续（填写财务结算单、按规定结算费用）。

　　9．会完成团队领队服务善后工作（处理好旅游团遗留问题、上交带团物品、撰写带团小结）。

3　工作与学习内容

　　1．做好导游领队的资料准备，包括熟悉旅游行程计划，熟悉团队成员信息，充实旅游行程中所需的其他资料。

　　2．做好导游领队的物品准备，包括工作物品和个人物品。

　　3．成行前说明会的召开，包括告知出发信息、分发资料和物品、行前准备及行程说

页码:156	学习领域编号—页码		学习情境：导游领队服务	
	姓名	班级		日期

明、提醒游客重要的联络信息、文明旅游提示、重大安全警示、预祝旅程顺利愉快。

4. 完成中国出境服务，包括集结旅游团队成员、办理登机手续、过边防检查、过安全检查、等待登机。

5. 飞行途中服务，包括提供乘机帮助，指导游客填写入境表格。

6. 完成他国入境服务，包括介绍流程、卫生检疫、过移民局、提取行李、通过海关、与接待社导游员会合。

7. 完成境外随团服务，包括入住酒店服务、餐饮服务、参观游览服务、购物服务、观演服务、离境服务等。

8. 完成回国后续工作，包括与计调做好交接工作、财务处理、维护与游客的关系等。

 4 任务书

以楚天国际旅行社的导游领队小李带领游客赴境外旅游为工作任务，导游出团单和旅游接待计划由教师按开课时间根据具体项目确定。

 5 分组任务

将学生按每组3~4人分组，明确每组的工作任务，并填写表3-1。

表3-1 导游领队学生分组表

班级		组号		指导老师	
组长		学号			
组员	姓名	学号		姓名	学号
任务分工					

学习领域编号—页码		学习情境：导游领队服务	页码：157
姓名	班级	日期	

6 工作准备

1. 阅读工作任务单，见表3-2，结合旅行社带团通知，熟悉旅游行程计划；熟悉团队成员信息；充实旅游行程中所需的其他资料。

表3-2 导游领队服务任务单

学习领域	导游实务		
学习情境	情境三：导游领队服务	课时	10
检验成果	任务单元一：出团准备工作 1. 资料准备 2. 物品准备 3. 召开行前说明会 4. 搜集目的地资料	任务单元二：出入境服务 1. 中国出境服务 2. 飞行途中服务 3. 他国入境服务 4. 搜集目的地资料	
	任务单元三：境外随团服务 1. 入住酒店服务　2. 餐饮服务 3. 参观游览服务　4. 购物服务 5. 观演服务　　　6. 离境服务	任务单元四：回国后续工作 1. 与计调做好交接工作 2. 财务处理 3. 维护与游客的关系	
考核方式	1. 档案文件（各项操作表单单据、资料），20% 2. 老师开展过程观察考核，成员互评，20% 3. 项目成果，30% 4. 答辩，30%		

2. 收集《中国公民出国旅游管理办法》《导游人员管理条例》和《导游服务规范》中有关导游领队服务的部分知识及国家标准。

3. 结合任务书分析导游领队在服务中的难点和特殊或突发情况。

7 工作计划

针对导游领队带团出国旅游所需资料、物品及工作过程制订带团服务计划。

引导问题1：查看导游领队规范服务流程图。如图3-1。

学习领域编号—页码		学习情境：导游领队服务	
姓名	班级		日期

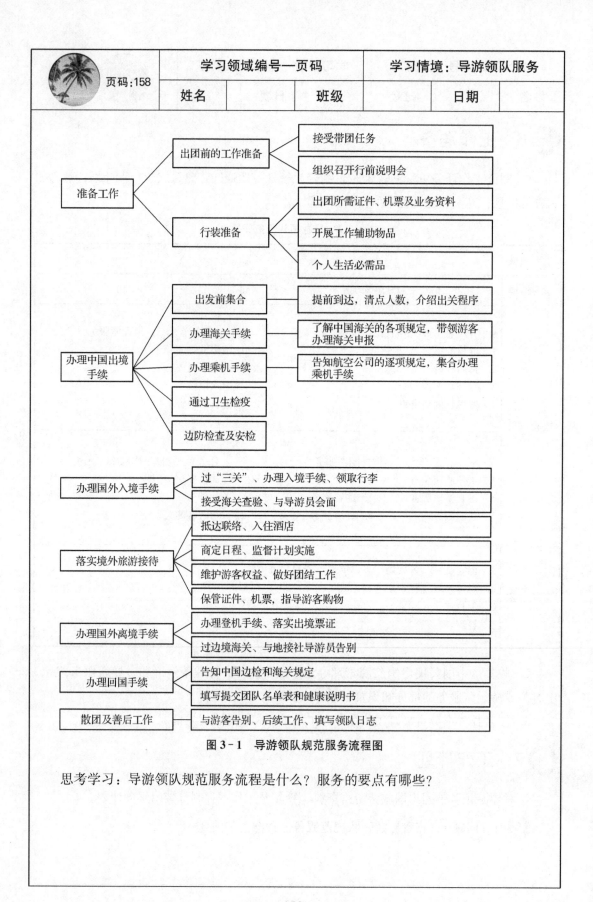

图 3-1 导游领队规范服务流程图

思考学习：导游领队规范服务流程是什么？服务的要点有哪些？

学习领域编号—页码			学习情境：导游领队服务		
姓名		班级		日期	

? 引导问题 2：学生分组讨论：工作过程如何实施、实施过程中的难点与解决方法有哪些？

? 引导问题 3：制订工作计划和导游领队服务方案。

每个学生提出自己的计划和方案，经小组讨论比较，得出 2~3 个方案；教师审查每个小组的导游领队服务方案、工作计划，并提出整改建议；各小组进一步优化方案，确定最终工作方案。

各小组将制订的工作计划及导游领队服务方案填入表 3-3。

表 3-3 导游领队服务行动计划单

学习领域	导游实务		
学习情境	情境三：导游领队服务	课时	10
行动目标结果			
行动进程安排			
序号	实施步骤	人员分工	
质量保证计划			
教师评语			

页码:160	学习领域编号—页码		学习情境：导游领队服务	
	姓名	班级		日期

8 工作实施

导游领队接到带团通知并接受任务，是整个带团工作开始的标志。"凡事预则立，不预则废"，做好充分而全面的准备工作，有计划、有步骤地开展服务工作，是旅游过程顺利进行的必要保障。

出团准备工作包括资料准备、物品准备和召开行前说明会等。

引导问题1：资料准备是出团准备的开始阶段，领队的资料准备，需要完成以下三项目标：熟悉旅游行程计划；熟悉团队成员信息；充实旅游行程中所需的其他资料。

1. 导游领队熟悉旅游行程计划主要应掌握哪些信息？

2. 导游领队熟悉旅游团队成员信息时，需要对旅游团队哪些构成情况进行分析？
请制作团队资料一览表和团队成员信息归类一览表。

3. 导游领队如何核对名单表信息？

4. 导游领队需要准备哪些即将抵达的国家（地区）旅游资料？

❖【知识链接】

旅游行程计划是旅游过程正常进行的指导性和关键性文件，主要包括旅游线路、旅游时间、游览景点、交通工具的安排、食宿安排、购物娱乐安排、旅游注意事项及紧急联络方式等。

根据《中国公民出国旅游管理办法》（国务院第354号令）的规定，旅游团队出境必须持有"中国公民出国旅游团队名单表"（以下简称"名单表"）。"名单表"一式四联，分为边防检查站出境验收联、边防检查站入境验收联、旅游行政管理部门留存联和组团社留存联。

引导问题2：物品准备是出团准备的第二阶段，领队的物品准备需要耐心细致地完成以下两项目标：准备工作物品；准备个人物品。

学习领域编号—页码		学习情境：导游领队服务	
姓名		班级	日期

1. 导游领队出团前的工作物品应如何准备？

2. 导游领队出团前的个人物品应如何准备？

❖【知识链接】

领队证：2016年11月7日，第十三届全国人民代表大会常务委员会第二十四次会议通过了修改《中华人民共和国旅游法》（以下简称《旅游法》）的决定。修订后的《旅游法》取消了"领队资格"行政许可，明确从事领队业务的人员必须持有导游证，具有相应的学历、语言能力和旅游从业经历，并与委派其从事领队业务的取得出境旅游业务经营许可的旅行社订立劳动合同。

❓ 引导问题3：召开行前说明会

该阶段主要完成以下目标：告知出发信息、分发资料和物品、行前准备及行程说明、提醒游客重要的联络信息、文明旅游提示、重大安全警示、预祝旅程顺利愉快。

1. 如何组织一次会议？请写出组织一次导游领队出境说明会的程序步骤。请小组讨论后写在白板纸上。

2. 请写出导游领队出境说明会的会议流程及大纲。

①告知出发信息、分发资料和物品

②行前准备及行程说明

③提醒游客重要的联络信息

学习领域编号—页码		学习情境：导游领队服务	
姓名	班级		日期

页码:162

④文明旅游提示

⑤重大安全警示

⑥预祝旅程顺利愉快

❖【案例导入】关于如何开好行前说明会

　　某出境旅行社组织了全省共计30名游客前往境外旅游。该国际旅行社的行前会操作模式是，由导游领队自己召集，并按照《旅行社出境旅游服务规范》(GB/T 31386—2015)的要求操作。由于导游领队经常带旅游团出境，自认为经验丰富，不需要专门召开行前说明会，而且全省游客都是各自赶往机场集中，导游领队决定在机场统一开行前说明会，给游客讲解有关事项，并发放相关资料。最后5名游客到达机场后，领队又因为忙于办理登机手续，一直没有机会给他们具体讲解有关事宜，直到旅游团抵达境外后，导游领队才给这5名游客发行程计划表，并匆匆忙忙向他们交代了几句。

　　黄先生是第一次出国旅游，加之行前说明会过于简单，无意中冒犯了当地习俗，遭到当地居民的指责。黄先生回国后，要求该国际旅行社赔礼道歉，并赔偿精神损失。

案例分析：

　　出境旅游必须召开行前说明会，这既是《旅行社出境旅游服务规范》的要求，也是由出境旅游的特殊性所决定的。召开行前说明会应注意以下几点：

　　1. 讲解的内容必须规范。
　　2. 尽可能召集所有的游客都参加行前说明会。
　　3. 行前说明会应达到降低游客期望的目的。

　　案例中出现的服务质量问题，直接原因是导游领队没有开好行前说明会。该游客提出的赔偿请求是否合乎法律的规定暂且不说，导游领队的行前会开得不够理想，这一点是肯定的。如果导游领队将所有的事宜已经告知游客，即使发生上述状况，也应当由游客自己承担，而事实上领队并没有这样做，导游领队应当承担相应的责任。

学习领域编号—页码		学习情境：导游领队服务	
姓名	班级	日期	

❖ 【知识链接】

《旅行社行前说明服务规范》（LB/T 040—2015）规定了行前说明的一般服务形式和应急形式。

一般服务形式主要有三种：出行前且非出发当天，旅行社、旅游者双方见面的行前说明服务形式；出行前且非出发当天，不见面形式的行前说明服务，即旅行社利用互联网等技术或服务手段，向旅游者送达行前说明内容的电子版本及音、视频资料并取得旅游者接收确认，且有专门渠道、专门人员解答旅游者疑问；以及上述两种形式的结合。

应急措施、补救手段主要有三种：行程开始当天，在机场、车站、码头等公共区域临时举行；前往旅游目的地的交通工具上临时举行；在旅游过程中，通过播放音频、视频资料或由履行辅助人宣讲等方式进行。

❓ **引导问题 4**：导游领队的出入境服务阶段要经过中国和外国的海关检查、卫生检疫检查、边防出入境检查、登机安全检查等十多个关口，出入境服务中领队要熟练指导和帮助游客通过关口、办理手续，带领游客顺利完成出入境中所有流程。

中国出境服务，导游领队需主要完成以下五项工作：集结旅游团队成员，办理登机手续，过边防检查，过安全检查，等待登机。

①如何集结旅游团队成员？

②如何做好办理登机手续服务？

③如何做好过边防检查服务？

④如何做好过安全检查服务？

⑤如何做好等待登机服务？

❖【案例导入】关于办理海关手续

一浙江游客陈某在南京禄口机场出境时携带了65万欧元现钞，在申报时刻意隐瞒，在填写《出入境旅客行李物品申报单》的"是否携带超过限额的外币现钞"一栏中填写了"无"，属未如实申报。被查获后，南京海关对其违规行为做出处理，陈某受到警告，同时被处以100万元罚款。

案例分析：

经航空口岸出入境的旅客都要填写《出入境旅客行李物品申报单》。该单除要填写一些基本数据外，还明确规定，若旅客携带超过2万元人民币现钞或超过折合5000美元外币的现钞等则需要申报。该旅客不仅携带现钞数额巨大，而且刻意隐瞒，属严重违规，受到处罚是必然的。

❖【知识链接】

航空飞行之前的安全检查中，对身体及随身携带行李进行检查的方式有以下几种：搜身、磁性探测器近身检查、过安全门、红外线透视仪器检查、物品检查。

引导问题5：飞行途中服务，需要领队完成以下两项目标：提供乘机帮助，指导游客填写入境表格。

①导游领队如何提供乘机帮助服务？

②导游领队应如何指导游客填写入境表格？

❖【案例导入】关于办理安检手续

领队M先生带着一个"澳大利亚七日游"的旅游团一行32人，乘航班从上海飞悉尼，在上海通过海关检查时受阻：领队M先生新买的1大支牙膏和1瓶头发定型水被海关没收，一位患风湿病的老人拿了7瓶医院熬制的液体中药，也不能随身携带上机。

学习领域编号—页码		学习情境：导游领队服务	
姓名	班级	日期	

领队的牙膏、定型水被没收无话可说。而老太太急得要哭了："我不想出门旅游，花钱太多，我女儿一定让我去澳大利亚，说那边风景好、人少、气候好，对我身体有好处。我有痛风病，临出发前特地去医院看病，让医生开了7瓶中药，每天服用1瓶，1日3次，这样走路时膝关节就不会痛……"海关人员请老人出示医院处方或病历以及医院证明，老人均拿不出上述证明，无论怎么说情都无效，老人家由于着急，情绪失控哭喊着说花了1万多元一定要上机。最后，海关工作人员找到领队，让他帮助老人让机场包装行李服务处将其中6瓶中药用坚硬的材料包装好，再与办理托运行李柜台的工作人员商量，将托运的行李找出来，把包装好的中药打包在行李里，重新托运。老太太随身携带1瓶中药上机。

案例分析：

首先，这件麻烦事的发生主要责任在领队。其次，依据民航总局〔2007〕1号公告，全国民用机场于2007年5月1日起遵照公告内容实施新的液态物品检查规定。该公告规定："乘坐国际、地区航班的旅客要将随身携带的液体物品（包括液体、凝胶、气溶胶、膏状物）盛放在容积不超过100毫升的容器内。对于容积超过100毫升的容器，即便该容器未装满液体，也不允许随身携带，应办理托运。"

在本案例中，领队在讲解时未强调遵守法规的重要性。

❖【知识链接】

地方时与区时：由于地球自转和围绕太阳公转，所以地球上不同经线上具有不同的地方时。为了克服时间上的混乱，国际上规定将全球划分为24个时区（东、西各12个时区）。每个时区统一采用的时间，称为区时，相邻两个时区的时间相差1小时。

各地的标准时间为格林尼治时间（G.M.T）加上（＋）或减去（－）时区中所标的小时和分钟数时差。许多国家还采用夏令时（DST），比如美国每年4月到9月实行夏令时，时间提前一个小时。

时差的计算方法：两个时区标准时间（即时区数）相减就是时差，时区的数值大的时间早。比如中国是东八区（＋8），美国东部是西五区（－5），两地的时差是13小时，北京比纽约要早13个小时；如果是美国实行夏令时的时期，则相差12小时。

时差换算公式：甲乙两地的时区差＝两地时区数相加减（甲乙两地同在东时区或同在西时区用"－"，甲乙两地一个在东时区另一个在西时区用"＋"）

时刻换算公式：甲地时刻＝乙地时刻±甲乙两地的时区差（甲在乙东则"＋"，甲在乙西则"－"）。

引导问题 6：他国入境，导游领队主要完成以下六项工作：介绍流程，卫生检疫，过移民局，提取行李，通过海关，与接待社导游员会合。

1. 介绍通关流程

2. 辅助做好卫生检疫通关工作

3. 移民局的通关工作

4. 做好行李提取工作

5. 抵达外国入境口岸通过海关服务

6. 与接待社导游对接工作

❖【知识链接】

根据《中华人民共和国海关法》和《中华人民共和国海关对进出境旅客行李物品监管办法》的规定，出入境旅客行李物品必须通过设有海关的地点出入境，并接受海关监管。

海关检查一般询问是否有需要申报的物品，或填写旅客携带物品出入境申报单，必要时海关有权开箱检查所携带物品。各国对出入境物品的管理有各自不同的具体规定。一般烟、酒等物品按限额放行。文物、武器、毒品、动植物等为违禁品，非经特许不得入出国境。对于海关加封的行李物品，不要擅自拆开或者损毁海关施加的封志。

学习领域编号—页码		学习情境：导游领队服务		页码：167
姓名		班级	日期	

海关通道分为"红色通道"和"绿色通道"两种。不明了海关规定或不知如何选择通道的旅客，应选择红色通道通关。

1. 红色通道

红色通道也称"应税通道"。旅游团到达出境地点，首先办理海关手续，如有物品申报，要认真填写《中华人民共和国海关进出境旅客行李物品申报单》，走红色通道，办理海关手续，经海关查验后放行。申报单不得涂改，不得遗失。

2. 绿色通道

绿色通道亦称"免税通道"或"无申报通道"。携带无须向海关申报物品的游客和持有外交签证或礼遇签证的人员，可选择"绿色通道"通关，但需向海关出示本人证件和按规定填写申报单据。

引导问题 7：境外随团服务中入住酒店服务，领队主要需要完成以下五项目标：办理入住登记手续；介绍酒店设施；做好安全提示和文明宣传；提醒游客与酒店结账；提醒游客带齐私人物品。

1. 导游领队如何做好入住登记手续办理和酒店设施介绍？

2. 如何做好安全提示和文明宣传？

3. 如何提醒游客与酒店结账，提醒游客带齐私人物品？

❖ **【案例导入】境外旅行社降低接待标准**

2018 年 10 月，王某等 15 人参加了某国际旅行社组织的"新加坡、马来西亚、泰国十五日贵宾旅游团"。后因境外旅行社接待中出现服务质量问题，王某等遂向旅游行政管理部门投诉，要求旅行社赔偿损失。经查，境外旅行社在安排的住宿、交通、餐饮等方面确实存在低于原合同约定标准的情况。

案例分析：

1. 旅行社应当承担赔偿责任。根据《旅行社管理条例》的规定，因境外旅行社违约，使旅游者权益受到损害的，组织出境的国内旅行社应当承担赔偿责任，然后再向境外旅行社提出赔偿。

2. 根据《旅行社质量保证金赔偿标准》，旅行社安排的旅游活动及服务档次与协议、合同不符，造成旅游者经济损失的，应退还旅游者合同金额与实际花费的差额，并赔偿同额违约金。

❖ **【知识链接】**

《中国公民国内旅游文明行为公约》是为营造文明、和谐的旅游环境，维护每位游客的切身利益而制定的，具体内容如下。

做文明游客是我们大家的义务，请遵守以下公约：

1. 维护环境卫生。不随地吐痰和口香糖，不乱扔废弃物，不在禁烟场所吸烟。

2. 遵守公共秩序。不喧哗吵闹，排队遵守秩序，不并行挡道，不在公众场所高声交谈。

3. 保护生态环境。不踩踏绿地，不摘折花木和果实，不追捉、投打、乱喂动物。

4. 保护文物古迹。不在文物古迹上涂刻，不攀爬触摸文物，拍照摄像遵守规定。

5. 爱惜公共设施。不污损客房用品，不损坏公用设施，不贪占小便宜，节约用水用电，用餐不浪费。

6. 尊重别人权利。不强行和外宾合影，不对着别人打喷嚏，不长期占用公共设施，尊重服务人员的劳动，尊重各民族宗教习俗。

7. 讲究以礼待人。衣着整洁得体，不在公共场所袒胸赤膊；礼让老幼病残，礼让女士；不讲粗话。

8. 提倡健康娱乐。抵制封建迷信活动，拒绝黄、赌、毒。

❓ **引导问题 8**：餐饮服务，导游领队主要需要完成以下三项目标：介绍餐厅及菜肴特点；提醒游客用餐中应注意的问题；巡视用餐过程，及时解决出现的问题。

1. 介绍餐厅及菜肴特点

学习领域编号—页码		学习情境：导游领队服务	
姓名	班级	日期	

2. 提醒游客用餐中应注意的问题

3. 巡视用餐过程，及时解决出现的问题

❖ 【案例导入】

在美国蒙特利的一间中餐馆，发生了一件不愉快的事情。一名中国客人在餐馆就餐时大声喧哗被服务生阻止后，在账单上留言表示不满，并拒付小费。

点评：中国游客在境外餐厅消费前，领队应提醒游客注意入乡随俗，不要大声喧哗，保持就餐环境的安静，并提醒游客，就餐过后要遵守国际惯例，付给服务员小费。

❖ 【知识链接】

导游领队应提醒游客注意用餐礼仪，有序就餐，避免高声喧哗干扰他人。导游领队应引导游客就餐时适量点用，避免浪费。导游领队应提醒游客自助餐区域的食物、饮料不能带离就餐区。集体就餐时，导游领队应提醒游客正确使用公共餐具。游客如需在就餐时抽烟，导游领队应指示游客到指定抽烟区域就座，如果就餐区禁烟，游客应遵守相关规则。就餐环境对服装有特殊要求的，导游领队应事先告知游客，以便游客准备。在公共交通工具或博物馆、展览馆、音乐厅等场所，应遵守相关规则，勿违规饮食。

❓ 引导问题9：参观游览服务，导游领队主要需要完成以下三项目标：让游客清楚了解每日的计划行程；辅助当地接待导游完成游览计划；回答游客提问。

如何让游客清楚了解每日的计划行程？如何辅助当地接待导游完成游览计划并回答游客提问？

【知识链接】

导游领队宜将文明旅游的内容融合在讲解词中，进行提醒和告知。导游领队应提醒游客遵守游览场所规则，依序文明游览。在自然环境中游览时，导游领队应提示游客爱护环境、不攀折花草、不惊吓伤害动物，不进入未开放区域。观赏人文景观时，导游领队应提示游客爱护公物、保护文物，不攀登骑跨或胡写乱画。在参观博物馆、教堂等室内场所时，导游领队应提示游客保持安静，根据场馆要求规范使用摄影摄像设备。不随意触摸展品。游览区域对游客着装有要求的（如教堂、寺庙、博物馆、皇宫等），导游领队应提前一天向游客说明，提醒准备。导游领队应提醒游客摄影摄像时先后有序，不妨碍他人。如需拍摄他人肖像或与他人合影，应征得同意。

引导问题 10：购物服务，导游领队主要需要完成以下三项目标：按照行程计划安排购物；告知游客购物退税的相关规定；协助游客处理购物相关问题。

1. 按照行程计划安排购物

2. 告知游客购物退税的相关规定

3. 协助游客处理购物相关问题

【案例导入】境外购物服务

杨女士参加了某出境社组织的出境旅游团，一路上领队为游客提供了周到的服务，并声称会保护游客的利益，游客提出的任何要求，只要她能够办到，一定尽力而为。领队和杨女士等游客关系十分和谐，游客们对领队也很信任。在境外旅游商城购物时，领队竭力向游客推荐商品，并帮助游客挑选珠宝首饰，同时大力宣传外国珠宝如何便宜、美观等，结果游客购买了大量的珠宝首饰。杨女士回国后担心所购商品质量有问题，就向有关鉴定部门提出鉴定申请。

经鉴定，部分商品质量的确存在瑕疵。杨女士要求旅行社的领队承担赔偿责任，但协商未能取得满意的结果，于是杨女士向有关管理部门投诉，要求管理部门责令领队赔偿的同时，对其进行行政处罚。

学习领域编号—页码				学习情境：导游领队服务	
姓名		班级		日期	

案例分析：

领队在提供旅游购物服务上应遵循以下原则：

1. 督促地接社安排的购物点其商品质量必须有保障。
2. 领队不引导甚至误导游客购物。
3. 领队应制止地陪擅自增加购物点。
4. 购物时间和旅游时间的分配必须适当。
5. 领队应协助游客索要购物凭证。

❖ **【知识链接】**

导游领队应提醒游客理性、诚信消费，适度议价，善意待人，遵守契约。导游领队应提醒游客遵守购物场所规范，保持购物场所秩序，不哄抢喧哗，试吃试用商品应征得同意，不随意占用购物场所非公共区域的休息座椅。导游领队应提醒游客尊重购物场所购物数量限制。在购物活动前，导游领队应提醒游客购物活动结束时间和购物结束后的集合地点，避免因游客迟到、拖延而引发的不文明现象。

【小提示】 每个国家的退税流程不尽相同。

引导问题 11：观演服务，导游领队主要需要完成以下两项目标：引导游客观演；提醒观演时的注意事项。

导游领队如何引导游客进行观演？如何介绍观演时的注意事项？

❖ **【案例导入】境外导游人员强迫旅游者参加额外付费导游项目**

某具有出境游资格的国际旅行社打出广告，声称以"低廉的价格，优质的服务"为旅游者提供线路。某公司为了增强和全国各地客户的感情联络，决定组织所有客户经理参加境外旅游。经过与旅行社的洽谈和协商，该公司决定全额支付旅游费用，并按照旅行社的要求，为每一位客户支付了 500 元的境外自费项目，同时书面约定，所有客户不需要在境外支付其他任何费用，除非客户们主动提出参加某些项目。组织的旅游团到达境外后，境外导游员给旅游者一份自费项目目录和价格，供每一位旅游者选择，同时规定每一位旅游者要交纳自费项目费用 1500 元，否则就不再提供服务。在整个过程中，领队一言不发。由于身处异地他国，这些客户被迫按照境外导游员的要求，每人支付 1500 元自费项目的费用。回国后，旅游者向组团社提出返还 1500 元的要求被拒绝，便向旅游管理部门投诉。请问：

(1) 针对上述问题，旅游管理部门应当如何处理该国际旅行社和领队？

(2) 旅游者已经交纳的 1500 元自费项目费用是否应当返还？为什么？

答：(1) 根据《中国公民出国旅游管理办法》的规定，由于导游领队没有及时制止境外导游人员强迫旅游者参加额外付费项目，由旅游行政部门对组团社处组织该旅游团队所收取费用 2 倍以上 5 倍以下的罚款，并暂停其出国旅游业务经营资格，对旅游团队导游领队暂扣其导游证；造成恶劣影响的，对组团社取消其出国旅游业务经营资格，对旅游团队导游领队吊销其导游证。

(2) 该国际旅行社应当全额退还旅游者交纳的 1500 元。因为旅游者的消费出于被迫，而不是自愿，境外导游人员的行为剥夺了旅游者的自主选择权，该国际旅行社是组团社，必须对此承担责任。

❖【知识链接】

导游领队应组织游客安全、有序、文明、理性地参与娱乐活动。导游领队应提示游客观赏演艺、比赛类活动时遵守秩序，例如按时入场、有序出入。中途入场或离席以及鼓掌喝彩应合乎时宜。根据要求使用摄像摄影设备，慎用闪光灯。导游领队应提示游客观看体育比赛时，尊重参赛选手和裁判，遵守赛场秩序。游客参加涉水娱乐活动的，导游领队应事先提示游客听从工作人员指挥，注意安全，爱护环境。导游领队应提示游客在参加和其他游客、工作人员互动活动时，文明参与、大方得体，并在活动结束后对工作人员表示感谢，礼貌话别。

引导问题 12：离境服务，导游领队主要需要完成以下三项目标：发放游客意见评价表、介绍行李须知、办理退税手续。

1. 发放游客意见评价表

2. 介绍行李须知

3. 办理退税手续

【案例导入】

2014年8月，国务院公布的《关于促进旅游业改革发展的若干意见》提出，扩大旅游购物消费，研究完善境外旅客购物离境退税政策，并将实施范围扩大至全国符合条件的地区。2015年国家税务总局发布了《境外旅客购物离境退税管理办法（试行）》。该办法规定了以下内容：

（一）退税对象

在我国连续居住不超过183天的外国人和港澳台同胞。

（二）退税物品

服装、鞋帽、化妆品、钟表、首饰、电器、医疗保健及美容器材、厨卫用具、家具、空调、电冰箱、洗衣设备、电视机、摄影（像）设备、计算机、自行车、文具、体育用品等，共21个大类324种。但不包括《中华人民共和国禁止、限制进出境物品表》所列的禁止、限制出境的物品，如食品、饮料、水果、烟、酒、汽车、摩托车等。

（三）退税条件

（1）在退税定点商店购买退税物品，购物金额达到起退点（500元），并且按规定取得退税申请单（凭购买退税物品的增值税普通发票向退税商店索取）等退税凭证。

（2）在离境口岸办理离境手续，离境前退税物品尚未启用或消费。

（3）离境日距退税物品购买日不超过90天。

（4）所购退税物品由境外旅客本人随身携带或托运出境。

（5）所购退税物品经海关验核并在退税申请单上签章。

（6）在指定的退税代理机构办理退税。

（四）退税率

退税率为11%，但退税机构要收取2%的手续费，旅客应得退税金额为商品价格的9%。例如旅客购买了500元退税物品，可获得退税金额为：500元×（11%－2%）＝45元。

（五）退税币种

退税币种为人民币。退税金额超过10 000元人民币的，退税代理机构将以银行转账方式退税。退税金额未超过10 000元人民币的，退税代理机构可采用现金退税或银行转账方式退税，由境外旅客自行选择。

（六）退税流程

1. 托运行李包括退税物品

离境退税商店购买商品——索取离境退税申请单——航空公司乘机手续、办理海关退税物品验核并托运行李——联检手续——退税机构退税

2. 随身携带退税物品

离境退税商店购买商品——索取离境退税申请单——航空公司乘机手续办理、联检手续——海关退税物品验核——退税机构退税

（七）享有退税政策的省市

截至2024年6月，实施离境退税政策的地区共有27个：北京、上海、天津、安徽、福建、四川、厦门、宁波、辽宁、青岛、深圳、江苏、云南、陕西、广东、黑龙江、山东、新疆、河南、宁夏、湖南、甘肃、海南、重庆、河北、广西、江西。

（八）离岛免税

2011年4月，海南实行"离岛免税"政策，规定凡年满16周岁，乘飞机、火车、轮船离岛（不包括离境）旅客实行限值、限量、限品种免进口税购物。离岛免税的税种包括关税、进口环节增值税和消费税。

离岛免税商品包括化妆品、箱包、手表、服装服饰、平板电脑、手机、电子游戏机、酒类和穿戴设备等消费品。离岛免税额度目前为每年10万元。

2020年7月6日，海关总署发布新修订的《中华人民共和国海关对海南离岛旅客免税购物监管办法》规定，离岛旅客有下列情形之一的，由海关按照相关法律法规处理，且自海关作出处理决定之日起，3年内不得享受离岛免税购物政策，并可依照有关规定纳入相关信用记录：以牟利为目的为他人购买免税品或将所购免税品在国内市场再次销售的；购买或者提取免税品时提供虚假身份证件或旅行证件、使用不符合规定身份证件或旅行证件，或者提供虚假离岛信息的；其他违反海关规定的。

2011年1月1日，海南省正式实施境外旅客购物离境退税试点政策。

❖【知识链接】

导游领队应提醒游客提前办理检票、安检、托运行李等手续，不携带违禁物品。导游领队应组织游客依序候机（车、船），并优先安排老人、未成年人、孕妇、残障人士。导游领队应提醒游客不抢座、不占位，主动将上下交通工具方便的座位让给老人、孕妇、残障人士和带婴幼儿的游客。导游领队应引导游客主动配合机场、车站、港口以及安检、边防（移民局）、海关的检查和指挥。与相关工作人员友好沟通，避免产生冲突，携带需要申报的物品时，应主动申报。

引导问题13：导游领队行程结束回国后，整个带团工作并没有结束，还应尽快到旅行社完成工作交接，并处理好善后事宜。与计调做好交接工作，导游领队主要需要完成以下四项目标：与计调进行工作汇报；上交"领队日志"和"旅游服务质量评价表"；上交带团总结；及时归还物品。财务处理阶段的工作，导游领队主要需要完成以下两项目标：及时报账；领取酬劳。维护与游客的关系，领队主要需要完成以下三项目标：将照片及时传送给游客；保持与游客的联系；建立自己的客户档案库。

学习领域编号—页码		学习情境：导游领队服务			
姓名		班级		日期	

思考学习：与计调进行工作汇报的主要内容？需要上交什么材料和物品？如何及时报账和领取酬劳？如何维护与游客的关系？

小提示：维护游客关系可以从将照片及时传送给游客、保持与游客的联系、建立自己的客户档案库几个方面进行总结和提炼。

9 质量验收

引导问题 1：根据《中国公民出国旅游管理办法》（国务院第354号令），制作并提交以下材料。中国公民出国旅游团队名单表，如表3-4；团队资料一览表，如表3-5；团队成员信息归类一览表，如表3-6。

表3-4 中国公民出国旅游团队名单表

组团社序号：　　　　　团队编号：　　　　　年份：
领队姓名：　　　　　　领队证号：　　　　　编号：

序号	姓名		性别	出生日期	出生地	护照号码	发证机关及日期
	中文	汉语拼音					
领队							
1							
2							
3							
4							
5							
6							
7							
8							
10							
年　月　日由　　　口岸出境					总人数：（男　　人，女　　人）		
年　月　日由　　　口岸入境							
授权人签字 组团社盖章			旅游行政管理部门 审验章		边防检查站 加注（实际出境　　人） 出境验讫章		

旅游线路：
组团社名称：　　　　　　　　　联络人员姓名及电话：
接待社名称：　　　　　　　　　联络人员姓名及电话：

中华人民共和国文化和旅游部制

学习领域编号—页码		学习情境：导游领队服务	
姓名		班级		日期	

表 3-5　团队资料一览表

序号	姓名	性别	出生年月	护照号码	有效期	签发地	签证号码	联系电话
1								
2								
3								
4								
5								
6								
7								
8								

表 3-6　团队成员信息归类一览表

序号	姓名	国籍	年龄	性别	职业	联系电话	游客关系	备注
1	王敏	中国	40					
2	卢亮	中国	28					回族
3	朱家	中国	50					
4	吴宋	中国	40	女	公务员		母女	大床
5	杨雯清	中国	12	女	学生			
6	联依	中国						素食者
7	李四	中国						
8	王思琪	中国	22	女	教师		夫妻	大床
9	吴杰	中国	25	男	工程师			
10	张三	中国						回族
11	李四	中国						
12	王二	中国						

❓引导问题 2：参照《旅行社行前说明服务规范》(LB/T 040—2015)，小组内部或小组之间相互进行讨论，提交行前说明会 PPT，并模拟讲解。

❓引导问题 3：提交公安部出入境管理局印制的"边防检查出境登记卡"，查阅资料填写老师给定的国家入境卡，健康申报单，海关申报单。

❓引导问题 4：规范填写并提交导游领队报账单，如表 3-7；填写并提交导游领队工作小结表，如表 3-8；填写并提交游客意见反馈表，如表 3-9。

学习领域编号—页码		学习情境：导游领队服务		页码:177
姓名		班级	日期	

表3-7 导游领队报账单

团名			全陪	
线路			人数	
时间			电话	
花费明细				
1. 车费		导游付费金额（大写）	司机签字	
2. 停过				
3. 住宿				
4. 餐费				
5. 门票				
6. 导补				
7. 火车/飞机费用				
8. 其他		保险：		
合计				
借款			收现金	
余款				
计调		经理	导游	

表3-8 导游领队工作小结

出团日期		团号	
人数		目的地	
带团小结	（带团主要情况，存在问题及改进方向）		
计调初审意见	（团队操作情况，存在问题及改进方向）		
总经理审核意见	（总体评价）		

页码:178	学习领域编号—页码		学习情境：导游领队服务	
	姓名	班级	日期	

表 3-9　游客意见反馈表（导游领队）

尊敬的游客：

　　欢迎您参加旅行社组成的团队出外旅游，希望此次旅程能为您留下难忘的印象。为不断提高我市旅游服务水平和质量，请您协助我们填写此表（在每栏其中一项里打"√"），留下宝贵的意见。谢谢您！欢迎再次旅游！

　　组团社：　　　　　　　　　　　　　导游领队姓名：
　　团号：　　　　　　　　　　　　　　人数：
　　游览线路：　　　　　　　　　　　　天数：
　　游客代表姓名：　　　　　　　　　　联系电话：
　　单位：　　　　　　　　　　　　　　填写时间：　　　年　　月　　日

项目	满意	较满意	一般	不满意	游客意见与建议
咨询服务					
线路设计					
日程安排					
活动内容					
价格质量相符					
安全保障					
导游领队业务技能					
导游领队服务态度					
地陪导游服务					
住宿					
餐饮					
交通					
娱乐					
履约程度					
整体服务质量评价					

👍 10　评价

　　学生完成学习情境的成绩评定将按学生自评、小组互评、老师评价三阶段进行，并按自评占 20%，小组互评占 30%，教师评价占 50%作为学生综合评价结果。

　　1. 学生进行自我评价，并将结果填入表 3-10 中。

学习领域编号—页码		学习情境：导游领队服务		
姓名		班级	日期	

表 3-10 导游领队服务学生自评表

学习情境三		导游领队服务		
班级		姓名	学号	
评价项目	评价标准		分值	得分
出团准备工作	能熟练准备资料和个人物品，成功召开行前说明会		10	
出入境服务	熟练指导和帮助游客通过关口、办理手续，带领游客顺利完成出入境中所有流程		10	
境外随团服务	配合当地导游，共同促使旅游活动的顺利完成		20	
回国后续工作	尽快与旅行社完成工作交接，并处理好善后事宜		10	
工作态度	态度端正、无无故缺勤、迟到、早退现象		10	
工作质量	能按计划完成工作任务		10	
协调能力	与小组成员、同学之间能合作交流，协调工作		10	
职业素质	导游领队引导文明旅游规范，宣传中华文化		10	
创新意识	能依照《中国公民出国旅游管理办法》和《旅行社出境旅游服务规范》更好理解导游领队服务内容		10	
	合计		100	

2. 学生以小组为单位，对导游领队服务的过程与结果进行互评，将互评结果填入表3-11中。

表 3-11 导游领队服务学生互评表

学习情境三									导游领队服务					
评价项目	分值	等级							评价对象（组别）					
									1	2	3	4	5	6
计划合理	8	优	8	良	7	中	6	差	4					
方案准确	8	优	8	良	7	中	6	差	4					
团队合作	8	优	8	良	7	中	6	差	4					
组织有序	8	优	8	良	7	中	6	差	4					
工作质量	8	优	8	良	7	中	6	差	4					
工作效率	8	优	8	良	7	中	6	差	4					
工作完整	16	优	16	良	12	中	8	差	5					
工作规范	16	优	16	良	13	中	11	差	8					
成果展示	20	优	20	良	15	中	10	差	5					
	100													

页码:180	学习领域编号—页码		学习情境：导游领队服务
	姓名	班级	日期

3. 教师对学生工作过程与工作结果进行评价，并将评价结果填入表3-12中。

表3-12 导游领队服务教师综合评价表

学习情境三		导游领队服务			
班级		姓名		学号	
评价项目		评价标准		分值	得分
考勤/10%		无无故迟到、早退、旷课现象		10	
工作过程/60%	出团准备工作	能熟练准备资料和个人物品，成功召开行前说明会		10	
	出入境服务	熟练指导和帮助游客通过关口、办理手续，带领游客顺利完成出入境中所有流程		10	
	境外随团服务	配合当地导游，共同促使旅游活动的顺利完成		15	
	回国后续工作	尽快与旅行社完成工作交接，并处理好善后事宜		10	
	工作态度	态度端正，工作认真、主动		5	
	协调能力	与小组成员之间、同学之间能合作交流，协调工作		5	
	职业素质	导游领队引导文明旅游规范，宣传中华文化		5	
项目成果/30%	工作完整	能按时完成任务		5	
	工作规范	能按《中国公民出国旅游管理办法》和《旅行社出境旅游服务规范》规范服务		10	
	成果展示	能准确表达、汇报工作成果		15	
合计				100	
综合评价	自评/20%	小组互评/30%	教师评价/50%	综合得分	

学习情境三 导游领队服务

11 学习情境的相关知识点

知识点1：导游领队接待阶段前的准备

根据《中国公民出国旅游管理办法》和《旅行社出境旅游服务规范》，导游领队在带团出境前应做好的主要准备工作如下：听取出境旅游团队计调人员关于该团情况的介绍和移交有关材料，熟悉旅游接待计划，进行必要的物质和知识准备以及开好旅游团出境前的说明会。

一、听取出境旅游团队计调人员关于该团情况的介绍

导游领队要认真听取所带出境旅游团的情况介绍，对不明白的地方要问清楚。介绍内容主要包括以下五点：旅游团构成情况；团内重点成员情况；该团旅游行程；该团特殊安排与特殊要求；该团行前说明会的安排。

二、计调人员向导游领队移交该团的有关资料

导游领队要对计调人员移交的该团资料进行认真查验，包括"出境旅游行程表""中国公民出国旅游团队名单表"、出入境登记卡、海关申报单、旅游证件、旅游签证/签注、交通票据、接待计划书和联络通讯录等。

其中，"出境旅游行程表"应由导游领队在说明会上发给旅游者。"出境旅游行程表"应列明的内容如下：旅游线路、时间、景点；交通工具的安排；食宿标准及档次；购物、娱乐安排及自费项目；组团社和接团社的联系人和联络方式；遇到紧急情况的应急联络方式；《中国公民出国旅游团队名单表》一式四联，即出境边防检查专用联、入境边防检查专用联、旅游行政部门审验专用联和旅行社自留专用联。

知识点2：导游领队熟悉旅游接待计划

（一）了解情况

导游领队在带团出发前要了解和熟悉旅游团的基本情况，如出游的国家或地区、入境口岸和旅游线路；掌握旅游目的地国家或地区接待社的社名、联系人、联系电话和传真。

（二）掌握资料

掌握旅游团有关的详细资料，如团员名单、性别、职业、年龄段、特殊成员和特殊要求，旅行日程、交通工具、下榻饭店和旅游团报价。

（三）做好核对工作

1. 检查旅游者护照、机票，全团卫生防疫注射情况和客人交费情况。如发现问题，应及时报告组团社。

2. 核对旅游目的地国家或地区接待社的日程安排是否与组团社旅游计划一致。若发现问题应及时报告组团社，让组团社与有关接待社交涉。

知识点3：导游领队做好有关准备工作

（一）物质准备

包括护照与机票及复印件、机场税款和导游领队证、团队费用、社旗、行李标签、多份境外住房分配名单、托运行李所用不干胶标签、目的地国家报警或救助电话号码、小礼品、无线Wi-Fi及导游领队个人物品等。

（二）知识准备

了解和熟悉旅游目的地国家或地区的基本情况，如当地的历史、地理、气候、国情、政情、有关法规、主要景点景观、风俗习惯和宗教禁忌以及接待设施、交通状况、通关手续和机场税等。

知识点4：出境前说明会

按照《旅行社出境旅游服务规范》，旅行社组织的出境旅游团都要在出发前召开说明会，内容包括致欢迎词，向旅游者发放"出境旅游行程表"、团队标识、"旅游服务质量评价表"和根据"旅游产品计划说明书"细化的"行程须知"（包括所乘航班号、集合时间地点和住宿饭店名称、境外小费支付标准、安全避险措施、紧急情况下应急联络方式以及组团社和接团社联系人与联系方式等），进行旅游行程说明，介绍旅游目的地国家或地区相关法律法规、旅游者不适宜参加的活动、当地气候特点、饮食特点、居民风俗习惯和禁忌、出入境手续、外汇兑换与注意事项以及向旅游者翔实说明各种由于不可抗力、不可控制因素导致组团社不能（完全）履行约定的情况，以取得游客的理解。

在说明时，要强调旅游团出发时间和集合地点，要对旅游者提出出游期间应团结互助和支持导游领队的工作，要注意在外旅游活动时的文明礼貌，要将自己的手机号码告诉旅游者，并记下旅游者的手机号码，必要时可建立微信群以便联系。

如果有旅游者因故未能参加说明会，导游领队应在旅游者到达机场后向其介绍说明会上谈及的各项内容。

知识点5：导游领队出境服务

旅游团出境时，导游领队应提前告知通关的手续，并向旅游者发放通关时应向口岸的边检、移民机关出示、提交的旅游证件和通关资料（如出入境登记卡、海关申报单等），引导团队游客依次通关。

由于旅游者往往在充满兴奋、好奇的同时也存在着紧张和担心甚至恐惧的心理，导游领队作为组团社的代表，要理解旅游者的这种心情，在客人得意忘形时，要适当地提醒其应注意的事项，而当客人紧张得不知所措或忧心忡忡时，应耐心细致地予以关心和体贴，切忌出现急躁情绪。与此同时，要注意察言观色，做好协助配合工作，使旅游团充满团结友好的气氛。

(一) 带团出境

1. 核对证件与宣讲注意事项

出境前再次仔细核对旅游者的证件和签证，向其宣讲出境注意事项，提醒他们要严格遵守我国和旅游目的地国家或地区的法律法规。

2. 告知我国海关有关规定

(1) 旅行自用物品：限照相机、便携式收录机、小型摄影机、手提式摄录机、手提式文字处理机每种一件，超出范围的，需向海关如实申报，并办理有关手续。此外，携带外汇现钞出境限 1000 美元，超过 1000 美元需向海关申报，海关允许放行数额为 5000 美元，5000 美元至 1 万美元应有《携带外汇出境许可证》；人民币限 2 万元，超过 2 万元不准携带出境；携带中药材、中成药前往国外的总值限 300 元，前往港澳地区的总值限 150 元，超过限值则不准出境。

(2) 我国海关禁止出境的物品。包括内容涉及国家秘密的手稿、印刷品、照片、胶卷、影片、录音（像）带，激光唱盘、激光视盘，计算机存储介质及其他物品；珍贵文物；所有禁止出境的物品；濒危、珍贵动物、植物及其标本，种子和繁殖材料等。

向出境口岸的边检、移民机关提交必要的团队资料，如团队名单、团队签证、出入境登记卡等，告知并指导旅游者填写《中华人民共和国海关进出境旅客行李物品申报单》，携带有该申报单中 1—5 项物品的旅游者选择"申报通道"（又称红色通道）通关，其他游客可选择"无申报通道"（又称绿色通道）通关。

3. 带领旅游者办理海关申报

(1) 请无须向海关申报物品的游客从绿色通道通过海关柜台后等候。

(2) 带领需向海关申报物品的游客从红色通道走到海关柜台前办理手续，交验本人护照，由海关人员对申报物品查验后盖章，并告知旅游者保存好"申报单"，以便回国入境时海关查验。

4. 协助旅游者办理乘机手续和行李托运手续

(1) 告知旅游者航空公司关于旅客行李的规定，如水果刀、小剪刀等不能放在手提行李中，而贵重物品、充电宝、锂电池则应随身携带。

(2) 将旅游团全部旅游者护照、机票交到所乘航空公司值机柜台办理乘机手续。

(3) 办理托运手续。

在办理行李托运前，导游领队应对全团托运行李件数进行清点，在航空公司柜台人员给托运行李系上行李牌后要再次清点。

如旅游团中途需乘坐转机航班，应将行李直接托运到最终目的地。

办完乘机手续后，导游领队要认真清点航空公司值机人员交回的所有物品，包括护照、机票、登机牌以及全部托运行李票据。将通过边检、登机所需的护照、机票、登机卡分别发给每一位游客,导游领队则保管好行李托运票据。

5. 通过卫生检疫

带领游客到卫生检疫柜台前,接受卫生检疫人员对黄皮书的查验。如有游客未办黄皮书,应在现场补办手续。

6. 通过边防检查

(1) 指导游客填写《边防检查出境登记卡》。

(2) 告知游客出示本人护照(含有效签证)、国际机票、登机牌和《边防检查出境登记卡》排队按顺序接受检查。检查完毕后,边防人员将《边防检查出境登记卡》留下,并在游客护照上盖上出入境验讫章,连同机票、登机牌交还游客。注意旅游者有无物品遗忘在边防检查处。

(3) 如旅游团办理的是团体签证,或到免签国家旅游,导游领队应出示《中国公民出国旅游团队名单表》及导游领队证和团体签证,让旅游者按该名单表上的顺序排队,导游领队站在最前面,逐一通过边防检查。告知旅游者应该到几号候机厅候机。

7. 通过登机前的安全检查

过安检之前,导游领队应提前及时告知旅游者准备好登机牌、机票、有效护照,并交安全检查员查验。

(二) 飞行途中服务

出境游的空中飞行少则1~2小时,多则十几个小时,甚至更长时间。在这段时间里,导游领队除了要熟悉机上救生设备和继续熟悉旅游团情况外,还应协助空乘人员向旅游者提供必要的帮助。其主要工作如下:

(1) 由于航空公司通常按随机方式发放登机牌,旅游者一家人往往坐不到一起。如果旅游者要求调整座位,导游领队可在旅游团成员之间或同其他乘客协商解决。

(2) 根据在出发前所掌握的旅游者特殊要求或特别禁忌,导游领队应在空乘人员送上餐食之前,将旅游者的特殊用餐要求转告他们。对于不懂外语的游客,导游领队可提供必要的翻译服务。

(3) 回答旅游者的问询,如本次航班飞行多少时间才能到达目的地,目的地此时的气候怎样,有哪些最值得看的景观等。

(4) 在飞机上帮助旅游者填写目的地国家或地区的入境卡和海关申报单。

知识点6:导游领队在目的地国家(地区)办理入境服务

旅游团抵达目的地国家或地区机场后,必须办理一系列的入境手续,其顺序大致与我国出境时的检查顺序相反。在带领全团办理入境手续之前,导游领队要清点一下旅游团人数，叮嘱他们集中等待，不要走散。

（一）通过卫生检疫

请游客拿出黄皮书，接受检查。有的国家还要求入境者填写一份健康申报单，此时导游领队应给予旅游者必要的帮助。

（二）办理入境手续

带领旅游者在移民局入境检查柜台前排队等候，告诫旅游者不要对着检查人员拍照，不要大声喧哗。接受检查时，向入境检查人员交上护照、签证、机票和入境卡（有的入境官还要求出示当地国家的旅行社的接待计划或行程表），入境官经审验无误后，在护照上盖上入境章，并将护照、机票退还。这时，应向入境官道一声"谢谢"。

如果旅游团持的是另纸团体签证，则需到指定的柜台办理入境手续。此时，导游领队应走在旅游团的最前面，以便将另纸团体签证交上，并准备回答入境官的提问，导游领队回答问题时应从实回答。

（三）认领托运行李

入境手续办完后，导游领队应带领旅游者到航空公司托运行李领取处（传送带上）认领各自的行李。如果有的旅游者发现自己托运的行李被摔坏或遗失，导游领队要协助其持行李牌与机场行李部门交涉。如确认遗失了，需填写行李报失单，交由航空公司解决。导游领队应记下机场行李部服务人员的姓名与电话，以便日后查询。如果行李被摔坏，导游领队要协助旅游者请机场行李部门或航空公司代表开具书面证明，证明损坏或遗失是航空公司的原因，以便日后向保险公司索赔。行李领出后，导游领队应清点行李件数无误后，再带领旅游者前往海关处通关。

（四）办理入境海关手续

由于世界各国的海关对入境旅客所携物品和货币等的类别及其限量有不同的规定，导游领队在带团出境前需从有关国家驻华使馆网页上查询清楚，并告知旅游者，以免入境时出现麻烦。

在带领旅游者通关之前，导游领队应告知他们逐一通关后在海关那边等候，不要走散，因为国外机场很复杂，一旦走失难以寻找。在通关前，导游领队要协助游客填写好海关申报单，然后持申报单接受海关检查。一般情况下，海关只口头询问旅客带了什么东西，然而有的海关人员要对行李进行开箱检查，甚至搜身。导游领队要告诫旅游者应立即配合检查，不要与之争执。当海关人员示意通过时，应立即带着自己的行李离开检查柜台。

当所有旅游者通关后，导游领队应立即收取他们的护照，由自己统一保管。

（五）与接待方旅行社的导游人员接洽

在办完上述手续后，导游领队应举起社旗，带领游客到候机楼出口与前来迎接的境外接待社导游人员接洽。首先向对方进行自我介绍，互换名片，对对方的手机号码进行确认，并立即将其输入自己的手机中备用，然后向对方通报旅游团实到人数和旅游团概况，转达旅游者的要求、意见和建议，并与对方约定商谈旅游团整个行程的时间。

在带领旅游团离开机场至上车之前，导游领队要清点旅游团人数和行李件数，并请旅游者带好托运行李和随身行李，然后率全团成员跟随目的地接待社导游上车。

知识点7：导游领队的境外服务

游客初次踏入异国他乡的土地，一切都感到非常新鲜，具有强烈的好奇心和求知欲，期望旅游活动丰富多彩，出游的目标能够圆满实现。导游领队作为客源国组团社的代表和旅游团的代言人，要切实地维护游客的合法权益，协助和监督目的地国家（地区）接待社履行旅游计划。与此同时，导游领队还应积极协助当地导游，为旅游者提供必要的帮助和服务。

（一）商定旅游日程

入住酒店时，导游领队应向当地导游员提供旅游团游客住房分配方案，并协助其办好入店手续。旅游团客人安排好后，导游领队要尽快与当地导游人员商量计划的行程。商讨时首先要把组团社的意图、特别提及的问题，如团中老年人多、个别游客用餐要求等告知当地导游人员，以方便其提前做好安排。在商讨活动日程时，导游领队要仔细核对双方手中计划行程的内容。除了活动项目安排上的前后顺序有出入属正常情况外，如果发现有较大出入，尤其是减少了某一旅游项目，导游领队应请其立即与接待社联系，及时调整。如有争议得不到解决，应与国内组团社联系。当目的地的旅游日程安排商定后，导游领队应通知全团成员，并提醒他们记住下榻酒店的名称、特征等，以防走失。

（二）督促接待社履行旅游合同

在目的地国家（地区）旅游期间，导游领队应督促当地接待社和导游人员按照组团社与旅游者所签旅游合同约定的内容和标准提供服务。在注意与他们保持良好关系的同时，负有责任和义务协助和督促接待社及其导游人员履行旅游合同，并转达游客的意见、要求和建议。若发现接待社或当地导游人员存在不履行合同的情况，要代表旅游团进行交涉，维护游客的合法权益。

（三）维护旅游团内部团结

协调游客之间以及同当地接待人员之间的关系，妥善处理各种矛盾。如果有司机刁难旅游者，导游领队要向当地导游人员反映；如果旅游团成员同当地导游人员发生了矛盾，导游领队应出面斡旋，努力消除矛盾；若当地全陪和地陪之间产生了矛盾，不利于旅游活动的顺利进行，导游领队可适当地进行调解，切忌厚此薄彼，更不应联合一方反对另一方；若有的导游人员不合作，私自增加自费项目或减少计划的旅游项目，导游领队首先要进行劝说，若劝说无效，可直接向当地接待社经理反映，必要时还可直接向国内组团社反映；若旅游团成员之间出现了矛盾，导游领队要做好双方的工作，不能视而不见，更不得在团员中间搬弄是非，应该使发生的问题能得到及时处理。

（四）维护旅游者生命和财物安全

在目的地旅游期间，导游领队要经常提醒全团成员注意自身及财物安全，做好有关防范工作，预防事故的发生。

（五）对严重突发事件的处理

（1）对于发生旅游者在境外滞留不归的事件，导游领队应当及时向组团社和我国驻所在国使、领馆报告，寻求帮助。

（2）对于发生旅游者在境外伤亡、病故事件，导游领队必须及时报告我国驻所在国使、领馆和组团社，并通知死者家属前来处理。在处理时（抢救经过报告、死亡诊断证明书、死亡公证、遗物和遗嘱的处理、遗体火化等），必须有死者亲属、我国驻所在国使领馆人员、导游领队、接待社人员、当地导游人员、当地有关部门代表在场。

（六）做好以下具体事项

（1）协助接待方导游人员清点旅游团行李，分配住房、火车铺位、登机牌等。

（2）在境外旅游期间，对旅游者入住饭店、用餐、观看演出、购物等提供的服务应遵照《导游服务规范》的要求。

（3）保管好旅游团集体签证、团员护照、机票、行李卡、各国入境卡、海关申报单。

（4）尊重旅游团成员的人格尊严、宗教信仰、民族风俗和生活习惯。

（5）在带领旅游者在境外旅行、游览过程中，导游领队应当就可能危及旅游者人身安全的情况，向旅游者做出真实说明和明确警示，并按照组团社的要求采取有效措施，防止危害的发生。

（6）导游领队不得与境外接待社、导游人员及其他为旅游者提供商品或者服务的其他经营者串通欺骗、胁迫旅游者消费，不得向境外接待社、导游人员及其他为旅游者提供商品或服务的经营者索要回扣、提成或者收受其财物。

（7）导游领队应当要求境外接待社不得组织旅游者参与涉及色情、赌博、毒品内容的活动或者危险性活动。

（8）导游领队要将每天接触和经历的接待社、导游员、入住的酒店、用餐的餐馆（厅）、游览的景点等进行简要记录并做出扼要评价。

（9）在一地旅游结束时，导游领队要以组团社代表和旅游团代言人的双重身份向当地导游、司机表示感谢，并当着全体游客的面将小费分别递送给导游和司机。

知识点8：导游领队在目的地国家（地区）的离境服务

导游领队的服务要有始有终，在旅游团结束境外旅游活动后离开目的地国家（地区）

时应做好如下工作：

（一）离店前的工作

1. 在离境前一天，甚至前两天，要与当地导游人员逐项核对离境机票的内容，如旅游团名称、团号、前往目的地、航班等。

2. 如旅游团乘早班飞机离境，导游领队要同当地导游人员商定叫早时间、出行李时间以及早餐安排，商量时要考虑到旅游团成员中的老年人、小孩和妇女行动较慢的情况，在时间上要留有余地。离店前，要提醒全团旅游者结清酒店账目；告知旅游者叫早时间、出行李时间和早餐时间，提前整理好自己的行李物品，并协助他们捆扎好行李；提醒旅游者将护照、身份证、机票、钱包等物品随身带上，不要放在托运行李中；对托运行李进行集中清点，与当地导游人员和接待社行李员一起办好交接手续；协助旅游者办理离店手续，提醒他们将房间钥匙交送酒店前台。

3. 离店上车后，导游领队要再次提示旅游者检查自己的随身物品是否都带上了，房间钥匙有没有交到前台。离开目的地国家（地区）前，导游领队应代表组团社和旅游团向接待社的导游人员表示感谢。如对方有需要配合填写的表格（如服务质量反馈表），导游领队应积极协助填写。

（二）办理离境乘机手续

在旅游车往机场行驶途中，导游领队要将全团护照和机票收齐，以备到机场时办理乘机手续，或根据旅行社的协议交目的地导游人员办理。

1. 进行行李托运

导游领队带领旅游者将托运行李放在传送带上进行检查，在安检人员贴上"已安检"封口贴纸后，再带领他们及其行李到航空公司柜台前办理乘机手续，并对行李件数进行清点，待机场行李员给托运行李系上行李牌后，要再次清点并与行李员核实，点清行李件数单据，并将小费付给行李员。

2. 领取登机牌

在航空公司柜台工作人员前，导游领队应主动报告乘机人数，并将全团护照和机票送上，领取登机牌。拿回航空公司工作人员递交的护照、机票和登机牌后，导游领队要一一点清，然后带领旅游者离开柜台。

3. 分发护照、机票和登机牌

在分发之前，导游领队要向全团旅游者介绍离境手续的办理，讲清所乘航班、登机时间和登机门，以避免旅游者在办完出境手续进行自由购物时忘了时间而误机，提醒旅游者不要让陌生人帮助携带其物品。讲完这些事项后，再将护照、机票和登机牌分发给他们。

4. 购买出境机场税

通常机场税包含在所购机票中，但是有些国际机场税不包含在机票中，此时，导游领队需要代旅游者购买机场税，买好后再将机场税凭据发给客人。

（三）办理移民局离境手续

1. 补填出境卡

许多国家的入境卡与出境卡都是一张纸，入境时，移民局官员把入境卡撕下，而把出境卡订在或夹在护照里交给旅客，出境时若旅客遗失了出境卡，就需补填一份。持另纸团体签证的旅游团，则无须填写出境卡。

2. 与目的地国家（地区）导游人员告别

在进入离境区域前，导游领队应率领全团旅游者向目的地国家（地区）导游人员告别，对其工作表示感谢。

3. 办理离境手续

导游领队带领全团旅游者到出境检查柜台前排队，依次递上护照、机票和登机牌，接受检查。如查验无误，移民检查官将在护照上盖上离境印章或在签证处盖上"已使用"字样，然后将所有物品交还旅客，离境手续即算办完。

4. 办理海关手续

（1）处理携带物品限制的相关事宜。由于各国对旅客出境时所携物品有不同的限制，在旅游团离境前导游领队应在目的地国家驻华使馆网站查询，或询问当地导游人员，了解该国旅客出境所携物品的规定，并告知旅游者，以便出境时申报。

（2）接受海关检查。如旅游者携带了目的地国家海关规定限制的物品离境，导游领队应协助其填写海关申报单，并同海关官员交涉。无申报物品的旅游者则走过海关柜台即可。

5. 办理购物退税手续

欧洲、大洋洲的许多国家，都对旅游者购物有退税规定，但是不同国家的机场在办理退税手续的程序上不完全相同，有的先办理乘机手续，有的则先办理海关退税。对此，导游领队必须先向机场查询，弄清楚后再转告旅游者。

带领办理购物退税的旅游者到海关退税处出示申请退税的商品和发票，待海关人员在免税购物支票上盖章后，再持该支票到离境处的退税柜台取回退还的现金。

6. 引领旅游者登机

（1）导游领队要收听机场广播，或向机场咨询台询问，或从电脑屏幕上查询所乘航班的登机闸口是否改变，然后告知旅游者，带领他们到登机闸口等候。

（2）对于要在机场商店购物的旅游者，导游领队要叮嘱他们收听机场广播中提示的登机时间，尽早赶至登机闸口，以免误机。

(3) 登机前，导游领队应赶到登机闸口，清点人数，对未到旅游者要及早联系，使之赶上登机时间。

知识点9：导游领队带领团队归国入境服务

(一) 接受检验检疫

导游领队带领旅游者至"中国检验检疫"柜台前，交上在返程飞机上填好的《入境健康检疫申明卡》，如无意外，即可通过检验检疫。

(二) 接受入境边防检查

导游领队带领游客排队在边检柜台前，逐一将护照和登机牌交给边检人员。经其核准后在护照上盖上入境验讫章，并退还旅游者，旅游者即可入境。

(三) 领取托运行李

导游领队在带领旅游者至行李转盘处之前，应将行李牌发给每位旅游者，由其各自认领自己的行李，以便在离开行李厅时交服务人员查验。若有旅游者行李遗失，导游领队应协助其与机场行李值班室联系寻找或办理赔偿事宜。

(四) 接受海关检查

(1) 导游领队应事先向旅游者说明我国海关禁止携带入境的物品和允许入境但需要申报检疫的物品，以便旅游者心中有数。

(2) 由旅游者自行将行李推至海关柜台前，交上返程飞机上填好的海关申报单和出示出境时填有带出旅行自用物品名称和数量的申报单，接受相关检测检查。

(3) 导游领队要待旅游团全体客人出海关后，和他们分手告别。但是，如果旅行社安排有旅行车接送客人到某一地点，导游领队则需陪同旅游者到指定地点后再与他们分手告别，并对旅游者的合作表示感谢。

知识点10：导游领队接待结束阶段的工作

根据《旅行社出境旅游服务质量》要求，旅游者回到国内后，导游领队还需做好如下工作。

一、答谢旅游者

第一，旅游团回到出发地后，导游领队应代表组团社举行告别宴会，向游客致欢送词，感谢其在整个旅游行程中对自己工作的支持和配合，并诚恳征求游客的意见和建议。按行程安排做好散团工作。第二，处理好送别旅游团后的遗留问题，如游客委托事项、可能的投诉等。

二、做好出境陪团记录和详细填写"导游领队日志"，整理反映材料

(一) 整理陪团记录

陪团记录是导游领队陪同旅游团的原始记录。回国后导游领队要按要求整理好，以

备有关部门查询了解。

(二) 填写"导游领队日志"

"导游领队日志"是导游领队率团出境旅游的总结报告。它对组团社了解游客需求、发现接待问题、了解接待国旅游发展水平和境外接待社合作情况，从而总结经验、改进服务水平具有重要意义。"导游领队日志"包括的主要内容如下：

(1) 旅游过程概况：旅游团名称、出入境时间、游客人数、目的地国家（地区）和途经国家（地区）各站点、接待社名称及全陪和地陪导游人员姓名，以及导游领队所做的主要工作。

(2) 游客概况：游客性别、年龄、职业、来自何地等，旅游中的表现，对旅游活动（包括组团社、接待社和其导游人员）的意见和建议。

(3) 接待方情况：全陪、地陪导游人员的素质和服务水平，落实旅游合同情况，接待设施情况，接待中存在的主要问题。

(4) 我方与接待方的合作情况。

(5) 旅游过程中发生的主要事故与问题：产生原因、处理经过、处理结果、游客反应、应吸取的教训等。

(6) 总结与建议。

三、归还所借物品

1. 归还出境前在组团社所借的物品，并在物品管理部门的物品归还单上签字。
2. 与组团社财务部门结清所借钱款。

知识点 11：入出境所持的证件

外国人、华侨、港澳台同胞入境，均须在指定口岸向边防检查站（由公安、海关、卫生检疫三方组成）交验有效证件，填写入境卡，经边防检查站查验核准加盖验讫章后方可入境；中国公民返归时，只要在入境口岸的边检站出示有效证件，不必填写入境卡。

有效证件指各国政府为其公民颁发的出国证件，其种类很多，不同类型的人员使用的有效证件名称也不同，如供国际航班机组人员使用的是"执照"，供国际海员使用的是"海员证"，邻国边民使用的是"边民证"，华侨使用的是"旅行证"，港澳同胞使用的是"港澳居民来往内地通行证"，台湾同胞使用的是"台湾居民来往大陆通行证"，绝大多数外国游客和中国公民使用的是护照以及前往国在护照中签注和盖印的签证。下面介绍与旅游有关的几种有效证件。

一、护照

护照是一国主管机关发给本国公民出国或在国外居留的证件，证明其国籍和身份。护照一般分为外交护照、公务护照和普通护照三种，有的国家为团体出国人员（旅游团、体育队、文艺团体）发放团体护照，五大联合国安理会常任理事国护照如图3-2所示。

图3-2 五大联合国安理会常任理事国护照
（依次为中国、美国、英国、俄罗斯、法国）

（一）外交护照

外交护照发给政府高级官员、国会议员、外交和领事官员、负有特殊外交使命的人员、政府代表团成员等。持有外交护照者在外国享受外交礼遇（如豁免权）。

（二）公务护照

公务护照发给政府一般官员，驻外使、领馆工作人员以及因公派往国外执行文化、经济等任务的人员。

（三）普通护照

普通护照发给出国的一般公民、国外侨民等。

在中国，外交护照、公务护照由外事部门颁发，普通护照由公安部门颁发。自2012年5月15日起，公安机关统一签发电子普通护照，在传统本式普通护照中嵌入电子芯片，芯片中存储执照人的个人基本资料、面相、指纹等特征。

2007年1月1日起施行的《中华人民共和国护照法》规定，普通护照的有效期如下：护照持有人未满16周岁的为5年，16周岁以上的为10年。

自2020年2月1日起，中国驻外使、领馆对海外中国公民提供护照换发和补发的便利，换发时本人需要提供原护照、国籍状况声明书、照片和申请表，补发时还需要另外提供遗失或损毁情况说明；对中国公民在国外发生因护照遗失、被盗或损毁申请补发，只要时间允许，能等待新护照的制作和邮寄的，可以为其补发。

二、签证

（一）签证的种类与办理

签证是一国主管机关在外国公民所持的护照或其他有效出入证件上签注、盖印，表示准其出入本国国境或者过境的手续。我国签证如图3-3所示。

我国签证分为外交签证、礼遇签证、公务签证、普通签证四种，还可分为入境签证、入出境签证、出入境签证和过境签证。此外，还有移民签证、非移民签证、另纸签证、口岸签证和ADS（Approved Destination Status）签证。其中，另纸签证是签注在护照以外的一张纸上，它同签在护照内的签注具有相同作用，但必须和护照同时使用；口岸签证是指在前往国的入境口岸办理的签证；ADS 签证是指仅限于在被批准的旅游目的地国家一地旅游的签证；它在旅游目的地国家境内既不可转签，也不可延期，持此种签证的人必须团进团出。

图 3-3　中华人民共和国签证示意图

旅游签证属于普通签证，在中国为 L 字签证（发给来中国旅游、探亲或因其他私人事务入境的人员）。签证上规定持证者在中国停留的起止日期。10 人及以上的旅游团可发放团体签证。团体签证一式三份，签发机关留一份，来华旅游团两份，一份用于入境，一份供出境使用。签证的有效期限不等，获签证者必须在有效期内进入中国境内，超过期限签证不再有效。希望进入中国境内的外国人，必须持有效护照（必要时提供有关证明），向中国的外交代表机关、领事机关或者外交部授权的其他驻外机关申请办理签证。

在特定情况下，确实来不及到上述机关办理签证手续者，可向公安部授权的口岸签证机关申请办理签证。中国公安部授权的口岸签证机关最早设立的口岸如下：北京、上海、天津、大连、福州、厦门、西安、桂林、杭州、昆明、广州（白云机场）、深圳（罗湖、蛇口）、珠海（拱北）、重庆、海口、三亚、济南、青岛、烟台、威海、成都和南京。如图 3-4、图 3-5 分别摄于为北京口岸签证处和深圳罗湖口岸签证处。

图 3-4　北京口岸签证处

图 3-5　深圳罗湖口岸签证处

目前，世界上不少国家开通了电子签，这样办理签证可以足不出户，直接在智能手机上操作即可，而且签证进度、何时出签，也可在手机端实时显示。目前可申请电子签证的国家有澳大利亚、新西兰、柬埔寨、韩国（针对旅游团游客）、新加坡、阿联酋、斯里兰卡、印度、马来西亚、土耳其、缅甸、肯尼亚、瓦努阿图、科特迪瓦、卡塔尔、索马里、塞内加尔、摩尔多瓦、格鲁吉亚、阿塞拜疆和赞比亚等。

（二）免办签证的几种情况

第一，国家间签订了互免签证协议。根据中国与外国互免签证协定一览表，截至2024年5月，有91个国家和地区对中国公民实行免签或落地签证政策，其中与中国互免签证的国家和地区有23个，单方面对中国公民免签的国家和地区有24个，可办理落地签证的国家和地区有44个（表3-13）。

表3-13 对持普通签证对我国公民实行免签或落地签的国家和地区（2024年5月）

政策类型	国家（地区）
互免普通护照签证（23个）	泰国、新加坡、马尔代夫、哈萨克斯坦、安提瓜和巴布达、阿尔巴尼亚、阿联酋、巴巴多斯、巴哈马、白俄罗斯、波黑、多米尼克、厄瓜多尔、斐济、格林纳达、卡塔尔、毛里求斯、塞尔维亚、塞舌尔、圣马力诺、苏里南、汤加、亚美尼亚
对持普通护照的中国公民单方面免签（24个）	阿曼、韩国（济州岛）、乌兹别克斯坦、伊朗、越南、格鲁吉亚、马来西亚、加蓬、摩洛哥、莫桑比克、突尼斯、赞比亚、法属留尼汪、安哥拉、贝宁、海地、圣基茨和尼维斯、圣卢西亚、牙买加、密克罗尼西亚联邦、纽埃、萨摩亚、法属波利尼西亚、基里巴斯
单方面允许符合条件的持普通护照的中国公民抵达入境口岸时办理落地签证（44个）	亚洲（19个）：阿曼、阿塞拜疆、巴林、东帝汶、柬埔寨、老挝、黎巴嫩、马来西亚、孟加拉国、尼泊尔、沙特阿拉伯、泰国、土库曼斯坦、文莱、叙利亚、伊拉克、印度尼西亚、约旦、越南 非洲（18个）：埃及、安哥拉、博茨瓦纳、布隆迪、赤道几内亚、佛得角、吉布提、津巴布韦、科摩罗、卢旺达、马达加斯加、毛里塔尼亚、尼日利亚、塞拉利昂、圣多美和普林西比、索马里、坦桑尼亚、突尼斯 欧洲（1个）：塞浦路斯（仅限紧急人道主义状况下办，如突然去世者近亲属等） 美洲（3个）：萨尔瓦多、牙买加、玻利维亚 大洋洲（3个）：库克、帕劳、瓦努阿图

注：免签入境并不等于可无限期在协定国停留或居住，根据协定，持有关护照免签入境后，一般只允许停留不超过30日。落地签并非直接持护照到达目的地即可获得签证。值得注意的是，无论是哪个国家，都要求旅游者持有往返机票或是前往第三国的机票和正确的旅行证件才能办理落地签。

第二，过境免签。过去我国对持有联程客票，搭乘国际航行的航空器、船舶、列车，从中国过境前往第三国或者地区的旅游者，准许在部分城市的机场停留不超过24小时，但不得离开该口岸。自2023年11月17日起，我国对挪威公民实施72/144小时过境免签政策。至此，中国72/144小时过境免签政策适用国家范围增至54国。目前，中国长沙、哈尔滨、桂林等3个城市实施72小时过境免签政策，北京、天津、石家庄、秦皇岛、上海、南京、杭州、宁波、广州、深圳、揭阳、沈阳、大连、青岛、重庆、成都、西安、厦门、武汉、昆明等20个城市实施144小时过境免签政策。不过需要注意的是，过境免签政策只针对在口岸城市直接入境的外国人，已经在中国其他城市入境的外国旅游者是不能享受此政策的。

第三，持与中国建交国家的普通护照已在香港、澳门的外国人，经在香港、澳门合法注册的旅行社组团进入广东珠江三角洲地区（指广州、深圳、珠海、佛山、东莞、中山、江门、肇庆、惠州市所辖行政区）旅游，且停留不超过 6 天。

第四，经国务院批准，海南省自 2018 年 5 月 1 日起，对 59 国人员的入境旅游实施免签政策，其停留时间不超过 30 天。

第五，新加坡、文莱、日本三国持普通护照的公民，前来中国大陆旅游、经商、探亲访友或过境不超过 15 天者，从中国对外国人开放口岸入境时。

自北京时间 2023 年 12 月 1 日 0 时起至 2024 年 11 月 30 日 24 时，法国、德国、意大利、荷兰、西班牙、马来西亚 6 国持普通护照人员来华经商、旅游观光、探亲访友和过境不超过 15 天可免签入境。上述国家不符合免签事由、时限及法国、德国、意大利、荷兰、西班牙持公务护照人员仍需在入境前办妥来华签证。

第六，下列国家旅游团（2 人及以上），由广西桂林市旅游主管部门审定资质的旅行社组织接待，由桂林机场口岸整团入出境，可免办签证在桂林市行政区域停留不超过 6 日：马来西亚、泰国、印度尼西亚、越南、柬埔寨、老挝、缅甸、新加坡、文莱、菲律宾。

三、港澳居民来往内地通行证

港澳居民来往内地通行证（如图 3-6）是港、澳同胞来往于中国香港、中国澳门与内地之间的证件，由广东省公安厅签发，于 1999 年 1 月 15 日启用。它的前身是港澳同胞回乡证，新版港澳居民来往内地通行证于 2013 年 1 月 2 日起开始启用，签发机关为"公安部出入境管理局"，仍由公安部委托广东省公安厅审批，委托香港中旅集团、澳门中国旅行社分别受理香港、澳门居民的申请。年满 18 周岁的为 10 年有效，未满 18 周岁的为 5 年有效。

图 3-6　港澳居民来往内地通行证

四、台湾居民来往大陆通行证

台湾居民来往大陆通行证简称"台胞证"，是中国政府发给台湾人民来往大陆地区观光、商务、探视的身份证明书。目前，台湾居民前往大陆时，需以台胞证入境。台湾居民来往大陆通行证分为 5 年有效和 3 个月 1 次有效两种。台湾居民在台湾地区、港澳地区和大陆均可申领台胞证。2015 年 9 月 21 日起，在大陆的台湾居民可向县级以上公安机关出入境管理部门申请补发、换发 5 年有效电子台胞证，包括持 1 次有效台胞证入境的台湾居民。台湾居民来往大陆不需要办理签注。仍然有效的本式台胞证可以继续使用，持证人也可申请换发电子通行证（如图 3-7）。

图 3-7 台湾居民来往大陆通行证

五、往来港澳通行证

港澳通行证全称为"中华人民共和国往来港澳通行证"，如图 3-8 所示，是内地居民往来港澳地区的唯一合法的旅游证件，由居民所在地公安局出入境管理部门颁发。申请表如图 3-9 所示。自 2009 年 4 月 1 日开始，深圳居民可办理一年内多次往返港澳的通行证件；自 2018 年 9 月 1 日开始，内地居民可在全国范围内任一公安机关出入境管理机构申请办理"往来港澳通行证"。

图 3-8 中华人民共和国往来港澳通行证　　图 3-9 内地居民往来港澳地区申请表

六、往来台湾地区通行证

往来台湾地区通行证全称为"大陆居民往来台湾通行证"如图 3-10 所示,是内地居民往来台湾地区唯一合法的旅行证件,由中华人民共和国政府授权中国公安机关颁发。此外,赴台旅游者还必须在户口所在地公安局出入境管理处办理"入台观光证"。申请审批表如图 3-11 所示。入台签证如图 3-12 所示。赴台旅游时一定要手持双证,否则会遭到遣返。

图 3-10 大陆居民往来台湾通行证

图 3-11 大陆居民往来台湾地区申请审批表

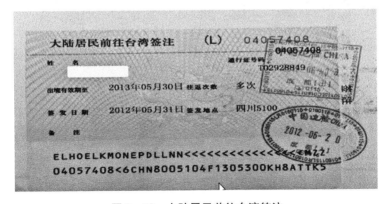

图 3-12 大陆居民前往台湾签注

知识点12：办理出入境手续——海关检查

根据《中华人民共和国海关法》和《中华人民共和国海关对进出境旅客行李物品监管办法》的规定，出入境旅客行李物品必须通过设有海关的地点出入境，并接受海关监管。

海关检查一般询问是否有需要申报的物品，或填写旅客携带物品出入境申报单，必要时海关有权开箱检查所携带物品。各国对出入境物品的管理有各自不同的具体规定。一般烟、酒等物品按限额放行。文物、武器、毒品、动植物等为违禁品，非经特许不得入出国境。对于海关加封的行李物品，不要擅自拆开或者损毁海关施加的封志。

海关通道分为"红色通道"和"绿色通道"两种。不明海关规定或不知如何选择通道的旅客，应选择红色通道通关。

1. 红色通道

红色通道也称"应税通道"，如图3-13所示。旅游团到达出境地点，首先办理海关手续，如有物品申报，要认真填写《中华人民共和国海关进/出境旅客行李物品申报单》，如图3-15所示，走红色通道，办理海关手续，经海关查验后放行。申报单不得涂改，不得遗失。

图3-13 红色通道

图3-14 绿色通道

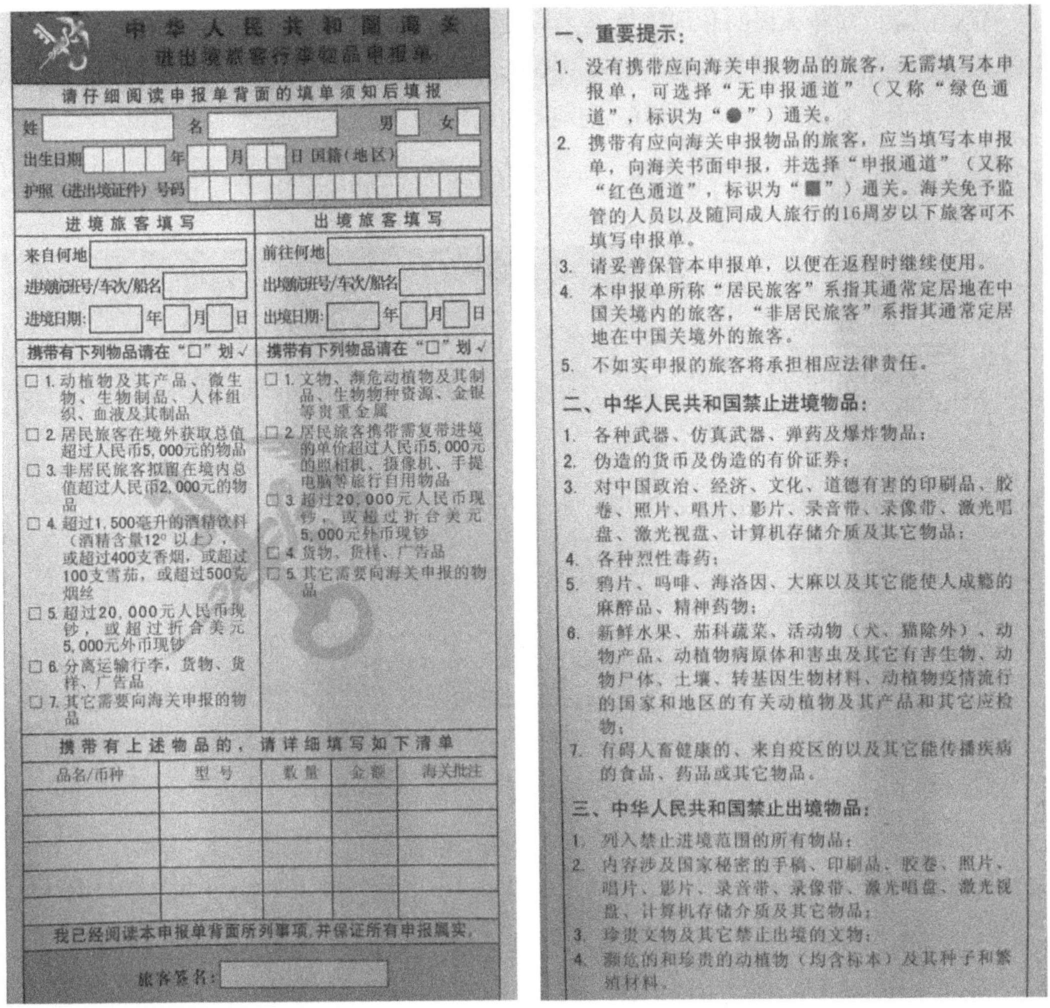

中华人民共和国海关
进出境旅客行李物品申报单

请仔细阅读申报单背面的填单须知后填报

姓　　名　　男　女
出生日期　　年　　月　　日 国籍（地区）
护照（进出境证件）号码

进境旅客填写	出境旅客填写
来自何地	前往何地
进境航班号/车次/船名	出境航班号/车次/船名
进境日期：　年　月　日	出境日期：　年　月　日
携带有下列物品请在"□"划√	携带有下列物品请在"□"划√
□ 1. 动植物及其产品、微生物、生物制品、人体组织、血液及其制品 □ 2. 居民旅客在境外获取总值超过人民币5,000元的物品 □ 3. 非居民旅客拟留在境内总值超过人民币2,000元的物品 □ 4. 超过1,500毫升的酒精饮料（酒精含量12°以上），或超过400支香烟，或超过100支雪茄，或超过500克烟丝 □ 5. 超过20,000元人民币现钞，或超过折合美元5,000元外币现钞 □ 6. 分离运输行李，货物、货样、广告品 □ 7. 其它需要向海关申报的物品	□ 1. 文物、濒危动植物及其制品、生物物种资源、金银等贵重金属 □ 2. 居民旅客携带需复带进境的单价超过人民币5,000元的照相机、摄像机、手提电脑等旅行自用物品 □ 3. 超过20,000元人民币现钞，或超过折合美元5,000元外币现钞 □ 4. 货物、货样、广告品 □ 5. 其它需要向海关申报的物品

携带有上述物品的，请详细填写如下清单

品名/币种	型号	数量	金额	海关批注

我已经阅读本申报单背面所列事项，并保证所有申报属实。

旅客签名：

一、重要提示：

1. 没有携带应向海关申报物品的旅客，无需填写本申报单，可选择"无申报通道"（又称"绿色通道"，标识为"●"）通关。
2. 携带有应向海关申报物品的旅客，应当填写本申报单，向海关书面申报，并选择"申报通道"（又称"红色通道"，标识为"■"）通关。海关免予监管的人员以及随同成人旅行的16周岁以下旅客可不填写申报单。
3. 请妥善保管本申报单，以便在返程时继续使用。
4. 本申报单所称"居民旅客"系指其通常定居地在中国关境内的旅客，"非居民旅客"系指其通常定居地在中国关境外的旅客。
5. 不如实申报的旅客将承担相应法律责任。

二、中华人民共和国禁止进境物品：

1. 各种武器、仿真武器、弹药及爆炸物品；
2. 伪造的货币及伪造的有价证券；
3. 对中国政治、经济、文化、道德有害的印刷品、胶卷、照片、唱片、影片、录音带、录像带、激光唱盘、激光视盘、计算机存储介质及其它物品；
4. 各种烈性毒药；
5. 鸦片、吗啡、海洛因、大麻以及其它能使人成瘾的麻醉品、精神药物；
6. 新鲜水果、茄科蔬菜、活动物（犬、猫除外）、动物产品、动植物病原体和害虫及其它有害生物、动物尸体、土壤、转基因生物材料、动植物疫情流行的国家和地区的有关动植物及其产品和其它应检物；
7. 有碍人畜健康的、来自疫区的以及其它能传播疾病的食品、药品或其它物品。

三、中华人民共和国禁止出境物品：

1. 列入禁止进境范围的所有物品；
2. 内容涉及国家秘密的手稿、印刷品、胶卷、照片、唱片、影片、录音带、录像带、激光唱盘、激光视盘、计算机存储介质及其它物品；
3. 珍贵文物及其它禁止出境的文物；
4. 濒危的和珍贵的动植物（均含标本）及其种子和繁殖材料。

图 3－15　行李申报单

2. 绿色通道

绿色通道亦称"免税通道"或"无申报通道"，如图 3－14 所示。携带无须向海关申报物品的游客和持有外交签证或礼遇签证的人员，可选择"绿色通道"通关，但需向海关出示本人证件和按规定填写申报单据。

知识点 13：办理出入境手续——卫生检疫

为了防止传染病由国外传入或由国内传出，保护人身健康，根据国际惯例及习惯法，各国都制定了国境卫生检疫法。要求入境者如实填写健康申明卡，如图 3－16 所示，来自疫区的人员还必须出示有效的有关疾病预防接种证明（俗称"黄皮书"），如图 3－17 所示，无证者卫生检疫机关可对其施以 6 日的强制留验。如遇传染病患者隐瞒不报，按逃避检疫论处，可禁止入境或责令其提前离境。

我国依照《中华人民共和国国境卫生检疫法》设立了国境卫生检疫机关，在入出境口岸依法对包括游客在内的有关人员及其携带的动植物和交通运输工具等进行传染病检疫、检测和卫生监督，只有经过检疫，由国境卫生检疫机关许可，才能入出境。

图 3-16　我国健康申明卡　　　　图 3-17　疾病预防接种证明（"黄皮书"）

知识点 14：办理出入境手续——边防检查

边防检查是指对出入国境人员的护照、证件、签证、出入境登记卡（如图 3-18 所示）、出入境人员携带的行李物品和财物、交通运输工具及其运载的货物等的检查和监护，以及对出入国境上下交通运输工具人员的管理和违反规章行为的处理等。

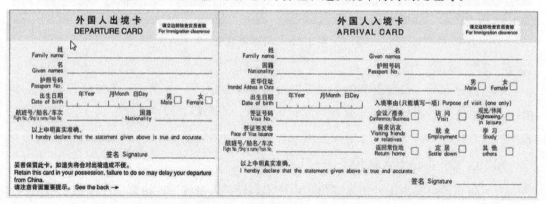

图 3-18　外国人出境卡/入境卡

边防检查是为了保卫国家的主权和安全，而对出入国境的人员等进行的检查。边防检查的内容包括护照检查、证件检查、签证检查、出入境登记卡检查、行李物品检查、交通运输工具检查等。因私出国人员到达出境口岸时，首先要填写一张《出境登记卡》，并和自己的护照、身份证、签证等一并交给边防检查人员,由边防检查人员进行逐项检查;边防检查人员对持照人的证件进行核查(包括护照是否真实有效,签证是否真实有效,护照和身份证内容是否一致等)后在护照上加盖验讫章(该章内包括出境口岸的名称、编号、"出境边防检查"字样和年月日等),并将出境登记卡留存于边防检查站;上述手续完毕后,将护照当面交给持照人。

知识点 15:办理出入境手续——安全检查

安全检查是出入境人员必须履行的检查手续,是保障旅客人身安全的重要预防措施。安全检查事关旅客人身安全,所以旅客都必须无一例外地经过检查后,才能允许登机,也就是说,安全检查不存在任何特殊的免检对象。所有外交人员、政府官员和普通旅客,不分男女、国籍和等级,都必须经过安全检查。安全检查的内容主要是检查旅客及其行李物品中是否携带枪支、弹药、易爆、腐蚀、有毒放射性等危险物品,以确保航空器及乘客的安全,安全检查必须在旅客登机前进行,拒绝检查者不准登机,损失自负。中国海关和边防站为保证旅游者生命和财产安全,禁止携带武器、凶器、爆炸物品。采用通过安全门、使用磁性探测检查、红外线透视、搜身、开箱检查等,对旅游者进行安全检查。安全检查的环节主要有托运行李物品检查、旅客证件检查、手提行李物品检查和旅客身体检查。行李物品检查、旅客证件检查、手提行李物品检查、旅客身体检查等,如图 3-19 至图 3-22 所示。

图 3-19　行李物品检查

图 3-20　旅客证件检查

图 3-21　手提行李物品检查

图 3-22　旅客身体检查

根据 2017 年 1 月 1 日实施的《民用航空安全检查规则》，携带贵重物品、植入心脏起搏器或身患残疾等情况的旅客可要求在非公开场所进行安检。该规则还规定，旅客若有"对民航安检工作现场及民航安检工作进行拍照、摄像，经民航安检机构警示拒不改正的""故意散播虚假非法干扰信息的""在行李物品中隐匿携带民航禁止运输、限制运输物品的"等行为，将会被移交公安机关处理。旅客若逃避安全检查，殴打辱骂民航安检员或有其他妨碍民航安检工作正常开展，扰乱民航安检工作现场秩序的行为，也将移交公安机关处理。

知识点 16：不准出入境的规定

（一）下列外国人不准入境

（1）未持有效出境入境证件或者拒绝、逃避接受边防检查的。

（2）被处驱逐出境或者被决定遣送出境，未满不准入境规定年限的。

（3）患有严重精神障碍、传染性肺结核病或者有可能对公共卫生造成重大危害的其他传染病的。

（4）可能危害中国国家安全和利益、破坏社会公共秩序或者从事其他违法犯罪活动的。

（5）在申请签证过程中弄虚作假或者不能保障在中国境内期间所需费用的。

（6）入境后可能从事与签证种类不符的活动的。

（7）法律、行政法规规定不准入境的其他情形。

对不准入境的外国人，出入境边防检查机关可以不说明理由。对未被准许入境的外国人，出入境边防检查机关应当责令其返回；对拒不返回的，强制其返回。外国人等待返回期间，不得离开限定的区域。

（二）下列人士不准出境

1. 中国公民有下列情形之一的，不准出境

（1）未持有效出境入境证件或者拒绝、逃避接受边防检查的。

（2）被判处刑罚尚未执行完毕或者属于刑事案件被告人、犯罪嫌疑人的。

（3）有未了结的民事案件，人民法院决定不准出境的。

（4）因妨害国（边）境管理受到刑事处罚或者因非法出境、非法居留、非法就业被其他国家或者地区遣返，未满不准出境规定年限的。

（5）可能危害国家安全和利益，国务院有关主管部门决定不准出境的。

（6）法律、行政法规规定不准出境的其他情形。

2. 外国人有下列情形之一的，不准出境

（1）被判处刑罚尚未执行完毕或者属于刑事案件被告人、犯罪嫌疑人的，但是按照中国与外国签订的有关协议移管被判刑人的除外。

(2) 有未了结的民事案件，人民法院决定不准出境的。

(3) 拖欠劳动者的劳动报酬，经国务院有关部门或者省、自治区、直辖市人民政府决定不准出境的。

(4) 法律、行政法规规定不准出境的其他情形。

知识点 17：海关对部分限制进出境物品规定

（一）烟酒

来往我国港、澳地区的游客（包括港、澳游客和内地因私前往港、澳地区探亲和旅游等游客），免税烟草制品限量：香烟 200 支或雪茄 50 支或烟丝 250 克；免税 12 度以上酒精饮料限量：酒 1 瓶（不超过 0.75 升）。

当天往返或短期内多次来往港、澳地区的游客，免税烟草制品限量：香烟 40 支或雪茄 5 支或烟丝 40 克；免税 12 度以上酒精饮料限量：不准免税带进。

其他入境游客，免税烟草制品限量：香烟 400 支或雪茄 100 支或烟丝 500 克；免税 12 度以上酒精饮料限量：酒 2 瓶（不超过 1.5 升）。

对不满 16 周岁者，烟酒禁止携带。

（二）旅行自用物品

非居民游客及持有前往国家或地区再入境签证的居民游客可携带旅行自用物品照相机、便携式收录音机、小型摄像机、手提式摄像机、手提式文字处理机每种一件。超出范围的或单价超过 5000 元人民币的物品，需向海关如实申报，并办理有关手续。经海关放行的旅行自用物品，游客应在回程时复带出境。游客在海外购买了音像制品（如录音带、录像带、唱片、电影片、VCD 光盘等）和印刷品（如书报、刊物、图画等）也必须申报和交验。若藏匿不报，海关将按规定处理。

（三）金、银及其制品

游客携带金、银及其制品入境应以自用合理数量为限，若超过 50 克，应填写申报单证，向海关申请；复带出境时，海关凭本次进境申报的数量核放。携带或托运出境在中国境内购买的金、银及其制品（包括镶嵌饰品、器皿等新工艺品），海关验凭中国人民银行制发的"特种发货票"放行。

（四）外汇

游客携带外币、旅行支票、信用证等进境，数量不受限制。游客携带 5000 美元或等值其他外币入境，必须向海关如实申报；复带出境时，海关凭本次入境申报的数额核发。游客携带外币现钞金额等值 5000 美元至 1 万美元出境，海关凭携带外汇出境许可证查验放行。

（五）人民币

游客携带人民币现钞进出境，限额 2 万元。超出限额的禁止出境。

(六) 文物、字画

文物指遗存在社会上或埋藏在地下的历史文化遗物。字画也称书画，系书法和绘画的合称。中国政府禁止出境珍贵文物及其他禁止出境的文物。珍贵文物是指国家馆藏一、二、三级文物；其他禁止出境的文物，指有损国家荣誉、有碍民族团结、在政治上有不良影响的文物；一般文物是指1795年（乾隆六十年）以后的、可以在文物商店出售的文物。

游客携带文物入境，如需复带出境，请向海关详细报明。游客携带出境的文物（含已故现代著名书画家的作品），需经中国文化行政管理部门鉴定。

携运文物出境时，必须向海关详细申报。对在境内商店购买的文物，海关凭中国文化和旅游部指定的文化行政管理部门钤盖的鉴定标志及文物外销发货票或开具的许可出口证明查验放行。对在境内通过其他途径得到的文物，海关凭中国文化行政管理部门加盖的鉴定标志及开具的出口许可证明查验放行。未经鉴定的文物，不允许携带出境。携带文物出境不据实向海关申报的，海关将按规定处理。

(七) 中药材、中成药

游客携带中药材、中成药出境，前往国外的，总值限人民币300元；前往港澳地区的，总值限人民币150元；寄往国外的中药材、中成药，总值限人民币200元；寄往港澳地区的，总值限人民币100元。进境游客出境时携带用外汇购买的、数量合理的自用中药材、中成药，海关凭有关发货票和外汇兑换证明放行。麝香、蟾蜍、虎骨、犀牛角、牛黄等以及超出上述规定限值的中药材、中成药不准出境。

旅客携运进出境的行李物品有下列情形之一的，海关暂不予放行：旅客不能当场缴纳进境物品税款的；进出境的物品属于许可证件管理的范围，但旅客不能当场提交的；进出境物品超出自用合理数量，按规定应当办理货物报关手续或其他海关手续，其尚未办理的；对进出境物品的属性、内容存疑，需要由有关主管部门进行认定、鉴定、验核的；按规定暂不予以放行的其他行李物品。

知识点18：海关对禁止入出境物品的规定

(一) 禁止入境物品

禁止入境物品包括：

(1) 各种武器、仿真武器、弹药及爆炸物品；

(2) 伪造的货币及伪造的有价证券；

(3) 对中国政治、经济、文化、道德有害的印刷品、胶卷、照片、唱片、影片、录音带、录像带、激光视盘、计算机存储介质及其他物品；

(4) 各种烈性毒药；

(5) 鸦片、吗啡、海洛因、大麻以及其他能使人成瘾的麻醉品、精神药物；

(6) 带有危险性病菌、害虫及其他有害的动物、植物及其产品;

(7) 有碍人畜健康的、来自疫区的以及其他能传播疾病的食品、药物或其他物品。

(二) 禁止出境物品

禁止出境物品包括:

(1) 列入禁止进境范围的所有物品;

(2) 内容涉及国家秘密的手稿、印刷品、胶卷、照片、唱片、影片、录音带、录像带、激光视盘、计算机存储介质及其他物品;

(3) 珍贵文物及其他禁止出境的文物;

(4) 濒危的和珍贵的动物、植物(均含标本)及其种子和繁殖材料。

知识点19: 引导文明旅游的基本要求与主要内容

一、基本要求

(一) 一岗双责

导游领队人员应兼具为游客提供服务与引导游客文明旅游两项职责。导游领队人员在引导游客文明旅游过程中应体现服务态度、坚持服务原则,在服务游客过程中应包含引导游客文明旅游的内容。

(二) 掌握知识

导游领队人员应具备从事导游领队工作的基本专业知识和业务技能。导游领队人员应掌握我国旅游法律、法规、政策以及有关规范性文件中关于文明旅游的规定和要求。导游领队人员应掌握基本的文明礼仪知识和规范。导游领队人员应熟悉旅游目的地法律规范、宗教信仰、风俗禁忌、礼仪知识、社会公德等基本情况。导游领队人员应掌握必要的紧急情况处理技能。

(三) 率先垂范

俗话说榜样的力量是无穷的。导游领队人员的一言一行都会给游客产生示范效应,甚至一些游客初到异国他乡,因对当地风俗民情不太熟悉,为避免尴尬,会下意识地模仿导游领队的行为。因此,导游领队人员在工作期间应做到以身作则、遵纪守法、恪守职责,体现良好的职业素养和职业道德,为游客树立榜样。注重仪容仪表、衣着得体,展现导游领队职业群体的良好形象。言行规范、举止文明,为游客做出良好示范。

(四) 合理引导

导游领队人员对游客文明旅游的引导应诚恳、得体。导游领队人员应有维护文明旅游的主动性和自觉性,关注游客的言行举止,在适当时机对游客进行相应提醒、警示、劝告。导游领队人员应积极主动地营造轻松和谐的旅游氛围,引导游客友善共处、互帮互助、相互督促并适时地给予游客友善的提醒。

（五）正确沟通

在引导时，导游领队人员应注意与游客充分沟通，秉持真诚友善原则，增强与游客之间的互信，从而加强引导效果。对游客的正确批评和合理意见，导游领队人员应认真听取，虚心接受。

（六）分类引导

1. 针对不同游客的引导

在带团工作前，导游领队人员应熟悉团队成员、旅游产品、旅游目的地的基本情况，为恰当引导游客做好准备。对未成年人较多的团队，应侧重对家长的引导，并需要特别关注未成年人的特点，避免损坏公物、喧哗吵闹等不文明现象发生。对无出境记录的游客，应特别提醒其注意旅游目的地的风俗禁忌和礼仪习惯，以及出入海关、边防（移民局）的注意事项，做到提前告知和提醒。游客生活环境与旅游目的地环境差异较大时，导游领队应提醒游客注意相关习惯、理念差异，避免言行举止不合时宜而导致的不文明现象。

2. 针对不文明行为的处理

对于游客因无心之过而出现与旅游目的地风俗禁忌、礼仪规范不协调的行为，应及时提醒和劝阻，必要时协助游客赔礼道歉。对于从事违法或违反社会公德活动的游客，以及从事严重影响其他游客权益的活动，不听劝阻、不能制止的游客，根据旅行社的指示，导游领队可代表旅行社与其解除旅游合同。对于从事违法活动的游客，不听劝阻、无法制止、后果严重的，导游领队人员应主动向相关执法、管理机关报告，寻求帮助，依法处理。

二、主要内容

（一）法律法规

导游领队人员应将我国及旅游目的地国家和地区文明旅游的有关法律规范和相关要求向游客进行提示和说明，避免游客出现触犯法律的不文明行为。引导游客爱护公物、文物，遵守交通规则，尊重他人权益。

（二）风俗禁忌

导游领队人员应主动提醒游客尊重当地风俗习惯、宗教禁忌。在有支付小费习惯的国家和地区，应引导游客以礼貌的方式主动向服务人员支付小费。

（三）绿色环保

导游领队人员应向游客倡导绿色出游、节能环保，宜将具体环保常识和方法向游客进行说明。引导游客爱护旅游目的地自然环境，保持旅游场所的环境卫生。

（四）礼仪规范

导游领队人员应提醒游客注意基本的礼仪规范：仪容整洁，遵序守时，言行得体。提醒游客不在公共场合大声喧哗、违规抽烟，提醒游客依序排队、不拥挤争抢。

（五）诚信善意

导游领队人员应引导游客在旅游过程中保持良好心态，尊重他人、遵守规则、恪守契约、包容礼让，展现良好形象，通过旅游提升文明素养。

知识点 20：引导文明旅游的具体规范与总结反馈

一、具体规范

（一）出行前

导游领队应在出行前将旅游文明需要注意的事项以适当方式告知游客。导游领队参加行前说明会的，宜在行前说明会上向游客讲解《中国公民国内旅游文明行为公约》或《中国公民出境旅游文明行为指南》，提示基本的文明旅游规范，并将旅游目的地的法律法规、宗教信仰、风俗禁忌、礼仪规范等内容系统、详细地告知游客，使游客在出行前具备相应知识，为文明旅游做好准备。

不便于召集行前说明会或导游领队不参加行前说明会的，导游领队宜向游客发送电子邮件、传真，或通过电话沟通等方式，将文明旅游的相关注意事项和规范要求进行说明和告知。在旅游出发地机场、车站等集合地点，导游领队应将文明旅游事项向游客进行重申。当旅游产品具有特殊安排，如乘坐的廉价航班上不提供餐饮、入住的酒店不提供一次性洗漱用品时，导游领队应向游客事先告知和提醒。

（二）登机（车、船）与出入口岸

导游领队应提醒游客提前办理检票、安检、托运行李等手续，不携带违禁物品。导游领队应组织游客依序候机（车、船），并优先安排老人、未成年人、孕妇、残障人士。导游领队应提醒游客不抢座、不占位，主动将上下交通工具方便的座位让给老人、孕妇、残障人士和带婴幼儿的游客。导游领队应引导游客主动配合机场、车站、港口以及安检、边防（移民局）、海关的检查和指挥。与相关工作人员友好沟通，避免产生冲突，携带需要申报的物品时，应主动申报。

（三）**乘坐公共交通工具**

导游领队宜利用乘坐交通工具的时间，将文明旅游的规范要求向游客进行说明和提醒。导游领队应提醒游客遵守和配合乘务人员指示，确保交通工具安全有序运行，例如乘机时应按照要求使用移动电话等电子设备。导游领队应提醒游客乘坐交通工具的安全规范和基本礼仪，遵守秩序，尊重他人，例如乘机（车、船）时不长时间占用通道或卫生间，不强行更换座位，不强行开启安全舱门。避免不文雅的举止，不无限制索要免费餐饮等。导游领队应提醒游客保持交通工具内的环境卫生，不乱扔乱放废弃物。

（四）住宿

导游领队应提醒游客尊重服务人员，服务人员问好时要友善回应。导游领队应指引游客爱护和正确使用住宿场所的设施设备，注意维护客房和公用空间的整洁卫生，提醒游客不在酒店禁烟区域抽烟。导游领队应引导游客减少一次性物品的使用，减少环境污染，节水节电。导游领队应提醒游客在客房区域举止文明，如在走廊等公共区域时应衣着得体，出入房间应轻关房门，不吵闹喧哗，宜调小电视音量，以免打扰其他客人休息。导游领队应提醒游客，在客房内消费的应在离店前主动声明并付费。

（五）餐饮

导游领队应提醒游客注意用餐礼仪，有序就餐，避免高声喧哗干扰他人。导游领队应引导游客就餐时适量点用，避免浪费。导游领队应提醒游客自助餐区域的食物、饮料不能带离就餐区。集体就餐时，导游领队应提醒游客正确使用公共餐具。游客如需在就餐时抽烟，导游领队应指示游客到指定抽烟区域就座，如果就餐区禁烟，游客应遵守相关规则。就餐环境对服装有特殊要求的，导游领队应事先告知游客，以便游客准备。在公共交通工具或博物馆、展览馆、音乐厅等场所，应遵守相关规则，勿违规饮食。

（六）游览

导游领队宜将文明旅游的内容融合在讲解词中，进行提醒和告知。导游领队应提醒游客遵守游览场所规则，依序文明游览。在自然环境中游览时，导游领队应提示游客爱护环境、不攀折花草、不惊吓伤害动物，不进入未开放区域。观赏人文景观时，导游领队应提示游客爱护公物、保护文物，不攀登骑跨或胡写乱画。在参观博物馆、教堂等室内场所时，导游领队应提示游客保持安静，根据场馆要求规范使用摄影摄像设备。不随意触摸展品。游览区域对游客着装有要求的（如教堂、寺庙、博物馆、皇宫等），导游领队应提前一天向游客说明，提醒准备。导游领队应提醒游客摄影摄像时先后有序，不妨碍他人。如需拍摄他人肖像或与他人合影，应征得同意。

（七）娱乐

导游领队应组织游客安全、有序、文明、理性地参与娱乐活动。导游领队应提示游客观赏演艺、比赛类活动时遵守秩序：例如按时入场、有序出入。中途入场或离席以及鼓掌喝彩应合乎时宜。根据要求使用摄像摄影设备，慎用闪光灯。导游领队应提示游客观看体育比赛时，尊重参赛选手和裁判，遵守赛场秩序。游客参加涉水娱乐活动的，导游领队应事先提示游客听从工作人员指挥，注意安全，爱护环境。导游领队应提示游客在参加和其他游客、工作人员互动活动时，文明参与、大方得体，并在活动结束后对工作人员表示感谢，礼貌话别。

（八）购物

导游领队应提醒游客理性、诚信消费，适度议价，善意待人，遵守契约。导游领队应提醒游客遵守购物场所规范，保持购物场所秩序，不哄抢喧哗，试吃试用商品应征得同意，不随意占用购物场所非公共区域的休息座椅。导游领队应提醒游客尊重购物场所购物数量限制。在购物活动前,导游领队应提醒游客购物活动结束时间和购物结束后的集合地点,避免因游客迟到、拖延而引发的不文明现象。

(九)如厕

在旅游过程中,导游领队应提示游客正确使用卫生设施;在如厕习惯特别的国家、地区,或卫生设施操作复杂的,导游领队应向游客进行相应说明。导游领队应提示游客维护卫生设施清洁,适度取用公共卫生用品,并遵照相关提示和说明不在卫生间抽烟或随意丢弃废弃物,不随意占用残障人士专用设施。在乘坐长途汽车前,导游领队应提示游客行车时间,提醒游客提前上卫生间。在长途行车过程中,导游领队应与司机协调,在中途安排停车如厕。游览过程中,导游领队应适时提示卫生间位置,尤其应注意引导家长带领未成年人使用卫生间,不随地大小便。在游客众多的情况下,导游领队应引导游客依序排队使用卫生间,并礼让急需的老人、未成年人、残障人士。在野外无卫生间等设施设备的情况下,导游领队应引导游客在适当的位置如厕,避免污染水源或影响生态环境,并提示游客填埋、清理废弃物。

二、特殊或突发情况处理

旅游过程中遭遇特殊或突发情况,如财物被抢被盗、感染重大传染性疾病、遭受自然灾害、交通工具延误等,导游领队应沉着应对,冷静处理。需要游客配合相关部门处理的,导游领队应及时向游客说明,进行安抚劝慰,并积极协助有关部门进行处理。在突发紧急情况下,导游领队应立即采取应急措施,避免损失扩大和事态升级。导游领队应在游客和相关机构与人员发生纠纷时,及时处理、正确疏导,引导游客理性维权、化解矛盾。遇游客采取拒绝上下机(车、船)、滞留等方式非理性维权的,导游领队应与游客进行沟通、晓以利害。必要时应向驻外使、领馆或当地警方等机构报告,寻求帮助。

三、总结反馈

旅游行程全部结束后,导游领队向旅行社递交的"带团报告"或"团队日志"中,宜有总结和反馈文明旅游引导工作的内容,以便积累经验并在导游领队人员中进行培训、分享。旅游行程结束后,导游领队宜与游客继续保持友好交流,并妥善处理遗留问题。对旅游过程中严重违背社会公德、违反法律规范、影响恶劣、后果严重的游客,导游领队人员应将相关情况向旅行社进行汇报,并通过旅行社将该游客的不文明行为向旅游管理部门报告,经旅游管理部门核实后,纳入游客不文明旅游记录。旅行社、导游行业组织等机构应做好导游领队引导文明旅游的宣传培训和教育工作。

知识点 21:时差与温度、度量衡换算

1. 时差换算

北京位于东经 116.20 度,划在东 8 区,该区的中央经线为东经 120 度,因此,"北

京时间"是以东经 120 度的地方时作为标准时间。中国东西横跨经度 64 度，跨 5 个时区（从东五区到东九区），为了统一，以"北京时间"作为全国标准时间。

时差换算公式：甲乙两地的时区差＝两地时区数相加减（甲乙两地同在东时区或同在西时区用"－"，甲乙两地一个在东时区另一个在西时区时用"＋"）。

如北京在东 8 区，伦敦在 0 时区，则 8－0＝8，即相隔 8 个时区，时差为 8 小时。北京 12 时，伦敦为 12－8＝4 时。

如北京在东 8 区，开罗在东 2 区，则 8－2＝6，即相隔 6 个时区，时差为 6 小时。北京 12 时，开罗 6 时。

如北京在东 8 区，悉尼在东 10 区，则 10－8＝2 时，即相隔 2 个时区，时差为 2 小时。北京 12 时，悉尼 12＋2＝14 时。

如北京在东 8 区，纽约在西 5 区，则 8＋5＝13 时，即相隔 13 个时区，时差为 13 小时。北京 12 时，纽约 12－13＝－1（前日 23 时）。

如北京在东 8 区，洛杉矶在西 8 区，则 8＋8＝16 时，时差为 16 小时。北京 12 时，洛杉矶时间为 12－16＝－4（前日 20 时）。

时刻换算公式：甲地时刻＝乙地时刻±甲乙两地的时区差（甲在乙东则"＋"，甲在西则"－"）。

2. 温度换算

温度的测算标准有两种：摄氏温度和华氏温度。我国习惯用摄氏温度，而西方国家则较多使用华氏温度。两者的换算公式如下：

摄氏温度（℃）＝（华氏温度－32）×5÷9

3. 度量衡换算，见表 3－14 至表 3－19。

表 3－14　长度换算（一）

公制	中国市制	英美制	英制
千米（公里）	里	英里	海里
1	2	0.621 4	0.539 96
0.5	1	0.310 7	0.269 98
1.609 34	3.218 7	1	0.868 42
1.853	3.706	1.1515	1

注：英制 1 海里＝6080 英尺

美制 1 海里＝1 国际海里＝6076 英尺（1954 年 7 月 1 日起美国改用国际海制）

表3-15 长度换算（二）

公制		中国市制	英美制		
米	厘米	尺	码	英尺	英寸
1	100	3	1.094	3.280 8	39.37
0.01	1	0.03	0.010 94	0.032 81	0.393 7
0.333 3	33.33	1	0.364 6	1.094	13.123
0.914 4	91.44	2.743	1	3	36
0.304 8	30.48	0.914 4	0.333 4	1	12
0.025 4	2.54	0.076 2	0.027 8	0.833	1

表3-16 容（体）积换算（一）

公制	中国市制	英制	美制
升	升	英加仑	美加仑
1	1	0.22	0.264
4.546	4.546	1	1.201
3.785	3.785	0.833	1

表3-17 容（体）积换算（二）

公制		英美制			中国市制
立方米	立方厘米	立方码	立方英尺	立方英寸	立方尺
1	1 000 000	1.303	35.314 7	61 024	27
0.000 001	1	0.000 001 3	0.000 04	0.061 02	0.000 027
0.763 6	764 555	1	27	46 656	20.643
0.028 32	28 317	0.037	1	1 728	0.764 6
0.000 016	16.317	0.000 02	0.000 58	1	0.000 44
0.037	37 037	0.048 4	1.308	2 260	1

表3-18 重量换算

公制		英美制常衡		英美制金衡或药衡		中国市制
公斤	克	磅	盎司	磅	盎司	两
1	1 000	2.204 6	35.273 6	2.679	31.150 7	20
0.001	1	0.002 2	0.035 27	0.002 68	0.032 1	0.02
0.453 6	453.59	1	16	1.213 5	14.583 3	9.072
0.028 35	28.35	0.062 5	1	0.075 95	0.911 4	0.567
0.373 2	373.24	0.822 86	13.165 7	1	12	7.465
0.031 1	31.10	0.068 57	1.097 1	0.083 33	1	0.622
0.05	50	0.110 2	1.763 68	0.133 96	1.607 5	1

注：宝石1克拉＝0.2克；1金衡盎司＝155.5克拉

表3-19 面（地）积换算

公制	中国市制	英美制	公制		中国市制	英美制
平方千米（平方公里）	平方里	平方英里	公顷	公亩	亩	英亩
1	4	0.366 1	100	10 000	1 500	247.106
0.25	1	0.096 5	25	2 500	375	61.78
2.59	10.36	1	259	25 900	3 885	640
0.01	0.04	0.003 861	1	100	15	2.471
0.000 1	0.000 4	0.000 039	0.01	1	0.15	0.024 7
0.000 67	0.002 667	0.000 257	0.066 7	6.667	1	0.165
0.004 05	0.016 187	0.001 56	0.404 7	40.468	6.07	1

注：1公顷＝100米的平方＝10 000平方米；1亩＝666.67平方米

知识点22：导游领队的货币知识

1. 外汇

外汇是指以外币表示的可用于国际结算的一种支付手段。包括外国货币（钞票、铸币等）、外币有价证券（政府公债、国库券、公司债券、息票等）、外币支付凭证（票据、银行存款凭证等）以及其他外汇资金。

海外游客来华时携入的外汇和票据金额没有限制，但数额大时必须在入境时据实申报。在中国境内，海外游客可持外汇到中国银行各兑换点兑换成人民币。在中国境内能兑换的货币主要有美元USD、欧元ERU、英镑GBP、日元JPY、澳大利亚元AUD、加拿大元CAD、瑞士法郎GHF、丹麦克朗DKK、挪威克朗NOK、瑞典克朗SEK、新加坡元 SGD、新西兰元 NZD、菲律宾比索 PHP、泰铢 THB、韩元 KRW、俄罗斯卢布 RUB 以及港币 HKD、澳门元 MOP、新台币 TWD 等。兑换其他货币后，旅游者应妥善保管银行出具的外汇兑换证明（俗称"水单"），该证明有效期为 6 个月，旅游者若在半年内离开中国而兑换的人民币没有花完，可持护照和水单将其兑换成其他货币，但不得超过水单上注明的金额。

2015 年 12 月 1 日，国际货币基金组织（IM）宣布把人民币纳入 SDR，权重定为 10.92%。2022 年 5 月，该组织将人民币的权重提高至 12.28%。SDR 是特别提款权 (Special Drawing Right) 的英文首字母，SDR 是国际货币基金组织创造的国际储备资产，目前由美元、英镑、欧元和日元组成。中国加入 SDR 意味着人民币真正跻身于全球主要货币之列，人民币作为结算货币将得到更广泛的使用，也将推动人民币成为可兑换、可自由使用的货币。

2. 信用卡

信用卡是银行和其他专门机构为提供消费信用而发给客户在指定地点按照给予的消费信用额度支取现金、购买货物或支付劳务费用的信用凭证，实际上是一种分期付款的消费者信贷。信用卡是一种电子智能卡，卡上印有信用卡名称、持卡者姓名、持卡者账号、签字有效期和防伪标记等内容。

按发卡机构，可分为银行卡和非银行卡；按持卡人的资信程度，可分为普通卡、金卡和白金卡；按清偿方式，可分为贷记卡和借记卡；按流通范围，可分为国际卡和地区卡。如中国银行的外汇长城万事达卡是国际卡，而人民币万事达信用卡和中国工商银行的牡丹卡都是地区卡。

我国受理的外国信用卡有：维萨卡（Visa Card），总部设在美国旧金山；万事达卡 (Master Card)，总部设在美国纽约；运通卡（American Express），由美国运通公司及其世界各地的分公司发行；大莱卡（Dinners Club Card），该卡是世界上发行最早的信用卡，由大莱卡国际有限公司统一管理；JCB 卡（JCB Card），1981 年由日本最大的 JCB 信用卡公司发行；银联卡（China Union Pay）。中国银联是中国银行卡联合组织，通过银联跨行交易清算系统，实现商业银行系统间的互联互通和资源共享，保证银行卡跨行、跨地区和跨境的使用。

知识点 23：导游领队的保险知识

1. 旅游保险的概念与特点

(1) 旅游保险的概念

旅游保险是保险业的一项业务。它是指根据合同的约定，投保人向保险人支付保险费，保险人对于合同约定的在旅游活动中可能发生的事故所造成的人身财产损失承担赔偿保险金的责任。

游客报名时所涉及的保险通常有三种，分别是旅行社责任险、旅游意外保险和交通意外伤害险。

（2）旅游保险的特点

与其他保险合同相比较，旅游保险具有短期性、强制保险与自愿保险相结合、财产保险与人身保险相结合等特点。

2. 旅行社责任保险

（1）旅行社责任保险的定义如下：旅行社责任保险是指旅行社根据保险合同的约定，向保险公司支付保险费，保险公司对旅行社在从事旅游业务经营活动中，致使游客人身、财产遭受损害且应由旅行社承担的责任，转由承保的保险公司负责赔偿保险金的行为。旅行社责任保险属强制保险。

（2）旅行社责任保险的保险期限为一年。

（3）旅行社不承担赔偿责任的情形有以下几种：

①旅游者由于自身疾病引起的各种损失或损害，旅行社不承担任何赔偿责任。

②旅游者个人过错导致的人身伤亡和财物损失，以及由此产生的各种费用支出，旅行社不承担赔偿责任。

③旅游者自行终止旅行社安排的旅游行程后，或者没有参加约定的旅游活动而自行活动时，发生的人身、财物损害，旅行社不承担赔偿责任。

3. 旅游意外保险

（1）旅游意外保险的概念

旅游意外保险，是指旅行社在组织团队旅游时，为保护旅游者的利益代旅游者向保险公司支付保险费，一旦旅游者在旅游期间发生事故，按合同约定由承保保险公司向旅游者支付保险金的保险行为。旅游意外保险属自愿保险。旅游意外保险由组团社负责一次性办理，接待旅行社不再重复投保。旅游意外保险的保险费由旅游者支付。

（2）旅游意外保险的保险期限

旅行社组织的入境旅游，旅游意外保险期限从旅游者入境后参加旅行社安排的旅游行程时开始，直至该旅游行程结束，办完出境手续出境为止。

旅行社组织的国内旅游、出境旅游，旅游意外保险期限从旅游者在约定的时间登上由旅行社安排的交通工具开始，直至该次旅行结束离开旅行社安排的交通工具为止。

（3）不承担赔偿责任的情况

旅游者自行终止旅行社安排的旅游行程，其保险期限至其终止旅游行程的时间为止；旅游者在中止双方约定的旅游行程后自行旅游的，也不在旅游意外保险之列。

(4) 旅游意外保险的索赔时效

旅游意外保险的索赔时效以自事故发生之日起 180 日内为限。

4. 交通意外伤害保险

交通意外伤害保险也称为交通工具意外伤害保险。它是以被保险人的身体为保险标的，以被保险人作为乘客在乘坐客运大众交通工具期间因遭受意外伤害事故，导致身故、残疾、医疗费用支出等为给付保险金条件的保险，主要包括火车、飞机、轮船、汽车等交通工具。

(1) 航空旅客意外伤害保险

航空旅客意外伤害保险简称为航意险，属自愿投保的个人意外伤害保险。此种保险旅游者可自愿购买一份或多份。

其保险期限自旅游者持保险合同约定航班班机的有效机票到达机场通过安全检查时起，至旅游者抵达目的港走出所乘航班班机的舱门时止（不包括舷梯与廊桥）。

在此期间，若飞机中途停留或绕道飞行中，只要被保险人一直跟机行动，其遭受的意外伤害均在保险责任范围内。当被保险人进入舱门后，由于民航原因，飞机延误起飞又让旅客离开飞机，在此期间被保险人遭受的伤害，保险公司也负责。

(2) 铁路意外伤害保险

①购买和赔偿金额

2015 年 11 月 1 日起，铁路部门为境内乘车旅客提供最新的铁路旅客人身意外伤害保险，简称乘意险。

铁路乘意险将保险责任扩展到旅客自持有效乘车凭证实名制验证或检票进站时起，至旅客到达所持乘车凭证载明的到站检票出站时止，即由"车上"扩展到"车上和站内"。

成年旅客购买乘意险为 3 元，最高保障 30 万元意外身故、伤残保险金和 3 万元意外医疗费用；未成年人购买乘意险为 1 元，最高保障 10 万元意外身故、伤残保险金和 1 万元意外医疗费用。

②电子保单，发票和理赔

旅客通过网络购买乘意险后，会自动生成电子保单。如旅客需要保险发票，可在不晚于自所购火车票载明的乘车日期起 31 日内，凭火车票或投保时使用的有效身份证件到车站指定窗口领取。

已投保的旅客须保管好火车票、12306 网站所发的投保短信或保险告知单、购保时所使用的有效身份证件和保险发票。

一旦投保旅客发生意外伤害事故，可向列车上或车站的铁路工作人员直接报案，铁路部门将协助办理相关索赔手续。

5. 旅游保险报案与索赔

（1）及时报案

游客发生意外事故后，应及时向投保的保险公司报案。

（2）收集证据，并妥善保存

导游应提醒当事人收集医院诊断证明、化验单据、意外事故证明等证据。

（3）转院需取得保险公司同意

游客因意外住院后，如需要转回本地医院继续治疗，应事先征得保险公司同意，并要求救治医院出具书面转院报告。

学习领域编号—页码		学习情境：景区导游服务		页码:217
姓名	班级		日期	

学习情境四　景区导游服务

1　学习情境描述

景区导游员是导游队伍中的一个重要组成部分。根据《旅游景区讲解服务规范》的定义，旅游景区导游员，又称"景区讲解员"，是指受旅游景区的委派或安排，为旅游团或旅游者提供讲解服务的专职人员和兼职人员。要做好旅游景区的导游服务和讲解，旅游景区讲解员需要对其服务景区或景点乃至该景区景点所在地区有较全面、深入的了解及相应的专门知识。

2　学习目标

通过本学习情境的学习，在符合《旅游景区讲解服务规范》（LB/T 014—2011）的要求下，你应该能够：

1. 熟悉接团通知单格式，会制订接待计划，掌握接待计划的各项服务内容；
2. 能根据景区的具体状况，做好接团前的各项准备工作；
3. 在老师指导下，小组成员协作做好欢迎服务（含致欢迎词）；
4. 在老师指导下，小组成员协作做好景区引导服务；
5. 在老师指导下，小组成员能依据不同游客类型，创作个性化导游词，熟练运用导游讲解方法和技巧，进行各类景观的讲解；
6. 在老师指导下，小组成员协作做好送行服务（含致欢送词）；
7. 在老师指导下，小组成员协作完成好投诉处理和突发事故的处理；
8. 增强自身对本专业的认同感，帮助自身树立良好的职业形象。

3　工作与学习内容

1. 熟悉旅游接待计划，开展与地接社、地陪的衔接工作；
2. 进行景区导游准备，包括业务准备、知识准备、语言准备、物质准备、形象准备等；
3. 开展迎接工作，致欢迎词；
4. 进行旅游景区情况介绍；

学习领域编号—页码		学习情境：景区导游服务	
页码:218			
姓名		班级	日期

5. 进行参观游览中的导游讲解，并使用不同的讲解方法和技巧；

6. 进行乘车（乘船）游览时的讲解服务；

7. 进行游客购物时的服务；

8. 进行游客观看景区演出时的服务；

9. 进行送别服务并致欢送词；

10. 进行后续工作，包括：撰写小结、查漏补缺、总结提高。

4 任务书

以某景区安排导游小李接待某旅游团为工作任务，导游出团单和旅游接待计划由教师按开课时间根据具体项目确定。

5 分组任务

将学生按每组3～4人分组，明确每组的工作任务，并填写表4-1。

表4-1 景区导游学生分组表

班级		组号		指导老师	
组长		学号			
组员	姓名	学号		姓名	学号
任务分工					

学习领域编号—页码		学习情境：景区导游服务		
姓名	班级	日期		

 6　工作准备

1. 阅读工作任务单，见表 4-2，结合景区派导通知，熟悉旅游接待计划；熟悉团队成员信息；充实旅游接待中所需的其他资料。

表 4-2　景区导游服务任务单

学习领域	导游实务		
学习情境	情境四：景区导游服务	课时	16
检验成果	任务单元一：准备工作 1. 业务准备 2. 知识准备 3. 语言准备 4. 物质准备 5. 形象准备	任务单元二：导游服务工作 1. 致欢迎词 2. 旅游景区情况介绍 3. 参观游览中的导游讲解 4. 乘车游览时的讲解服务 5. 游客购物时的服务 6. 游客观看景区演出时的服务 7. 送别服务	
	任务单元三：后续工作 1. 撰写小结 2. 查漏补缺 3. 总结提高		
考核方式	1. 档案文件（各项操作表单单据、资料），20% 2. 老师开展过程观察考核，成员互评，20% 3. 项目成果，30% 4. 答辩，30%		

2. 收集《旅游景区讲解服务规范》《导游人员管理条例》和《导游人员管理办法》中有关景区导游服务的部分知识及国家标准。

3. 结合任务书分析景区导游在服务中的难点和特殊或突发情况。

7　工作计划

针对景区导游服务所需资料、物品及工作过程制定带团服务计划。

引导问题 1：查看景区导游规范服务流程图，如图 4-1。

学习领域编号—页码		学习情境：景区导游服务	
姓名		班级		日期	

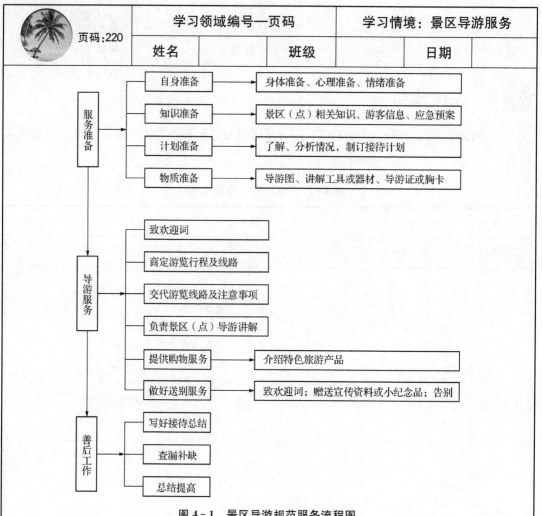

图 4-1　景区导游规范服务流程图

思考学习：景区导游规范服务流程是什么？服务的要点有哪些？

引导问题 2：学生分组讨论：工作过程如何实施？实施过程中的难点与解决方法有哪些？

引导问题 3：制订工作计划和景区导游服务方案。

每个学生提出自己的计划和方案，经小组讨论比较，得出 2~3 个方案；教师审查每个小组的导游领队服务方案，工作计划并提出整改建议；各小组进一步优化方案，确定

学习领域编号—页码		学习情境：景区导游服务		
姓名		班级		日期

最终工作方案。

各小组将制订的工作计划及景区导游服务方案填入表4-3。

表4-3 景区导游服务行动计划单

学习领域	导游实务		
学习情境	情境四：景区导游服务	课时	16
行动目标结果			
行动进程安排			
序号	实施步骤		人员分工
质量保证计划			
教师评语			

8 工作实施

旅游景区导游即讲解员是受旅游景区委派或安排、为游客提供旅游景区导游讲解的专职人员或兼职人员。要做好旅游景区的导游服务和讲解，旅游景区讲解员需要对其服务的景区或景点乃至该景区景点所在地区有较全面、深入的了解及相应的专门知识。旅游景区导游服务主要包括准备工作、导游服务和后续工作三个环节。

引导问题1：作为景区导游人员，我们应该具备相应的景点讲解词、旅游基础知识、旅游文化知识、生活常识、旅游法规知识、旅游心理学知识、旅游美学知识，掌握

学习领域编号—页码		学习情境：景区导游服务	
姓名		班级		日期	

讲解的技巧，为我们的游客带来愉悦的旅行感受。景区导游想要做好服务工作，也需要做好各方面的准备工作。

1. 景区讲解员在接待前应做好的业务准备工作主要包括哪些方面？

2. 景区讲解员的知识准备主要包括哪些方面？

3. 景区导游在语言准备方面要做好哪些工作准备？

4. 景区讲解员上岗前应做好的物质准备工作主要有哪几方面？

5. 形象主要体现在人们的仪容仪表和言行举止上，景区讲解员的形象应注意哪些方面？

❓引导问题 2：导游讲解是景区导游服务的核心工作，讲解员应按照景区导游讲解服务规范，为旅游团（者）提供高质量的导游讲解服务。

1. 景区导游应该如何致欢迎词？

❖【案例导入】
例如：大家好，欢迎大家来到悠然蓝溪文化旅游度假景区，我是景区接待中心的讲解员×××（全名），由我为大家提供这次的讲解服务。本景区有些项目还在施工阶段，请大家留心脚下注意安全。

学习领域编号—页码		学习情境：景区导游服务		页码:223
姓名	班级		日期	

- **【知识链接】**

    景区欢迎词的内容主要包括几个方面：代表本景区对游客表示欢迎；介绍本人姓名及所属单位；表达景区对提供服务的诚挚意愿；表达希望游客对讲解工作给予支持配合的意愿；预祝游客旅游愉快。

2. 游览前景区讲解员应向游客介绍景区的基本情况和游览中的注意事项，主要包括哪些方面？

- **【案例导入】**

    游客朋友们，你们好！欢迎你们来到大别山游览观光。经过长途的跋涉，大家一路辛苦了。我叫××，是你们的导游，大家可以叫我小×或×导。这位是司机赵师傅，他开车多年，有着丰富的经验，乘坐他的车，请大家放心。如果你们有什么需要或要求请尽管提出，我会竭尽所能地为你们服务。愿我的服务能够让你们度过一段愉快美好的旅程。

    大别山山势陡峭，路途崎岖，大家游览的时候一定要注意脚下安全，拍照留念的时候注意地形。我的电话号码是139××××××××，有什么情况可以直接联系我。我们的旅游车牌号鄂J44455，请大家记住，到景区后，车将停在景区停车场内等候大家。

    说到大别山，我想大家的第一个反应就是这是一片红色的土壤，是革命根据地。无数革命先辈们在这里留下了战斗的足迹。其实，大别山还是一个旅游、避暑、度假的胜地。这里山清水秀，空气清新，气候宜人，已经被开发为"大别山生态旅游区"。在这里不仅可以让你饱赏奇峰、险岭、怪石、云海之神奇，还可以让你尽情领略天堂秀水的风韵。

    大别山共有天堂寨大别雄风自然风光游览区、青台关古关名刹游览区、薄刀峰避暑休闲游览区、九资河大别山田园风光游览区、天堂湖水上乐园等五个景区，公园总面积300平方千米，公园常年降雨量1350毫升，平均气温16.4℃。现有野生植物1487种，动物634种。1996年5月当时的林业部组织专家组对大别山国家森林公园旅游资源进行了综合考察和评审，一致认为具有极大的开发价值，并正式批准为国家森林公园。今天我们主要游览天堂寨景区。

❖【知识链接】游览前的讲解服务要求（参照《旅游景区讲解服务规范》）

（1）应向游客介绍本景区的简要情况，尤其是景点的背景、价值和特色；

（2）应向游客适度介绍本景区所在旅游地的自然、人文景观和风土人情等相关内容；

（3）应提醒团队游客注意自己团队原定的游览计划安排，包括在景区停留的时间，主要游览路线，以及参观游览结束后集合的时间和地点；

（4）应向旅游者说明游览过程中的注意事项，并提醒游客保管好自己的贵重物品；

（5）游程中如需讲解人员陪同游客乘车或乘船游览，讲解人员宜协助游客联系有关车辆或船只。

例如游览结束后可以说：我的讲解结束了，感谢大家对我工作的支持和配合，预祝大家有个愉快的旅程（若乘坐游览车或游船还要提醒大家携带好自己的随身物品）。

引导问题3：导游讲解就是导游以丰富多彩的社会生活和绚丽多姿的景观景物为题材，以兴趣爱好不同、审美情趣各异的游客为对象，对自己掌握的各类知识进行整理、加工和提炼，用简洁明快的语言进行的一种意境的再创造。在参观游览中的导游讲解要注意一定的原则和要求。

1. 导游讲解的原则包括哪些具体要求？

❖【案例导入】导游讲解的客观性原则

譬如向游客介绍河南偃师二里头遗址宫城区，虽然游客看到的只是宫城城墙以及大型夯土基址、车辙、绿松石器及其制造作坊等遗存，但导游以此为基础来创造意境，通过讲解再现距今3850～3550年的"华夏第一都"盛景，既让游客惊叹不已，又使游客感到真实可信。

❖【案例导入】导游讲解的针对性原则

譬如带领建筑业的旅游团参观北京故宫和天坛的祈年殿，导游应多讲我国古建筑的特色、风格和设计方面的独到之处，甚至还要同他们交流有关建筑业方面的专业知识。如果是带领一般的游客参观这些地方，就应将重点转到讲述封建帝王的宫廷逸事和有关民间传说。

学习领域编号—页码		学习情境：景区导游服务	
姓名	班级	日期	

❖【案例导入】导游讲解的计划性原则

譬如武汉黄鹤楼的讲解一般以一、三、五楼为重点，导游通过一楼大厅《白云黄鹤图》的壁画可向游客介绍黄鹤楼"因仙得名"的传说故事；通过三楼的陶版瓷画《文人荟萃》向游客介绍历代文人墨客来黄鹤楼吟诗作赋的情景；通过五楼的大型壁画《江天浩瀚》的组画向游客介绍长江的古老文化和自然风光，也可引导游客登高望远，欣赏武汉三镇的秀丽景色。当然，如果游客对历史和古建筑有兴趣，导游也可以二楼为重点，为游客讲解《黄鹤楼记》，介绍不同朝代黄鹤楼的模型和建筑特色。

❖【案例导入】导游讲解的灵活性原则

例如游览金鞭溪的导游词：

（晴天）今天真是个好天气，秋高气爽，阳光明媚。在这样的好天气之下，相信大家的心情也不错！带着这样一份好心情，让我们走进金鞭溪，领略一下"名山大川处处有，唯有金鞭奇上奇"的美丽风景吧！

（小雨）今天老天爷不太赏脸，有点儿小雨。可能他也在嫉妒我们来到张家界这个美丽的人间仙境吧。这倒正好，这霏霏细雨就像轻纱一样，给金鞭溪这位美女更增添了一份妩媚。各位这次来得真是物超所值呀！

（大雨）好大的雨呀！各位可能有点儿担心这瓢泼大雨会不会影响我们欣赏金鞭溪美丽的风景，您尽管放一百个心，大家如果细心一点就会注意到，前面刚刚游完金鞭溪的游客身上淋湿的地方并不多，这就要归功于我们张家界98%以上的森林覆盖率了！正是这茂密的森林给我们撑起了一把巨伞，让我们就像作家李健吾所写的《雨中登泰山》的体验一样，"有雨趣而无淋漓之苦"。去好好欣赏一下雨中的金鞭溪吧！

（雪天）各位今天一早起来就发现，张家界下了今年第一场雪。大雪虽然给我们的旅行带来了一定的影响，但也未尝不是件好事。您知道张家界什么时候最美吗？对了！就是雪中的张家界最美。这可不是我瞎说，许多摄影师们专门到冬天下大雪才来拍风景照片呢！不信的话，我们就亲自去体验一下雪后的金鞭溪是什么样子吧！

❖【知识链接】

导游讲解是导游的一种创造性的劳动，因而在导游实践中其方式方法可谓千差万别，但这并不意味着导游讲解可以随心所欲。相反，要保证导游讲解质量，无论导游采用何种讲解方式，都必须符合导游讲解的基本规律，遵循导游讲解的基本原则，主要包括客观性原则、针对性原则、计划性原则、灵活性原则。

学习领域编号—页码		学习情境：景区导游服务	
姓名		班级		日期	

页码:226

2. 导游讲解的要求具体包含的内容有哪些？

❖ 【案例导入】导游讲解的言之有趣

譬如在景色如画的苏州西山的石公山上，一位导游对游客这样解说："朋友们，我们现在身在仙山妙境。请看，我们的背后是一片葱翠的丛林，面前是无边无垠的太湖。青山绕着湖水，湖水映着青山。山石伸进了湖面，湖水'咬'住了山石，头上有山，脚下有水。真是天外有天、山外有山、岛中有岛、湖中有湖，山如青龙伏水，水似碧海浮动。"接着，他跌宕有致地吟道："茫茫三千顷，日夜浩青葱，骨立风云外，孤撑涛声中。"

又如在苏州西园的五百罗汉堂里，导游指着那尊"疯僧"塑像逗趣地说："朋友们，这个疯和尚有个雅号叫'九不全'，就是说，有九样毛病：歪嘴、驼背、斗鸡眼、招风耳、瘌痢头、烧脚、鸡胸、斜肩胛，外加一个歪鼻头。大家别看他相貌不完美，但残而不丑，从正面、左面、右面看，你会找到喜、怒、哀、乐等多种感觉。另外，那边还有五百罗汉，大家不妨去找找看，也许能发现酷似自己的'光辉形象'。"风趣的话，逗得游客哈哈大笑，游兴立增。

❖ 【知识链接】讲解内容的选取原则

（1）有关景区内容的讲解，应有景区一致的总体要求；

（2）内容的取舍应以科学性和真实性为原则；

（3）民间传说应有故事来源的历史传承，任何景区和个人均不得为了迎合景区经营目标而随意编造；

（4）有关景区内容的讲解应力避同音异义词语造成的歧义；

（5）使用文言文时需注意游客对象，需要使用时，宜以大众化语言给予补充解释；

（6）对历史人物或事件，应充分尊重历史的原貌，如遇尚存争议的科学原理或人物、事件，则宜选用中性词语进行表达；

（7）讲解内容如系引据他人此前研究成果，应在解说中给予适度的说明，以利于游客今后的使用和知识产权的保护；

（8）景区管理部门应积极创造条件，邀请有关专家实现对讲解词框架和主体内容的科学审定。

学习领域编号—页码		学习情境：景区导游服务			
姓名		班级		日期	

❖ 【知识链接】讲解导游的方法与技巧

（1）对景区的讲解要繁简适度，讲解语言应准确易懂，吐字应清晰，并富有感染力；

（2）要努力做到讲解安排的活跃生动，做好讲解与引导游览的有机结合；

（3）要针对不同游客的需要，因人施讲，并对游客中的老幼病孕和其他弱势群体给予合理关照；

（4）在讲解过程中，应自始至终与游客在一起活动，注意随时清点人数，以防游客走失，注意游客的安全，随时做好安全提示，以防意外事故发生；

（5）要安排并控制好讲解时间，以免影响游客的原有行程；

（6）讲解活动要自始至终使用文明语言，回答问题要耐心、和气、诚恳，不冷落、顶撞或轰赶游客，不与游客发生争执或矛盾；

（7）如在讲解进程中发生意外情况，则应及时联络景区有关部门，以期尽快得到妥善处理或解决。

❓ 引导问题4：导游讲解就是导游以丰富多彩的社会生活和绚丽多姿的景观景物为题材，以兴趣爱好不同、审美情趣各异的游客为对象，对自己掌握的各类知识进行整理、加工和提炼，用简洁明快的语言进行的一种意境的再创造。在参观游览中的导游讲解要注意以下实地导游讲解常用的方法。

1. 概述法的含义及如何运用。

❖ 【案例导入】用"概述法"介绍颐和园

颐和园位于北京市西北部，是我国保存最完整的皇家园林。它始建于1750年，当时的中国清朝正值盛世，执掌朝政的是清朝乾隆皇帝，他凭借自己对中国园林的理解和至高无上的权力，耗费大量国库银两，以"兴修水利和为母祝寿"之名，连续施工15年，建成了这座规模巨大的皇家御园"清漪园"。1860年它与圆明园一起，被侵入北京的英法联军焚毁；1888年，慈禧太后又将其重建，并改名为"颐和园"。

颐和园主要由万寿山和昆明湖组成，占地面积290公顷，其中水面面积约占四分之三。园内有大小建筑3000余间，约7万平方米。园林布局分为三个部分，即朝政办公区、帝后生活区和风景游览区。

我们今天的游览线路是：从东宫门进，首先进入朝政办公区，然后绕过仁寿殿，游览帝后生活区。从乐寿堂西侧进长廊，到达排云门后上山，到佛香阁、智慧海，再从原路返回。不愿上山的，可在排云殿前等候。全团集合好后，再沿长廊西行。乘船游览昆明湖，从南湖岛上岸，过十七孔桥，到新建宫门。（根据《走遍中国——中国优秀导游词精选·文物古迹篇》，第55-56页改写）

2. 分段讲解法的含义及如何运用。

❖【案例导入】用"分段讲解法"介绍长江三峡

乘船自西往东游览长江三峡，导游就可将其分为五个部分来讲解。

（1）在游船观景台上介绍长江三峡概况："长江三峡是瞿塘峡、巫峡和西陵峡三段峡谷的总称，西起重庆奉节的白帝城，东至湖北宜昌的南津关，全长约193千米。峡谷两岸悬崖绝壁，奇峰林立，江流逶迤湍急，风光绮丽。瞿塘峡素以雄伟险峻著称，巫峡一向以幽深秀丽为特色，西陵峡过去则以滩多水急闻名。这种山环水绕、峡深水急的自然风光由历次造山运动，特别是'燕山运动'使地壳上升、河流深切而成，是大自然的鬼斧神工留下的经典之作。它与峡谷沿岸众多的名胜古迹相互融合，使长江三峡成为闻名遐迩的中国十大风景名胜区之一，并被中外游客评为'中国旅游胜地40佳'之首。"

（2）船进瞿塘峡时，导游介绍"瞿塘峡是长江三峡第一峡，从重庆奉节的白帝城到巫山的大溪镇，全长约8千米，是长江三峡中最短也是最雄奇险峻的峡谷。瞿塘峡中，高达1300多米的赤甲山、白盐山耸峙峡口两岸，形成一陡峻的峡门，称为夔门，素有'夔门天下雄'之称……"

（3）船过巫峡时，导游再讲解"巫峡是长江三峡第二峡，从重庆巫山县大宁河口到湖北巴东县官渡口，绵延44千米。巫峡口的长江支流大宁河全长300多千米，著名的'小三峡'就位于其中。'放舟下巫峡，心在十二峰'，巫峡中景色最秀丽、神话传说最多的就是十二峰，其中最为挺拔秀丽的是神女峰，峰顶有一突兀石柱，恰似亭亭玉立的少女……"

（4）船到西陵峡时，导游进一步介绍："西陵峡为长江三峡第三峡，西起湖北秭归县的香溪口，东至湖北宜昌的南津关，全长66千米，历来以滩深水急著称。西陵峡西段自西向东依次为兵书宝剑峡、牛肝马肺峡和崆岭峡三个峡谷；西陵峡东段由灯影峡和黄猫峡组成……"

（5）最后再向游客讲解举世闻名的三峡工程。

学习领域编号—页码		学习情境：景区导游服务	
姓名	班级	日期	

3. 突出重点法的含义及如何运用。

❖ 【案例导入】**突出景点的独特之处**

　　譬如西岳华山虽不是五岳之首，但在五岳中却独具特色。首先，华山是五岳中海拔最高的山峰，其主峰南峰落雁峰海拔2 154.9米。其次，华山以险而闻名于天下，其陡峭险峻位居五岳之首。常言道"自古华山一条路"，一路行过，必经千尺幢、百尺峡、老君犁沟、上天梯、苍龙岭、擦耳岩等绝险要道，不少地方真可谓是"一夫当关，万夫莫开"。最后，华山也是五岳中唯一为道教所独占的名山。导游讲解时可突出华山在五岳中的这些独特之处。

❖ 【案例导入】**突出具有代表性的景观**

　　譬如去云冈石窟游览，主要是参观第五、第六窟及五华洞和昙曜五窟。如果把第六窟的艺术特色讲解透彻了，就可以使游客对云冈石窟的整体艺术特色有基本的了解。

❖ 【案例导入】**突出游客感兴趣的内容**

　　譬如在游览故宫时，如游客对中国古代建筑感兴趣，导游应重点介绍故宫的建筑物、建筑物特征、建筑布局和建筑艺术，并将中国古代宫殿建筑与民间建筑乃至西方国家的宫殿建筑进行比较；如果游客对中国历史尤其是明、清的历史感兴趣，导游应重点讲解故宫的历史沿革和在故宫发生的重大事件，使游客从故宫的介绍中加深对明、清历史的了解。

❖ 【案例导入】**突出"……之最"**

　　譬如三峡工程是世界上施工期最长、建筑规模最大的水利工程；三峡水电站是世界上最大的水电站；三峡工程泄洪闸是世界上泄洪能力最强的泄洪闸；三峡工程对外专用公路是国内工程项目最齐全的公路。

---

4. 问答法的含义及如何运用。

学习领域编号—页码		学习情境：景区导游服务	
姓名	班级		日期

页码:230

❖ 【案例导入】客问客答法

  譬如游无锡鼋园时，导游让游客先看春、夏、秋、冬四个亭中的春亭，指着匾说："春亭挂的匾额是'溢红'，表达了春天的形象，有特色。那么，夏、秋、冬三个亭子会用什么题匾呢？各位朋友是否能猜中？"一石激起千层浪，游客边看边猜：夏季绿树成荫，夏亭挂"滴翠"匾；秋季菊黄蟹肥，秋亭挂"醉黄"匾；冬季瑞雪兆丰年，所以冬亭挂"吟白"匾。亭中的这些匾额，使四季亭平添了诗情画意。游客们猜中的笑逐颜开，未猜中的纷纷敬佩题匾者的文笔之妙。

  又如有位导游在杭州九溪十八涧对游客说："这儿的路处处曲，路边的溪水叮咚响，远近的山峦绿葱葱。清代文人俞樾到这里时，诗兴大发，挥笔写道：'重重叠叠山，曲曲环环路，叮叮咚咚泉……'前面已用了叠词，朋友们猜猜看，第四句写树时，俞樾用的什么叠词？"游客们议论纷纷，有的说"郁郁葱葱树"，有的说"大大小小树"，最后在导游的启发下猜出是"高高下下树"。大家都惊叹俞樾用词的精妙。这"高"和"下"贴切传神，写活了沿山而长的树林。

5. 虚实结合法的含义及如何运用。

❖ 【案例导入】

  譬如提起阿诗玛，人们就不由自主地想起云南石林风景名胜区内那块高约 20 米，仿佛头戴彩帽、身背篾筐的美丽少女的岩石，同时又会想起阿诗玛的动人故事：相传在很久很久以前，撒尼人格路日明家有两兄妹，哥哥叫阿黑，妹妹就是聪明、勤劳又美丽的阿诗玛。一天。大财主热布巴拉一家见阿诗玛长得漂亮，顿生歹念，想娶回家……

6. 触景生情法的含义及如何运用。

学习领域编号—页码		学习情境：景区导游服务	
姓名	班级	日期	

❖ 【案例导入】

譬如："上海黄浦江畔的新外滩共有五条旅游线路，在您的左手边是被誉为'万国建筑博览'的建筑群和宽敞的中山路，在您的右手边是波光粼粼的黄浦江以及前程似锦的浦东陆家嘴金融贸易区，眼前是新颖独特的观光游览区。这建筑群、中山路、观光区、黄浦江、陆家嘴仿佛音乐谱中的五线谱，勤劳勇敢的上海人民则好似串串音符，正组成最新最美的乐章，欢迎着各位来宾的光临……"这段导游词十分精彩地叙述了上海在一年一个样、三年大变样的高速发展，生动形象地描绘了新外滩宛如五线谱，使游客在这跳动的"音符"中深受感染，身临其境，景中怀情。

❖ 【案例导入】

譬如：这个广场是太和殿广场，面积达3万平方米。整个广场无一草一木，空旷宁静，给人以森严肃穆的感觉……举行大典时，全场鸦雀无声。皇帝登上宝座时，鼓乐齐鸣，文武大臣按品级跪伏在广场，仰望着云中楼阁高呼万岁，以显示皇帝无上权威和尊严。

清朝末代皇帝溥仪1908年年底登基时，年仅3岁，由他父亲摄政王载沣把他抱扶到宝座上。当大典开始时，突然鼓乐齐鸣，吓得小皇帝哭闹不止，嚷着要回家去。载沣急得满头大汗，只好哄着小皇帝说："别哭，别哭，快完了，快完了，快完了！"大臣们认为此话不吉祥，说来也巧，3年后清朝果真就灭亡了，从而结束了我国2000多年的封建统治。（根据《走遍中国——中国优秀导游词精选·综合篇》，第6-7页改写）

7. 制造悬念法的含义及如何运用。

❖ 【案例导入】

譬如参观世界文化遗产——湖北钟祥明显陵，游客看到陵前的外明塘往往困惑不解，导游不失时机地介绍："明塘是显陵的独特设置，不仅有外明塘，里面还有内明塘，那么显陵为什么要在陵前设置明塘呢？请大家边参观边思考，等到了明楼我再告诉大家答案。"这就给游客留下了一个悬念。游客登上明楼后，导游再告诉游客："一方面，按风水理论：山为龙的骨肉，水为龙的气血，水有阻止龙气流逝的作用。于陵前设置明塘，就满足了吉壤中穴对水的基本要求。另一方面，明塘含有龙珠喻义，如果说神道犹如一条旱龙，那么九曲河就好似一条水龙，两龙交汇于明塘，构成了双龙戏珠的奇特景观。"

❖ 【案例导入】

又如苏州网师园的月到风来亭，依水傍池，面东而立，亭后装一大镜，将对面的树石檐墙尽映其中。对这个亭子的介绍有两种方法，效果完全不同。

一位导游介绍说："如果在晚上，当月亮从东墙上徐徐升起，另一个月亮也在水波中荡漾，这镜子安置得十分巧妙，从里面还可以看到一个月亮。"游客们看了看镜子，并未引起多大兴趣。

另一位导游将游客带到亭中，这样介绍说："当月亮升起的时候，在这里可以看到三个月亮。"他微笑着，望着游客，并没有立即往下讲。游客们好生奇怪，都以为是听错了或是导游讲错了，最多只有两个月亮，天上一个，水池里一个，怎么可能会有第三个呢？大家的脸上都露出了迷惑不解的表情。这时，导游才点出：天上、池中、还有镜里，共有三个月亮，大家才恍然大悟。在响起一阵掌声、叫好声之后，游客们也更领悟到镜子安置之巧妙，印象特别深刻。

8. 类比法的含义及如何运用。

❖ 【案例导入】同类相似类比

譬如将北京的王府井比作日本东京的银座、美国纽约的第五大道；将上海的城隍庙比作日本东京的浅草；参观苏州时，将其称作"东方威尼斯"；讲到梁山伯和祝英台的故事时，可以将其称为"中国的罗密欧和朱丽叶"等。

❖ 【案例导入】同类相异类比

譬如在讲解楚文化时，可以与同时期的古希腊文化进行类比。在世界范围内，从公元前6世纪到公元前3世纪的300年间，东西方文化竞相争辉。我们完全可以把楚文化与同时期的古希腊文化并列为世界文明的代表。楚国的青铜冶炼、铸铁、丝绸、漆器早于古希腊，许多科学技术处于领先地位。在音乐、艺术方面，楚人也在古希腊人之上。在哲学方面，两者各有所长。中国传统哲学的重要根基在老子和庄子，而老子和庄子都是楚国人。

1993年，湖北荆门郭店村楚墓出土的竹简本《老子》甲、乙、丙三种，受到国际汉学界的高度关注。在国家政体建设、货币制度方面，楚国则比古希腊更为完善。古希腊人在理论科学、造船航海、体育竞技、写实艺术、建筑技术等方面要比楚人擅长。可以这么说，楚文化和古希腊文化从不同方向登上了世界古文明的光辉殿堂。

学习领域编号—页码		学习情境：景区导游服务	
姓名	班级	日期	

9. 妙用数字法的含义及如何运用。

> ❖ **【案例导入】**
>
> 譬如，当导游向游客介绍北京故宫的建筑年代时，如果介绍它建成于明永乐十八年，对国内游客来说，提到明朝，大家心里尚且有个概念，至于永乐十八年可能就不那么清楚了。若是外国游客，可能连明朝是什么朝代都不知道，更不用说永乐十八年了。这时，导游若把它换算成游客所熟悉的数字，游客便会心领神会。如对法国游客讲解时，将其换算成公历年（1420年）后，再加上一句"比巴黎凡尔赛宫建成早269年"，效果便大不相同。
>
> ❖ **【案例导入】** 导游还可以通过数字来暗喻中国传统文化
>
> 譬如，北京天坛祈年殿殿内柱子的数目，据说也是按照天象建立起来的。其中内围的四根"龙井柱"象征一年四季春、夏、秋、冬；中国的十二根"金柱"象征一年十二个月；外围的十二根"檐柱"象征一天十二个时辰。中层和外层相加的二十四根，象征一年二十四个节气。三层总共二十八根象征天上二十八星宿。再加上柱顶端的八根铜柱，总共三十六根，则象征三十六天罡。

10. 画龙点睛法的含义及如何运用。

> ❖ **【案例导入】**
>
> 譬如，旅游团游览云南后，导游可用"美丽、富饶、古老、神奇"来赞美云南风光；参观南京后，可用"古、大、重、绿"四个字来描绘南京风光特色；总结青岛风光特色可用"蓝天、绿树、红瓦、金沙、碧海"五种景观来概括。
>
> 又如，游览颐和园后，游客可能会对中国的园林大加赞赏。这时导游可指出，中国古代园林的造园艺术可用"抑、透、添、夹、对、借、障、框、漏"九个字概括，并帮助游客回忆在颐和园中所见到的相应景观。

❓ **引导问题5**：导游讲解是导游的重要职责，导游讲解水平的高低也是判断导游综合水平的重要内容之一。要想成为一名优秀的导游，就应该不断提高自己的导游讲解水平，掌握导游讲解的方法与要领。

	学习领域编号—页码		学习情境：景区导游服务	
页码:234	姓名		班级		日期	

1. 如何做好讲解前的准备工作？

❖ **【案例导入】通过媒体关注"身边事"，收集城市及景区的点滴变化**

譬如 2018 年 7 月 2 日，铜仁梵净山景区获准列入世界自然遗产名录，当天众多媒体从各方面报道了相关消息。《环球网》在《贵州省梵净山获准列入世界自然遗产名录 中国世界遗产增至 53 项》中写道："正在巴林首都麦纳麦召开的第 42 届世界遗产委员会会议 7 月 2 日审议了中国申报的自然遗产项目梵净山。委员会一致认可梵净山具备世界遗产所需的'突出普遍价值'，决定将该项目列入《世界遗产名录》。"至此中国共拥有 53 项世界遗产，居世界第二，包括文化遗产 36 项，自然遗产 13 项（居世界第一），自然与文化双遗产 4 项。梵净山位于贵州省铜仁市境内，是武陵山脉主峰，遗产地面积 402.75 平方千米，缓冲区面积 372.39 平方千米。世界自然保护联盟（IUCN）认为：梵净山满足了世界自然遗产第十条（生物多样性）标准，展现和保存了中亚热带孤岛山岳生态系统和显著的生物多样性。梵净山生态系统保留了大量古老子遗、珍稀濒危和特有物种，拥有 4 394 种植物和 2 767 种动物，是东方落叶林生物区域中物种最丰富的热点区域之一。梵净山是黔金丝猴和梵净山冷杉唯一的栖息地和分布地，也是水青冈林在亚洲最重要的保护地，是全球裸子植物最丰富的地区，也是东方落叶林生物区域中苔藓植物最丰富的地区。

❖ **【案例导入】通过阅读专业书籍，丰富自己在某一知识领域的积累**

譬如导游要想讲好中原文化，阅读如"中原文化记忆丛书"之类的书籍是非常有必要的，只有通过深入学习，才能让自己的讲解不仅能"讲其然"，还能"讲其所以然"。

❖ **【案例导入】通过网络搜索，寻找某一关注问题的相关背景知识**

譬如导游要想通过讲解武汉长江段的水文历史来介绍武汉的抗洪史，可以在网络上搜集各种长江的水文数据及抗洪史实。再运用类比法、妙用数字法等讲解方法灵活运用搜集到的素材，以达到良好的讲解效果。

❖ **【案例导入】分析游客信息，厘清讲解重点**

譬如讲解故宫，如果接待的游客是建筑界人士，讲解时除了介绍故宫的概况外，还要突出讲解中国古代宫殿建筑的布局、特征，以及故宫的主要建筑及其建筑艺术，另外还应介绍重点建筑物和装饰物的象征意义等。如果能将中国的宫殿建筑与民间建筑进行比较，将中国宫殿与西方宫殿的建筑风格进行比较，讲解层次会大大提高，就更能吸引人。

学习领域编号—页码		学习情境：景区导游服务	
姓名	班级	日期	

2. 如何把握讲解过程中的要领？

❖【案例导入】

做好景区的讲解，需要确定讲解主题，以主题为线条将每一个小景点串联起来，引导游客去发现景区最独特之处。

譬如讲解广州陈家祠，可以以建筑艺术技巧为主题和线索，整个陈家祠的建筑主体和部件，每座房子从柱基到瓦脊全都缀满了石雕、砖雕、木雕、泥塑、陶塑、铁铸和彩绘。以建筑中的雕、塑、绘展开讲解，可以让游客更好地领略古建筑的艺术美，了解岭南风情与装饰美。

3. 注意讲解后的导游服务。

引导问题6：乘车（乘船）游览时的讲解服务

思考学习：景区讲解如果是在乘车（乘船）游览时进行，景区讲解员应该注意哪几个方面？

引导问题7：游客购物时的服务

思考学习：游客如需购物时，景区讲解员应该注意哪几个方面？

引导问题8：游客观看景区演出时的服务

思考学习：如游客游程中原已包含在景区内观看节目演出，景区讲解员应该注意哪几个方面？

?引导问题 9：送别服务

思考学习：参观游览结束后，景区讲解员还需做哪些工作？

?引导问题 10：后续工作。景区（点）导游送走游客后，还要做好总结工作。这是提高导游服务效率和导游服务质量的必要手段，还可以帮助导游提高自己的写作水平，填补导游只动口、不动手的欠缺。

思考学习：景区（点）导游完成接待服务后，要认真、按时写好接待小结，实事求是地汇报接待情况。请阐述工作总结的内容。

?引导问题 11：重大自然灾害的避险方法

思考学习以下重大自然灾害的避险方法。

1. 地震

2. 泥石流

3. 洪水

4. 山体滑坡

5. 台风

6. 海啸

❓ **引导问题12**：突发公共卫生事件的应对

思考学习：突发公共卫生事件的内涵及特性。

❓ **引导问题13**：特别重大突发公共卫生事件的应对

1. 特别重大突发公共卫生事件主要包括哪些？

2. 政府的应对措施

3. 导游的应对措施

📈 9 质量验收

❓ **引导问题1**：根据《旅游景区讲解服务规范》行业标准，对景区导游的从业素质和导游讲解服务质量做出了规定。景区讲解员的业务准备、知识准备、语言准备、物质准备、形象准备必须符合行业标准，具体考核指标参照2011年国家旅游局制定的《旅游

学习领域编号—页码			学习情境：景区导游服务	
姓名		班级		日期

景区讲解服务规范》行业标准。

❓引导问题 2：各小组提交导游讲解词并进行模拟讲解，景区讲解员的讲解必须符合行业标准。评分标准如表 4-4，给小组提交评分表。

表 4-4 景区导游讲解评价要点评分表

项目	要求	分数	得分	评语
导游规范/20 分	胸卡	2		
	社徽	2		
	引导标志	2		
	话筒持法	2		
	面对客人	2		
	所站位置	2		
	面部表情	4		
	欢迎语	4		
导游内容/35 分	全面	6		
	切题	6		
	正确	6		
	层次	5		
	新颖	6		
	发挥	6		
语言表达能力/25 分	流畅	5		
	自然	5		
	逻辑性	5		
	主动性	5		
	幽默性	2		
	声音语调	3		
导游技巧/10 分	导游方法	5		
	形体姿态	5		
总体印象/10 分	仪容仪表	5		
	礼节礼貌	5		
总分		100 分		

学习领域编号—页码		学习情境：景区导游服务	
姓名	班级	日期	

❓引导问题 3：填写并提交导游接待单，如表 4-5，填写并提交导游工作小结表，如表 4-6，填写并提交游客意见反馈表，如表 4-7。

表 4-5 景区导游接待清单

导游接待批次		日 期		导游签字		备注	
接待团名							
接待人数		收费/元					
接待人数		免费/元		领导签字			

表 4-6 景区导游工作小结

出团日期		团号	
人数		目的地	
带团小结	（带团主要情况，存在问题及改进方向）		
主管初审意见	（团队操作情况，存在问题及改进方向）		
总经理审核意见	（总体评价）		

表 4-7 旅游景区游客意见调查表

QUESTIONNAIRE

尊敬的游客：

　　非常感谢您在珍贵的旅游过程中填好这份意见调查表。您的宝贵意见将作为评定本旅游景区质量等级的重要参考依据。谢谢您的配合支持，祝您旅游愉快。

中华人民共和国文化和旅游部

Dear guest：

　　We would be very grateful if you would take a few minutes to complete this questionnaire. Your comments will be taken as reference for the tourism attraction's quality rating. Thank you for your efforts, we hope you enjoy the tourism attraction.

Ministry of Culture and Tourism

	学习领域编号—页码		学习情境：景区导游服务	
页码:240	姓名	班级		日期

调查项目 Items	很满意 Very Satisfactory	满意 Satisfactory	一般 Fair	不满意 Unsatisfactory
外部交通 accessibility				
内部游览线路 inner itinerary				
观景设施 facilities for sightseeing				
路标指示 signs for directions				
景物介绍牌 introduction board				
宣传资料 information material				
导游讲解 visiting guide				
服务质量 service quality				
安全保障 safety & security				
环境卫生 environmental hygiene				
厕所 Toilet				
邮电服务 phone & post service				
商品购物 souvenir and shopping				
餐饮和食品 food & beverage				
旅游秩序 public order				
景物保护 scenery & relic protection				
总体印象 overall impression				

姓名：　　　　　　　　　　国（省、市）名：
Name：　　　　　　　　　　Country：

 10　评价

学生完成学习情境的成绩评定将按学生自评、小组互评、老师评价三阶段进行，并按自评占20％，小组互评占30％，教师评价占50％作为学生综合评价结果。

1. 学生进行自我评价，并将结果填入表4-8中。

学习领域编号—页码		学习情境：景区导游服务	
姓名	班级	日期	

表4-8 景区导游服务学生自评表

学习情境四	景区导游服务			
班级		姓名	学号	
评价项目	评价标准		分值	得分
准备工作	能熟练做好讲解前准备工作，包括业务、知识、语言、物质、形象准备等		5	
创作导游词	熟练掌握导游词的内容结构，十分熟练使用景区讲解词，并能根据不同类型游客创作导游讲解词		5	
导游讲解服务	能根据导游讲解的原则和要求，熟练使用讲解方法和技巧为游客提供有针对性的讲解服务		50	
游客购物服务	能根据本地区、本景区的商品内容与特色，引导游客购物		5	
游客观演服务	能根据本景区演出的节目内容与特色，按时组织游客入场，引导游客文明观看节目		5	
后续工作	做好总结工作，撰写小结、查漏补缺、总结提高		5	
工作态度	态度端正、无无故缺勤、迟到、早退现象		5	
工作质量	能按计划完成工作任务		5	
协调能力	与小组成员、同学之间能合作交流，协调工作		5	
职业素质	引导文明旅游规范，宣传文明旅游		5	
创新意识	能依照《旅游景区讲解服务规范》很好地理解景区导游服务内容		5	
合计			100	

2. 学生以小组为单位，对景区导游服务的过程与结果进行互评，将互评结果填入表4-9中。

表4-9 景区导游服务学生互评表

学习情境四		景区导游服务											
评价项目	分值	等级							评价对象（组别）					
									1	2	3	4	5	6
计划合理	8	优	8	良	7	中	6	差	4					
方案准确	8	优	8	良	7	中	6	差	4					
团队合作	8	优	8	良	7	中	6	差	4					
组织有序	8	优	8	良	7	中	6	差	4					
工作质量	8	优	8	良	7	中	6	差	4					
工作效率	8	优	8	良	7	中	6	差	4					
工作完整	16	优	16	良	12	中	8	差	5					
工作规范	16	优	16	良	13	中	11	差	8					
成果展示	20	优	20	良	15	中	10	差	5					
	100													

学习领域编号—页码		学习情境：景区导游服务	
姓名	班级		日期

页码:242

3. 教师对学生工作过程与工作结果进行评价，并将评价结果填入表4-10中。

表4-10 景区导游服务教师综合评价表

学习情境四		景区导游服务			
班级		姓名		学号	
评价项目		评价标准		分值	得分
考勤/10%		无无故迟到、早退、旷课现象		10	
工作过程/60%	准备工作	能熟练做好讲解前准备工作，包括业务、知识、语言、物质、形象准备等		5	
	创作导游词	熟练掌握导游词的内容结构，十分熟练使用景区讲解词，并能根据不同类型游客创作导游讲解词		5	
	导游讲解服务	能根据导游讲解的原则和要求，熟练使用讲解方法和技巧为游客提供有针对性的讲解服务		30	
	游客购物服务	能根据本地区、本景区的商品内容与特色，引导游客购物		5	
	游客观演服务	能根据本景区演出的节目内容与特色，按时组织游客入场，引导游客文明观看节目		5	
	后续工作	做好总结工作，撰写小结、查漏补缺、总结提高		5	
	工作态度	态度端正，工作认真、主动		5	
	协调能力	与小组成员之间、同学之间能合作交流，协调工作		5	
	职业素质	引导文明旅游规范，宣传文明旅游		5	
项目成果/30%	工作完整	能按时完成任务		5	
	工作规范	能按《旅游景区讲解服务规范》行业标准提高规范服务		5	
	成果展示	能准确表达、汇报工作成果		10	
合计					
综合评价	自评/20%	小组互评/30%	教师评价/50%	综合得分	

11 学习情境的相关知识点

知识点1:景区导游准备工作

2011年国家旅游局制定了《旅游景区讲解服务规范》行业标准,对景区导游的从业素质和导游讲解服务质量做出了规定。旅游景区导游即讲解员是受旅游景区委派或安排,为游客提供旅游景区导游讲解的专职人员或兼职人员。

景区导游想要做好服务工作,也需要做好各方面的准备工作,主要内容如下:

一、业务准备

(1) 了解所接团队或游客的有关情况。接待前,讲解员要认真查阅核实所接待团队或贵宾的接待计划及相关资料,熟悉该群体或个体的总体情况,如停留时间、游程安排、有无特殊要求等,以使自己的讲解更有针对性。对于临时接待的团队或散客,讲解员同样也应注意了解客人的有关情况,如客人的来源、职业、文化程度及其停留时间、游程安排、有无特殊要求等,以便自己的讲解能更符合游客的需要。

(2) 预先了解来访游客所在地区或国家的宗教信仰、风俗习惯和禁忌。

(3) 对游客特殊要求的讲解内容应事先进行准备。

(4) 提前了解服务当天的天气和景区景点道路情况。

(5) 应急预案的准备。应变能力是景区(点)导游应对和处理突发事件的基础。应变灵活有助于减少事故损失,留给游客美好的旅游感受。景区(点)导游应该在带团前对游览中可能发生的各种意外做出处理预案,备好有关联系电话,这样当意外发生时才能从容应对、妥善处理。

二、知识准备

(1) 熟悉并掌握本景区讲解内容所需的情况和知识。根据不同景区的情况,分为自然科学知识,历史和文化遗产知识,建筑与园林艺术知识,宗教知识,文学、美术、音乐、戏曲、舞蹈知识等,以及必要时与国内外同类景区内容对比的文化知识。

(2) 根据游客对讲解的时间长度、认知深度的不同要求,讲解员应对讲解内容做好两种或两种以上讲解方案的准备,以适应不同旅游团队或个体游客的不同需要。

(3) 掌握必要的环境保护和文物保护知识以及安全知识。

(4) 熟悉本景区的有关管理规定。

三、语言准备

景区讲解员的讲解应在以普通话为普遍使用语言的基础上,根据游客的文化层次做好有关专业术语的解释;对于民族地区的景区,讲解员还应根据游客情况提供民族语言和普通话的双语讲解服务;对于外籍客人,外语讲解员应准备相应语言的讲解服务。

四、物质准备

（1）佩戴好本景区讲解员的上岗标志。

（2）如有需要，准备好无线传输讲解用品。

（3）需要发放的相关资料，如景区导游图、景区景点介绍等。

（4）接待团队时所需的票证。

五、形象准备

形象主要体现在人们的仪容仪表和言行举止上，景区讲解员的形象应符合以下几点：

（1）着装整洁得体；有着装要求的景区，也可以根据景区的要求穿着工作服或指定服装。

（2）饰物佩戴及发型，以景区的原则要求为准，女讲解员一般以淡妆为宜。

（3）言谈举止应文明稳重，自然而不做作。

（4）讲解活动中可适度使用肢体语言，力避无关的小动作。

（5）接待游客应热情诚恳，符合礼仪规范。

（6）工作中应始终情绪饱满，不抽烟或进食。

（7）注意个人卫生。

知识点2：景区导游服务

导游讲解是景区导游服务的核心工作，讲解员应按照景区导游讲解服务规范，为旅游团（者）提供高质量的导游讲解服务。

一、致欢迎词

当旅游团（者）抵达景区后，讲解员应主动迎上前去，向游客表示欢迎，致欢迎词。欢迎词的内容主要包括以下几方面：代表本景区对游客表示欢迎；介绍本人姓名及所属单位；表达景区对提供服务的诚挚意愿；表达希望游客对讲解工作给予支持配合的意愿；预祝游客旅游愉快。

二、旅游景区情况介绍

游览前景区讲解员应向游客介绍景区的基本情况和游览中的注意事项，主要包括以下几方面：本景区开设背景（包括历史沿革）、规模、布局、价值和特色；本景区所在旅游地的位置以及周边的自然、人文景观和风土人情；提醒团队游客注意自己团队原定的游览计划安排，包括在景区停留的时间和主要游览线路，以及参观游览结束后集合的时间和地点；讲清游览过程中的注意事项，并提醒游客保管好自己的贵重物品；景区游程中如需讲解员陪同游客乘车或乘船游览，讲解员应协助游客联系有关车辆或船只。

三、参观游览中的导游讲解

导游讲解是景区讲解员的核心工作，讲解员应根据景区的规模和布局，带领游客按照游览线路分段讲解,繁简适度,要视游客的类型、兴趣、爱好的不同有所侧重,因人施讲,内容的取舍应以科学性和真实性为原则。讲解的语言应准确易懂,吐字应清晰,并富有感染力。要努力做到导游安排上的活跃生动,做好讲解与引导游览的有机结合。讲解中应结合景物或展品趁机宣传环境、生态系统维护或文物保护知识,对游客的问询,回答时要耐心、和气、诚恳,不冷落、顶撞或轰赶游客,不与游客发生争执或矛盾。讲解中涉及的民间传说应有故事来源或历史传承,讲解员不得随意编造。有关景区内容的讲解应力避同音异义词语造成的歧义。讲解中若使用文言文,需注意游客对象,需要使用时,宜以大众化语言给予补充解释。对讲解中涉及的历史人物或事件,应充分尊重历史的原貌,如遇尚存争议的科学原理或人物、事件,则宜选用中性词语给予表达。若讲解的某方面内容系引据他人此前研究成果,应在解说中给予适度的说明,以利于游客今后的使用和知识产权的保护。在时间允许和个人能力所及的情况下,宜与游客有适度的问答互动,讲解中要虚心地听取游客的不同意见和表述。在讲解过程中,讲解员应自始至终与游客在一起,对游客中的老幼病残孕和其他弱势群体要给予合理关照,注意游客的安全,随时做好安全提示,避开景区中存在安全隐患的地方,提醒游客注意容易碰头和失足的地方,以防意外事故发生。如在讲解过程中发生意外情况,讲解员应及时联络景区有关部门,以期尽快得到妥善处理或解决。

四、乘车(乘船)游览时的讲解服务

景区讲解如果是在乘车(乘船)游览时进行,景区讲解员应该注意以下几方面:协助司机(或船员)安排游客入座;在上车(船)、乘车(船)、下车(船)时提醒游客有关安全事项,提醒游客清点自己的行李物品,并对老幼病残孕和其他弱势群体给予特别关照;注意保持讲解内容与行车(行船)节奏的一致,讲解声音应设法让所有游客都能听见;努力做好与行车安全(或行船安全)的配合。

五、游客购物时的服务

游客如需购物时,景区讲解员应该注意以下几方面:如实向游客介绍本地区、本景区的商品内容与特色;如实向游客介绍本景区合法经营购物场所;不得强迫或变相强迫游客购物。

六、游客观看景区演出时的服务

如游客游程中原已包含在景区内观看节目演出,景区讲解员应该注意以下几方面:如实向游客介绍本景区演出的节目内容与特色。按时组织游客入场,引导游客文明观看节目。在游客观看节目过程中,讲解员应自始至终坚守岗位。如个别客人因特殊原因需要中途退场,讲解员应设法给予妥善安排。不得强迫或变相强迫游客参加需要另行付费的演出项目。

七、送别服务

参观游览结束后,景区讲解员要向游客致简短的欢送词,内容包括对游客参观游览中给予的合作表示感谢,征询游客对导游讲解以及景区(点)建设与保护的意见和建议,欢迎游客再次光临。若备有景区(点)有关资料或小纪念品,可赠予他们,以作留念,并热情地和游客道别。一般情况下,在游客离开之后方可离开。

知识点 3:景区导游后续工作

景区(点)导游送走游客后,还要做好总结工作。这是提高导游服务效率和导游服务质量的必要手段,还可以帮助导游提高自己的写作水平,填补导游只动口、不动手的欠缺。

一、撰写小结

景区(点)导游完成接待服务后,要认真、按时写好接待小结,实事求是地汇报接待情况。接待小结包括以下内容:接待游客的人数、抵离时间。若是旅游团队,还需记录团队的名称及旅行社的名称,游客成员的基本情况、背景及特点。重点游客的反应,尽量引用原文,并注明游客的姓名和身份。还包括游客对景区(点)景观及建设情况的感受和建议,对接待工作的反应,尚需办理事情,自己的体会及对今后工作的建议。若发生重大问题,需另附专题报告。

二、查漏补缺

景区(点)导游在总结工作中,应及时找出工作中的不足或存在的问题,如导游不清楚的知识、回答不准确的地方甚至有些回答不出的问题。根据这些问题进行有针对性的补课,请教有经验的同行,以提高自己的导游讲解水平。

三、总结提高

在导游服务中,游客提出的意见和建议涉及景区(点)导游的,景区(点)导游应认真检查、汲取教训、不断改进,以提高自己的导游水平和服务质量;涉及其他接待部门的,应及时反馈到所在单位,以便改进工作。

知识点 4:导游讲解的原则

一、导游讲解的内涵

对于导游讲解的内涵,许多专家学者和导游从业人员有着不尽相同的认识。我们认为,导游讲解就是导游以丰富多彩的社会生活和绚丽多姿的景观景物为题材,以兴趣爱好不同、审美情趣各异的游客为对象,对自己掌握的各类知识进行整理、加工和提炼,用简洁明快的语言进行的一种意境的再创造。

通过导游精彩的讲解,可使祖国的大好河山更加生动形象,使各地的民俗风情更加绚丽多姿,使沉睡千百年的文物古迹死而复活,使令人费解的自然奇观有了科学答案,使造型奇巧的工艺品栩栩如生，使风味独特的名点佳肴内涵丰富，从而使游客感到旅游生活妙趣横生，留下经久难忘的印象。

二、导游讲解的原则

导游讲解是导游的一种创造性的劳动，因而在导游实践中其方式方法可谓千差万别，但这并不意味着导游讲解可以随心所欲。相反，要保证导游讲解质量，无论导游采用何种讲解方式，都必须符合导游讲解的基本规律，遵循导游讲解的基本原则。

（一）客观性原则

所谓客观性是指导游讲解要以客观现实为依据，在客观现实的基础上进行意境的再创造。客观现实是指独立于人的意识之外，又能为人的意识所反映的客观存在，它包括自然界的万事万物和人类社会的各种事物，这些客观存在的事物既有有形的，如自然景观和名胜古迹；也有无形的，如社会制度和旅游目的地居民对游客的态度等。在导游讲解中，导游无论采用什么方法或运用何种技巧，都必须以客观存在为依托，必须建立在自然界或人类社会某种客观现实的基础上。

（二）针对性原则

所谓针对性是指导游从游客的实际情况出发，因人而异、有的放矢地进行导游讲解。游客来自四面八方，审美情趣各不相同，因此，导游要根据不同游客的具体情况，在讲解内容、语言运用、讲解方法上有所区别。通俗地说，就是要看人说话、投其所好，导游讲的正是游客希望知道并感兴趣的内容。

（三）计划性原则

所谓计划性就是要求导游在特定的工作对象和时空条件下发挥主观能动性，科学地安排游客的活动日程，有计划地进行导游讲解。

旅游团在目的地的活动日程和时间安排是计划性原则的中心。导游按计划带团进行每一天的旅游活动时，要特别注意科学地分配时间。如酒店至各参观游览点的距离及行车所需时间、出发时间、各条参观游览线所需时间、途中购物时间、午间就餐时间等。如果在时间安排上缺乏计划性，就会出现"前松后紧"或"前紧后松"的被动局面，甚至有的活动被挤掉，影响计划的实施而导致游客的不满甚至投诉。

计划性的另一个具体体现是每个参观游览点的导游方案。导游应根据游客的具体情况合理安排在景点内的活动时间，选择最佳游览线路，导游讲解内容也要做适当取舍。什么时间讲什么内容、什么地点讲什么内容以及重点介绍什么内容都应该有所计划，这样才能达到最佳的导游效果。

（四）灵活性原则

所谓灵活性是指导游讲解要因人而异、因时制宜、因地制宜。旅游活动往往受到天气、季节、交通以及游客情绪等因素的影响，我们所讲的最佳时间、最佳线路、最佳景点都是相对而言的，客观上的最佳条件缺乏，主观上完美导游艺术的运用就不可能有很好的导游效果。因此，导游在讲解时要根据游客的具体情况以及天气、季节的变化和时间的不同，灵活地运用导游知识，采用切合实际的导游内容和导游方法。

导游讲解以客观现实为依托，针对性、计划性和灵活性体现了导游活动的本质，也反映了导游方法的规律。导游应灵活运用这四个基本原则，自然而巧妙地将其融入导游讲解之中，这样才能不断提高自己的讲解水平。

知识点5：导游讲解的要求

（一）言之友好

导游在讲解时用词、声调、语气和态势语言都应该表现出友好的感情。"有朋自远方来，不亦乐乎""能认识大家是我的荣幸""很高兴与大家有缘在这里相识"等，都是表达友好的语言。作为友谊的载体，友好的语言可以使游客感到温暖。

（二）言之有物

导游讲解要有具体的指向，不能空洞无物。讲解资料应突出景观特点，简洁而充分。可以充分准备，细致讲解，不要东拉西扯，缺乏主题，缺乏思想，满嘴空话、套话。导游应把讲解内容最大限度地"物化"，使所要传递的知识深深地烙在游客的脑海中，实现旅游的最大价值。

（三）言之有据

导游说话要有依据，不能没有根据而胡乱地瞎说一通。对游客讲话、谈问题，对参观游览点的讲解，对外宣传都要从实际出发，要有根据。

（四）言之有理

导游讲解的内容、景点和事物等都要以事实为依据，要以理服人，不要言过其实和弄虚作假，更不要信口开河。那些不以事实为依据的讲解，一旦游客得知事实真相，就会感到自己受了嘲弄和欺骗，导游在游客心目中的形象就会一落千丈。

（五）言之有趣

导游讲解要生动、形象、幽默和风趣，要使游客紧紧地以导游为核心，在听讲解的过程中，感受到一种美好的享受。需要指出的是，导游在讲解中的风趣和幽默，要自然、贴切，绝不可牵强附会。不正确的比拟往往会伤害游客的自尊心，使其反感。

（六）言之有神

导游讲解应尽量突出景观的文化内涵，使游客领略其内在的神韵。讲解内容要经过综合性的提炼并形成一种艺术，让游客得到一种艺术享受。同时，导游要善于掌握游客的神情变化，分析哪些内容游客感兴趣，哪些内容游客不愿听，游客的眼神是否转移，游客是否有人打呵欠……对这些情况都需随时掌握，并及时调整所讲内容。

（七）言之有力

导游在讲解时要正确掌握语音、语气和语调，既要有鲜明生动的语言，又要注意语言的音乐性和节奏感。此外，导游在讲解结尾时，语音要响亮，让游客有心理准备。

（八）言之有情

导游要善于通过自己的语言、表情、神态等传情达意。讲解时，应充满激情和热情，又充满温情和友情，富含感情和人情的讲解更容易被游客接受。

（九）言之有喻

导游在讲解时要用比喻的语言、用游客熟悉的事物，来介绍、比喻参观的事物，使游客对自己生疏的事物能很快地理解并产生亲切感。恰当地运用比喻手法，可以降低游客理解的难度，增加旅游审美中的形象性和兴趣。

（十）言之有礼

导游的讲解用语和动作、行为要文雅、谦恭，让游客获得美的享受。

知识点6：实地导游讲解常用技法

一、概述法

概述法是导游就旅游城市或景区的地理、历史、社会、经济等情况向游客进行概括性的介绍，使其对即将参观游览的城市或景区有一个大致的了解和轮廓性认识的一种导游方法。这种方法多用于导游接到旅游团后坐车驶往下榻酒店的首次沿途导游中，也适用于游览较大的景点之前，在入口处示意图前进行的讲解。它好比是交响乐中的序曲，能起到引导游客进入特定的旅游意境，初步领略游览地奥秘的作用。

二、分段讲解法

分段讲解法就是对那些规模较大、内容较丰富的景点，导游将其分为前后衔接的若干部分来逐段进行讲解的导游方法。

一般来说，导游可首先在前往景点的途中或在景点入口处的示意图前介绍景点概况（包括历史沿革、占地面积、主要景观名称、观赏价值等），使游客对即将游览的景点有个初步印象，达到"见树先见林"的效果。然后带团到景点按顺序进行游览，进行导游讲解。在讲解这一部分的景物时注意不要过多涉及下一部分的景物，目的是让游客对下一部分的景物充满期待，并使导游讲解环环相扣、景景相连。

三、突出重点法

突出重点法就是在导游讲解中不面面俱到，而是突出某一方面的导游方法。一处景点要讲解的内容很多，导游必须根据不同的时空条件和对象区别对待，有的放矢地做到轻重搭配、重点突出、详略得当、疏密有致。导游讲解时一般要突出以下四个方面：

（一）突出景点的独特之处

游客来到目的地旅游，要参观游览的景点很多，其中不乏一些与国内其他地方类似的景点。导游在讲解时必须讲清这些景点的特征及与众不同之处，尤其在同一次旅游活动中参观多处类似景观时，更要突出介绍其特征。

（二）突出具有代表性的景观

游览规模大的景点，导游必须事先确定好重点景观。这些景观既要有自己的特征，又能概括全貌，实地参观游览时，导游应主要向游客讲解这些具有代表性的景观。

（三）突出游客感兴趣的内容

游客的兴趣爱好各不相同，但从事同一职业、文化层次相同的人往往有共同的爱好。导游在研究旅游团的资料时要注意游客的职业和文化层次，以便在游览时重点讲解旅游团内大多数成员感兴趣的内容。

（四）突出"……之最"

面对某一景点，导游可根据实际情况，介绍这是世界或中国最大（最长、最古老、最高，甚至最小）的……因为这也是在介绍景点的特征，颇能引起游客的兴致。

这样的导游讲解突出了景点的价值，使国内游客产生自豪感、外国游客产生敬佩感，从而留下深刻的印象。不过，在使用"……之最"进行导游讲解时，必须实事求是，言之有据，绝不能杜撰，也不要张冠李戴。

四、问答法

问答法就是在导游讲解时，导游向游客提问题或启发他们提问题的导游方法。使用问答的目的是活跃游览气氛，激发游客的想象思维，促使游客和导游之间产生思想交流，使游客获得参与感或自我成就感的愉悦。问答法包括自问自答法、我问客答法、客问我答法和客问客答法四种形式。

（一）自问自答法

导游自己提出问题，并做适当停顿，让游客猜想，但并不期待他们回答，只是为了吸引他们的注意力，促使他们思考，激起兴趣，然后做简洁明了的回答或生动形象的介绍，还可以借题发挥，给游客留下深刻的印象。

（二）我问客答法

导游要善于提问，所提问题要问得恰当，估计游客不会一无所知，也要估计到会有不同答案。同时还要诱导游客回答，但不要强迫他们回答，以免使游客感到尴尬。游客的回答不论对错，导游都不应打断，更不能笑话，而要给予鼓励。最后由导游讲解，并引出更多、更广的话题。此外，导游提问的时机也要把握好。导游应该懂得，与游客在一起的时候提问不能太随便也不能没有目的，只有懂得把握时机，才能收到较好的效果。

一般来说，游客在静想和思考问题的时候，导游不宜打扰游客；游客在欣赏美景和节目的时候，导游不提与此无关的事情和问题。

（三）客问我答法

导游要善于调动游客的积极性和他们的想象思维，欢迎他们提问题。游客提出问题，说明他们对某一景物产生了兴趣，进入了审美角色。对他们提出的问题，即使是幼稚可笑的，导游也绝不能置若罔闻，千万不要笑话他们，更不能显示出不耐烦，而是要有选择地将回答和讲解有机结合起来。不过，对游客的提问，导游不要他们问什么就回答什么，一般只回答一些与景点有关的问题，注意不要让游客的提问影响你的讲解，打乱你的安排。

在导游实践中，导游要学会认真倾听游客的提问，善于思考，掌握游客提问的一般规律，并总结出一套相应的"客问我答"的导游技巧，以求随时满足游客的好奇心。

（四）客问客答法

导游对游客提出的问题并不直截了当地回答，而是有意识地请其他游客来回答问题，亦称"借花献佛法"。导游在为"专业团"讲解专业性较强的内容时可运用此法，但前提是必须对游客的专业情况和声望有较深入的了解，并事先打好招呼，切忌安排不当，引起其他游客的不满。如果发现游客回答问题时所讲的内容有偏差或不足之处，导游也应见机行事，适当指出，但注意不要使其自尊心受到伤害。需要注意的是，这种导游方法不宜多用，以免游客对导游的能力产生怀疑，产生不信任感。

五、虚实结合法

虚实结合法就是在导游讲解中将典故、传说与景物介绍有机结合，即编织故事情节的导游方法。所谓"实"是指景观的实体、实物、史实、艺术价值等，而"虚"则指与景观有关的民间传说、神话故事、趣闻逸事等。

"虚"与"实"必须有机结合，但以"实"为主，以"虚"为辅，"虚"为"实"服务，以"虚"烘托情节，以"虚"加深"实"的存在，努力将无情的景物变成有情的讲解内容。

在实地导游讲解中，导游一定要注意不能"为了讲故事而讲故事"，任何"虚"的内容都必须落实到"实"处，导游在讲解时还应该注意选择"虚"的内容要"精"、要"活"。所谓"精"，就是所选传说故事是精华，与讲解的景观密切相关；所谓"活"，就是使用时要灵活，见景而用，即兴而发。

六、触景生情法

触景生情法就是在导游讲解中见物生情、借题发挥的一种导游方法。在讲解时，导游不能就事论事地介绍景物，而是要借题发挥，利用所见景物制造意境，引人入胜，使游客产生联想，从而领略其中之妙趣。

触景生情法要求导游讲解内容与所见景物和谐统一，使其情景交融，让游客感到景中有情、情中有景。

触景生情贵在发挥，要自然、正确、切题地发挥。导游要通过生动形象的讲解、有趣而感人的语言，赋予景物以生命，注入情感，引导游客进入审美对象的特定意境，从而使他们获得更多的知识和美的感受。

七、制造悬念法

制造悬念法就是导游在导游讲解时提出令人感兴趣的话题，但故意引而不发，激起游客急于知道答案的欲望，使其产生悬念的导游方法，俗称"吊胃口""卖关子"。这种"先藏后露、欲扬先抑、引而不发"的手法，一旦"发（讲）"出来，会给游客留下特别深刻的印象。

制造悬念是导游讲解的重要手段，在活跃气氛、制造意境、激发游客游兴等方面往往能起到重要作用，所以导游都比较喜欢用这一手法。

同样一景点，有的介绍虽很热情，也富有诗意，但因是平铺直叙，有的不以为然；而有的虽用词简朴，却能做到出其不意，异峰突起，引起了游客的注意、思考、怀疑和猜测，兴趣顿起。成功的导游解说，还在于掌握了游客的心理，不是一下子把话讲完，而是留有余地，让大家去体察、回味，然后由自己做出补充，这样效果尤佳。

八、类比法

类比法就是在导游讲解中风物对比，以熟喻生，以达到类比旁通的一种导游方法。导游用游客熟悉的事物与眼前景物进行比较，既便于游客理解，又使他们感到亲切，从而达到事半功倍的导游效果。类比法可分为以下两种：

（一）同类相似类比

同类相似类比是将相似的两个事物进行比较，便于游客理解并使其产生亲切感。

（二）同类相异类比

同类相异类比是将两种同类但有明显差异的风物进行比较，比出规模、质量、风格、水平、价值等方面的不同，以加深游客的印象。

要正确、熟练地使用类比法，要求导游掌握丰富的知识，熟悉客源国（地），对相比较的事物有比较深刻的了解。面对来自不同国家和地区的游客，要将他们知道的风物与眼前的景物相比较，切忌做不相宜的比较。

九、妙用数字法

妙用数字法就是在导游讲解中巧妙地运用数字来说明景观内容，以促使游客更好地理解的一种导游方法。导游讲解中离不开数字，因为数字是帮助导游精确地说明景物的历史、年代、形状、大小、角度、功能、特性等方面内容的重要手段之一。但是使用数字必须恰当、得法，如果运用得当，就会使平淡的数字发出光彩；否则会令人产生索然寡味的感觉。运用数字忌讳平铺直叙，大量的枯燥数字会使游客厌烦。所以使用数字要讲究"妙用"。

在实地导游中，导游常用数字换算来帮助游客了解景观内容。导游运用数字分析可以更准确地说明景观内容。导游还可以通过数字来暗喻中国传统文化。

十、画龙点睛法

画龙点睛法就是导游用凝练的词句概括所游览景点的独特之处，给游客留下突出印象的导游方法。游客听了导游讲解，观赏了景观，既看到了"林"，又欣赏了"树"，一般都会有一番议论。导游可趁机给予适当的总结，以简练的语言，甚至几个字，点出景物精华之所在，帮助游客进一步领略其奥妙，获得更多更好的精神享受。

导游讲解常用的方法技巧还有很多，如点面结合法、引人入胜法、启示联想法、谜语竞猜法、知识渗透法等，它们都是导游在工作实践中提炼、总结出来的。在具体工作中，各种导游方法和技巧都不是孤立的，而是相互依存、相互联系的。导游在学习众家之长的同时，还应结合自己的特点融会贯通，在实践中形成自己的导游风格和导游方法，并视具体的时空条件和对象，灵活、熟练地运用，这样才能获得良好的导游效果。

知识点7：实地导游讲解的要领

导游讲解是导游的重要职责，导游讲解水平的高低也是判断导游综合水平的重要内容之一。要想成为一名优秀导游，就应该不断提高自己的导游讲解水平，掌握导游讲解的方法与要领。

一、做好讲解前的准备工作

（一）注重日常知识积累

如果没有导游日常的知识积累，前面章节中提到的言之有物、言之有理、言之有据等导游讲解要求，概述法、分段讲解法、突出重点法等导游讲解技法，就很难做到运用自如，导游讲解也很难满足游客的求知需求。要提高导游讲解水平，知识积累是重要的手段。

在日常工作和生活中，导游可以通过以下渠道积累知识：

1. 通过媒体关注"身边事"，收集城市及景区的点滴变化。

有些内容导游如能"有心"收集，在日后讲解景点时将成为有用的素材，丰富导游讲解内容。

2. 通过阅读专业书籍，丰富自己在某一知识领域的积累。
3. 通过网络搜索，寻找某一关注问题的相关背景知识。

（二）做好接到任务后的准备

虽然平时的积累非常重要，但是"临阵磨枪"也是做好导游讲解工作的要领之一。因为导游只有在接到讲解任务并确切了解游客情况以及游览线路和景点后，才能有针对性地做好讲解前的准备。

1. 分析游客信息，厘清讲解重点。

如果旅游团成员的年龄偏长，可多准备一些民间传说、历史上的趣闻逸事、革命历史故事及人物等内容；如果旅游团成员多为年轻人，对他们关心的购物及娱乐方面的情况就要用心多收集一些，在讲解内容上要突出城市的新亮点、新变化。

当然，以某一个方面为重点并非其他的方面就一点都不涉及，技巧在乎讲解内容的组合，主次分明，主题突出。

2. 温习"旧内容"，构思"新创意"。

导游在讲解前要注意"温故知新"。"温故"指的是对于自己不是特别熟悉或曾经出过错的讲解内容，需要再次温习，以免出错，特别是自己不太熟悉的重要的历史年代、建筑物的长度或高度等数据；"知新"指的是在讲解前有意识地去寻找自己未曾讲解过的知识点和内容，力争使自己的讲解每次都有新信息、新创意。

3. 养精蓄锐，做好身体准备。

导游讲解也是一项"体力活"，边走边讲，眼观六路，耳听八方，因此导游在讲解前要养精蓄锐，保护好嗓子。

二、把握讲解过程中的要领

导游讲解过程中，有可能受到其他因素的影响，如天气变化、行程变更、游客兴趣等，因此，即使做了大量的前期准备工作，如果没有当场的随机应变，灵活应对，也可能达不到理想的讲解效果。因此，在导游讲解过程中要学会吸引游客的"耳朵"，也就是"讲游客最想听的"。

（一）在旅游车上讲解时应掌握的要领

（1）与司机商量确定行车线路时，在合理而可能的原则下尽量不要错过城市的重要景观。

（2）在经过重要的景点或标志性建筑时，要及时向游客指示景物的方向，讲解的内容要及时与车外的景物相呼应。

（3）要学会使用"触景生情法"，在讲解城市的交通、气候、地理特点等概况时，可与游客看到的景象结合并借题发挥。譬如，通过提醒游客观察计程车的车型，讲到上海的汽车产业；看到玉兰树时，及时介绍上海的市花、市树。

（4）在讲解的过程中要注意观察游客的反应，如果大部分人的关注点是车外或频繁地互相交流，此时导游要注意调整讲解内容，通过指示游客观看车外的某个景物或现象将其注意力吸引回来，并及时运用"问答法"与游客进行互动交流。

（5）在快要到达将要游览的景区时，要使用"突出重点法"将景区最重要的价值及最独特之处向游客进行讲解，以激发游客对该景区的游览兴趣。同时要注意强调景区游览时的注意事项及集合时间和地点。

（二）在景区讲解时应掌握的要领

（1）在景区的游览指示图前向游客说明游览线路、重要景点、卫生间及吸烟区的位置。

（2）要做好景区的讲解，需要确定讲解主题，以主题为线条将每一个小景点串联起来，引导游客去发现景区最独特之处。

导游如果在讲解中能注意去寻找和发现更多的主题及相应的线索，就可以针对不同的游客从不同的主题讲解一个景区，引导游客去发现美、欣赏美，满足他们的求知、求美的需求。这样的导游讲解一定会给游客留下深刻的印象。

（3）在讲解每个小景点时可以用"突出重点法"来讲解该景点的独特之处，用"触景生情法"延伸讲解与此有关的景区背景及历史，用"妙用数字法"来讲解其历史、建筑特点等，有些还需要用"类比法"将该景点与游客家乡或熟知的景点联系起来以加深印象。

（4）导游在讲解自己熟悉或擅长的内容时，不要过于张扬卖弄，避免过多使用"你们知不知道……""让我来告诉你……"等语言，同时注意控制节奏，给游客缓冲、消化知识内容的时间。

三、注意讲解后的导游服务

（一）巧妙回答游客的提问

在导游讲解结束后，游客有可能提出各种各样的问题，如果问题与游览有关，而且导游也知道如何回答，可以在回答问题的同时进行深入讲解，往往会有好的效果，能增强游客对自己的信任；如果问题与游览无关，就要学会巧妙地回避。当遇到自己不清楚的问题时切忌胡乱回答，以免被当面指出，贻笑大方，从而失去游客对自己的信任。如果自己知道确切答案，但游客有另一种说法时，要注意避免当众争执，不要直接指出对方的错误，要学会回避矛盾，找出共同点，给对方找"台阶"下，及时转换话题。

（二）引导游客"换位欣赏"

导游在讲解结束后，要善于引导游客用眼睛去发现美、从不同角度去欣赏美、从不同层面去感受美。譬如，在某个角度拍照效果最好、从某个地方远眺风景最美等。

（三）告知游客相关注意事项

导游在讲解结束后，要向游客说明自由活动的注意事项，针对他们值得去的地方及线路给出建议,再次强调集合时间和地点,并告诉游客如果需要帮助可以在什么地方找到导游等。

每个导游在实地导游讲解中都会自觉或不自觉地运用各种方法技巧,只要善于总结和提炼,往往就能成为导游讲解中的重要要领。

知识点8:重大自然灾害地震的避险方法

地震灾害最有可能造成惨重的人员伤亡和巨大的财产损失,引发的次生灾害也比其他灾害严重,甚至危害旅游业的发展。

地震虽然具有不可抗拒性,但是人们依然可以通过一些措施来减少损害。

(一)现场自救

室内避险应就地躲避:躲在桌、床等结实的家具下;尽量躲在窄小的空间内,如卫生间、厨房或内墙角;可能时,在两次震动之间迅速撤至室外。

室外避险切忌乱跑乱挤,不要扎堆,应避开人多的地方;远离高大建筑物、窄小胡同、高压线;注意保护头部,防止砸伤。旅游团在游览时遇到地震,导游应迅速引导游客撤离建筑物、假山,集中在空旷开阔地域。

(二)遭灾者的自救

地震时被压在废墟下、神志还清醒的幸存者,最重要的是不能在精神上崩溃,而应争取创造条件脱离险境或保存体力等待救援。例如,若能挣脱开手脚,应立即捂住口鼻,以隔挡呛人的灰尘,避免窒息;设法保存体力,不要乱喊,听到外面有人时再呼救;若能找到水和食物,要计划使用,尽可能地维持生命。

知识点9:重大自然灾害泥石流的避险方法

泥石流多发生于山区,在我国的大多数山区时有发生,尤其在我国西南山区尤为严重,每年雨季都有泥石流、滑坡等自然灾害发生。泥石流的主要发生原因是暴雨集中、山高、坡陡和植被稀疏等。泥石流发生频率高、破坏性大,对旅游业有较大的影响。

遇到泥石流,导游要镇定地引导游客逃生。

(1)泥石流发生时,不能在沟底停留,而应迅速向山坡坚固的高地或连片的石坡撤离,抛掉一切重物,跑得越快越好,爬得越高越好。

(2)切勿与泥石流同向奔跑,而要向与泥石流流向垂直的方向逃生。

(3)到了安全地带,游客应集中在一起等待救援。

知识点10:重大自然灾害洪水的避险方法

洪水是形成洪灾的直接原因,洪灾是世界上最严重的自然灾害之一,一般多发生于夏季。我国的洪水灾害十分频繁,因此导游在带领游客到山地、河湖游览时,若遇暴雨或前一天下了暴雨,要特别注意洪灾的发生。

（一）洪水灾害的预防

为避免在游览中受到洪水的侵袭，导游应在出发前收听气象台的天气预报，尤其是汛期的天气预报，当听到气象台发出的红色预警或橙色预警时，应对计划的山区、河湖或低洼地区的游览采取相应的措施，如可同游客协商并征求其同意，适当调整旅游项目。

为应对在野外游览时突然遭遇到洪水的侵袭，导游平时应学习一些应对洪水的自救和救援知识。

（二）遭遇洪水时的应对

1．洪水来临时的自救措施

（1）不要带领游客去危险地带，如电线杆和高压线塔周围，危墙及高墙旁，河床、水库、沟渠与涵洞边，化工厂及储藏危险物品的仓库。

（2）带领游客迅速离开低洼地带，选择有利地形，将游客转移至地势较高的地方以躲避洪水。

2．被洪水围困时的自救措施

（1）若躲避转移没有及时完成，导游应带领游客选择较安全的位置等待救援，并用自身备有的通信器具，不断地向外界发出求救信号，以求及早得到解救。

（2）设法稳定游客情绪，若离开原地要采取集体行动，不要让游客单独离开，以免因情况不明而陷入绝境。

（3）利用手机迅速报警，将游客受洪水围困的地点、人数和所处的险情报告清楚，请他们迅速组织人员前来救援。

知识点 11：重大自然灾害山体滑坡的避险方法

山体滑坡不仅会造成一定范围内的人员伤亡、财产损失，还会对附近道路交通造成严重威胁。当遇到滑坡正在发生时，首先应镇静，不可惊慌失措。为了自救或救助游客，应该做到以下几点：

（一）保持冷静

当处在滑坡体上时，首先应保持冷静，不能慌乱，慌乱不仅浪费时间，而且极可能因为慌乱而做出错误的决定。

（二）组织自救

导游要迅速环顾四周，组织游客迅速离开交通工具，向较为安全的地段撤离。一般除高速滑坡外，只要行动迅速，都有可能逃离危险区段。跑离时，以向两侧跑为最佳方向。在向下滑动的山坡中，向上或向下跑均是很危险的。当遇到无法跑离的高速滑坡时，更不能慌乱，在一定条件下，如滑坡呈整体滑动时，原地不动，或抱住大树等物，不失为一种有效的自救措施。

（三）寻求救助

滑坡时，极易造成人员受伤，当受伤时应及时拨打"120"求救。

知识点 12：重大自然灾害台风的避险方法

旅游团若遇强大风暴，尤其遇到龙卷风时，要采取自我保护措施。

（1）若在室内，最好躲在地下室、半地下室或坚固房屋的小房间内，避开重物；不能躲在野外小木屋、破旧房屋和帐篷里。

（2）若被困在普通建筑物内，应立即紧闭临风方向的门窗，打开另一侧的门窗。

（3）若被飓风困在野外，不要在狂风中奔跑，而应平躺在沟渠或低洼处，但要避免水淹。

（4）旅游团在旅游车中时，司机应立即停车，导游要组织游客尽快撤离，躲到远离汽车的低洼地或紧贴地面平躺，并注意保护头部。

知识点 13：重大自然灾害海啸的避险方法

海啸是一种灾难性的海浪，通常由震源在海底地下 50 公里以内、里氏震级 6.5 以上的海底地震引起。

（一）海啸逃生

（1）如果导游感觉到较强的震动，不要靠近海边、江河的入海口。如果听到有关附近地震的报告，要做好防范海啸的准备，关注电视和广播新闻。要记住，海啸有时会在地震发生几小时后到达离震源上千公里远的地方。

（2）如果发现潮汐突然反常涨落，海平面明显下降或者有巨浪袭来的现象，导游都应组织游客以最快速度撤离岸边。

（3）海啸前海水异常退去时往往会把鱼虾等许多海生动物留在浅滩，场面蔚为壮观。此时千万不要前去捡拾鱼虾或看热闹，应当带领游客迅速离开海岸，向内陆高处转移。

（4）发生海啸时，航行在海上的船只不可以回港或靠岸，应该马上驶向深海区，深海区相对于海岸更为安全。

（二）自救与互救

（1）如果在海啸来临时不幸落水，要尽量抓住木板等漂浮物，同时注意避免与其他硬物碰撞。

（2）在水中不要举手，也不要乱挣扎，尽量减少动作，能浮在水面随波漂流即可。这样既可以避免下沉，又能够减少体能的无谓消耗。

（3）如果海水温度偏低，不要脱衣服。

（4）尽量不要游泳，以防体内热量过快散失。

（5）不要喝海水。海水不仅不能解渴，反而会让人出现幻觉，导致精神失常甚至死亡。

（6）尽可能向其他落水者靠拢，这样既便于相互帮助和鼓励，又可因目标扩大更容易被救援人员发现。

（7）溺水者被救上岸后，最好能进入温水里恢复体温，没有条件时也应尽量裹上被、毯、大衣等保温衣物。注意不要采取局部加温或按摩的办法，更不能给落水者饮酒。饮酒只能使热量更快地散失。

（8）如果落水者受伤，应采取止血、包扎、固定等急救措施，重伤员要及时送医院救治。

（9）要记住及时清除落水者鼻腔、口腔和腹内的吸物。具体方法如下：将落水者的肚子放在你的大腿上，从后背按压，让海水等吸入物流出。如心跳、呼吸停止，则应立即交替进行口对口人工呼吸和心脏按压。

知识点 14：卫生常识——骨折处理方法

（一）症状与体征

骨折，指骨头或骨头的结构完全或部分断裂。一般骨折，伤者的软组织（皮下组织、肌肉、韧带等）损伤疼痛更剧烈，受伤部位肿胀瘀血明显。四肢骨折，可见受伤部位变形，活动明显受阻。若是开放性骨折，折断的骨骼会暴露在伤口处，而闭合性骨折，则皮肤表面无伤口。

（二）处理常识

1. 判断骨折

首先要考虑伤者受伤的原因，如果是车祸伤、高处坠落伤等原因时，一般骨折的可能性很大；其次要看一下伤者的情况，如伤肢出现反常的活动，肿痛明显，则骨折的可能性很大，如骨折端已外露，肯定已骨折；最后，在判断不清是否有骨折的情况下，应按骨折来处理。

2. 止血

如出血量较大，应以手将出血处的上端压在邻近的骨突或骨干上或用清洁的纱布、布片压迫止血，再以宽的布带缠绕固定，要适当用力但又不能过紧。不要用电线、铁丝等直径细的物品止血。如有止血带，可用止血带止血，如无止血带可用布带。上肢出血时，止血带应放在上臂的中上段，不可放在下 1/3 或肘窝处，以防损伤神经。下肢止血时，止血带宜放在大腿中段，不可放在大腿下 1/3、膝部或腿上段。上止血带时，要放置衬垫。上止血带的时间上肢不超过 1 小时，下肢不超过 1.5 小时。

3. 包扎

对骨折伴有伤口的患者，应立即封闭伤口。最好用清洁、干净的布片、衣物覆盖伤口，再用布带包扎。包扎时，不宜过紧也不宜过松，过紧会导致伤肢的缺血性坏死，过松则起不到包扎作用，同时也起不到压迫止血的作用。如有骨折端外露，注意不要将骨折端放回原处，应继续保持外露，以免引起深度感染。

4. 上夹板

尽可能保持伤肢固定位置，不要任意牵拉或搬运患者。固定的器材最好用夹板，如无夹板可就地取材用树枝、书本等固定。在没有合适器材的情况下，可利用自身固定，如上肢可固定在躯体上，下肢可利用对侧固定，手指可与邻指固定。

5. 搬运伤员

单纯的颜面骨折、上肢骨折，在做好临时固定后可搀扶伤员离开现场。膝关节以下的下肢骨折，可背运伤员离开现场。颈椎骨折，可一人双手托住枕部、下颌部，维持颈部伤后位置，另两人分别托起腰背部、臀部及下肢移动。胸腰椎骨折，则需要一人托住头颈部，另两人分别于同侧托住胸腰段及臀部，另一人托住双下肢，维持脊柱伤后位置移动。髋部及大腿骨折，需要一人双手托住腰及臀部，伤员用双臂抱住救护者的肩背部，另一人双手托住伤员的双下肢移动。伤员在车上宜平卧，如遇昏迷患者，应将其头偏向一侧，以免呕吐物吸入气管，发生窒息。

知识点 15：卫生常识——蛇咬伤和毒虫蜇伤处理方法

（一）被毒蛇咬伤的处理常识

在旅游途中如果不幸有游客被毒蛇咬伤，导游应该马上进行紧急处理，处理得越快越早，效果就越好。

（1）导游要让伤者冷静下来，千万不要走动。被毒蛇咬伤后，如果跑动或有其他剧烈动作，则血液循环加快，蛇毒的扩散吸收也同时加快。

（2）给伤者包扎伤口。导游应该马上用绳、布带或其他植物纤维在伤口上方超过一个关节处结扎。动作必须快捷，不能结扎得过紧，阻断静脉回流即可，而且每隔15分钟要放松一次，以免组织坏死。然后用手挤压伤口周围，将毒液挤出，等伤口经过清洗、排毒，再经过内服外用有效药物半小时后，方可去除包扎。

（3）帮助伤者冲洗伤口。用清水冲洗伤口的毒液，以减少吸附。有条件的话用高锰酸钾溶液冲洗伤口，这样效果更好。

（4）扩大伤口排毒。用小刀按毒牙痕的方向切纵横各1厘米的十字形口，切开至皮下即可，再设法把毒素吸出或挤出。一直到流血或吸出的血为鲜红色为止，或者局部皮肤由青紫变成正常为止。在不切开伤口的前提下，可努力破坏蛇毒，使其失去毒性。

（5）用凉水浸祛毒素。帮助伤者将伤口置于流动的水或井水中，同时清洗伤口。

（6）进行初步处理后，应及时送伤者去医院治疗。

（二）被毒虫蜇伤处理常识

1. 蝎子蜇伤

蝎子伤人会引起伤者局部或者全身的中毒反应，还会出现剧痛、恶心、呕吐、烦躁、腹痛、发烧、气喘，重者可能出现胃出血，甚至昏迷，儿童可能因此而中毒死亡。蝎子伤人的急救方法与毒蛇咬伤的处理方法大致相同。不同之处是由于蝎子毒是酸性毒液，冲洗伤口时应该用碱性肥皂水反复冲洗，这样可以中和毒液，然后再把红汞水涂在伤口上。如果游客中毒严重，导游应该立即送其去医院抢救。

2. 蜈蚣刺伤

游客在野外、山地旅游或露天扎营过夜时，有可能被蜈蚣刺伤，刺伤后一般有红肿、热痛现象，可引发淋巴管炎和淋巴结炎。严重中毒时会出现发烧、恶心、呕吐、眩晕、昏迷。一般来说，出现这种情况对成人无生命危险，但儿童可能中毒死亡。蜈蚣毒性同蝎毒一样是酸性毒液，可用肥皂水或石灰水冲洗中和，然后口服蛇药片。对较轻的蜈蚣刺伤，可用牛鼻上的汗水涂擦伤口，或剪下一撮受伤者的头发烧着后烟熏伤口，均有不错的疗效。

3. 毒蜘蛛咬伤

毒蜘蛛的毒性很大，可能导致肿痛、头昏、呕吐、虚脱，甚至死亡。毒蜘蛛咬伤的急救方法与毒蛇咬伤的急救方法相同。

4. 蜂蜇伤

蜂蜇受伤以后，有的几天后自愈，有的则出现生命危险。黄蜂蜇伤后，导游应该帮助伤者轻轻挑出蜂刺，注意千万不能挤压伤口，以免毒液扩散。因为黄蜂、马蜂、胡蜂的毒为碱性毒液，可以用醋清洗伤口。被其他蜂，如蜜蜂等蜇伤后，导游要帮助游客先将伤口内的刺挤出来，再用肥皂水清洗。

知识点 16：高原旅游安全知识

高原一般是指地势在海拔 2700 米左右高度的地区。由于到达这一高度时，气压低、空气干燥、含氧量少，人体会产生高原反应。

（一）症状与体征

高原反应即急性高原病，是人到达一定海拔高度后，身体为适应因海拔高度而造成的气压低、含氧量少、空气干燥等的变化而产生的自然生理反应，海拔高度一般达到 2700 米左右时，就会有高原反应。在进入高原后，如果出现了下列症状，应考虑已经发生高原反应：

（1）头部剧烈疼痛，心慌，气短，胸闷，食欲缺乏，恶心，呕吐，口唇、指甲发绀。
（2）意识恍惚，认知能力骤降。主要表现为计算困难，在未进入高原之前做一道简单的加法题,记录所用时间,在出现症状时,重复做同样的计算题,如果所用时间比原先延长,说明已经发生高原反应。

(3) 出现幻觉,感到温暖,常常无目标地跟随在他人后面行走。

(二) 处理常识

(1) 在高原上动作要缓,尤其是刚刚到达的时候要特别注意,不可疾速行走,更不能跑步或奔跑,也不能做体力劳动。

(2) 不可暴饮暴食,以免加重消化器官负担,不要饮酒和吸烟,多食蔬菜和水果等富含维生素的食品,适量饮水,注意保暖,少洗或不洗澡以避免受凉感冒和消耗体力。

(3) 进入高原后要不断少量喝水,以预防血栓。一般每天需补充4000毫升液体。因湿度较低,嘴唇容易干裂,除了喝水,还可以外用润唇膏改善症状。

(4) 学会腹式呼吸,即在行走或攀登时将双手置于臀部,使手臂、锁骨、肩胛骨及腰部以上躯干的肌肉作辅助呼吸,以增加呼吸系统的活动能力。

(5) 尽量避免将皮肤裸露在外,可以戴上防紫外线的遮阳镜和撑遮阳伞,在可能暴露的皮肤上涂上防晒霜。

(6) 高原反应容易导致失眠,可以适当服用安定保证睡眠,以及时消除疲劳,保证旅游顺利进行。

(7) 提前服用抗高原反应药,如红景天、高原康、高原安等,反应强烈时,可以通过吸氧来缓解。

知识点17:沙漠旅游安全知识

(1) 行前导游应了解当地的有关情况,如气候、植被、河流、村庄、道路等,规划好旅游线路,在确保安全的情况下制定出可行的旅游方案。

(2) 告知游客在出发前穿上防风沙衣服和戴上纱巾,脸上搽上防晒霜,戴太阳镜和遮阳帽,穿上轻便透气的高帮运动鞋,以防风沙。

(3) 告知游客在沙漠旅游中不要走散,一旦走散后迷失了方向,不要慌张,也不要乱走,应在原地等待救援。

(4) 若在沙漠旅游中遇到沙暴,要带领游客避开风的正面,千万不要到沙丘背风坡躲避,否则有被沙暴掩埋的危险。

知识点18:滑雪旅游安全知识

(1) 在滑雪前,导游应告知游客穿戴好滑雪服,滑雪服最好选用套头式,上衣要宽松,以利滑行动作;衣物颜色最好与雪面白色有较大反差,以便他人辨认和避免相撞;佩戴好合适的全封闭保护眼镜,避免阳光反射及滑行中冷风对眼睛的刺激。

(2) 在滑雪前,导游还应告知游客做好必要的防护措施,如检查滑雪板和滑雪杖有无折裂的地方，固定器连接是否牢固，选用油性和具有防紫外线的防肤用品，对易受冻伤的手脚、耳朵做好保护措施等。

（3）进入滑雪场后，导游应叮嘱游客严格遵守滑雪场的有关安全管理规定，向滑雪场工作人员了解雪道的高度、坡度、长度和宽度及周边情况。告知游客根据自己的滑雪水平选择相应的滑道，注意循序渐进，量力而行，要按教练和雪场工作人员的安排和指挥去做，不要擅自到技术要求高的雪区去滑雪。注意索道开放时有无人看守，若没有人看守，切勿乘坐。

（4）告知游客在滑雪过程中，要注意与他人保持一定的距离，不要打闹，以免碰撞；滑雪人数较多时，应调节好速度，切勿过快过猛。

知识点 19：漂流安全知识

（1）在上船之前，导游应告知游客不要身带现金和贵重物品，仔细阅读漂流须知，听从工作人员安排，穿好救生衣，根据需要戴好安全帽。

（2）告知游客在水上漂流中不要做危险动作，不要打闹，不要主动去抓水上的漂浮物和岸边的草木石头，不要自作主张随便下船。

（3）告知游客漂流中一旦落水，千万不要惊慌失措，因为救生衣的浮力足以将人托浮在水面上，静心等待工作人员和其他游客前来救援。

知识点 20：温泉旅游安全知识

（一）不适宜泡温泉的情形

（1）癌症、白血病患者不宜泡温泉，以防刺激新陈代谢，加速身体衰弱。

（2）皮肤有伤口、溃烂或真菌感染如足癣、湿疹的患者，都不适合泡温泉，以免引起伤口恶化。过敏性皮肤疾病患者也不适合浸泡在高温的泉水中，以免由于加速皮肤水分蒸发、破坏皮肤保护层而引发荨麻疹。

（3）女性生理期来时或前后，怀孕的初期和末期，最好不要泡温泉。

（4）睡眠不足、熬夜之后、营养不良、大病初愈等身体疲惫状态下，不适合泡温泉，以免因为突然接触过高温度引起脑部缺血或休克。

（二）泡温泉注意事项

（1）高血压和心脑血管疾病患者，在规则服药或经医生允许的前提下，可以泡温泉，但以每次不超过 20 分钟为宜，并注意以下几点：入水前，先用温泉水缓慢地擦拭身体，待适应后再进入，以免影响血管正常收缩；出水时，缓慢起身，以防因血管扩张、血压下降导致头昏眼花而跌倒，诱发脑卒中或心肌梗死。

（2）糖尿病患者在血糖控制较好、体征比较稳定的情况下，可以泡温泉。如果血糖不稳定，会因为在温泉中容易出汗，造成脱水，引起血糖变化。此外，大多数糖尿病患者，都伴有周围神经病变，手掌、脚掌感觉异常，温度敏感度较差，容易因长久浸泡造成烫伤而不知。

（3）空腹或太饱时不宜入浴，以免出现头晕、呕吐、消化不良、疲倦等症状。

（4）入水时，应从低温到高温，逐次浸泡，每次 15～20 分钟即可。

（5）泡温泉的时间，应根据泉水温度来定，温度较高时，不可长久浸泡，以免出现胸闷、口渴、头晕等症状。

（6）泡温泉时，应多喝水，随时补充流失的水分。

（7）泡温泉时，由于脸上的毛孔会释放大量自由基而损伤皮肤，最好敷上面膜或用冷毛巾敷面，同时闭上双眼，以冥想的心情，配合缓慢的深呼吸，真正舒缓身心压力。

（8）泡温泉时，如果感觉身体不适，应马上离开，不可勉强继续。

（三）泡后注意事项

（1）泡完温泉后，一般不必再用清水冲洗，但如果是浸泡较强酸性或硫化氢含量高的温泉，则最好冲洗，以免刺激皮肤，造成过敏。

（2）泡温泉后要注意保暖，迅速擦干全身，特别是腋下、胯部、肚脐周围和四肢皮肤的皱褶处，及时涂抹滋润乳液，锁住皮肤水分。

（3）泡温泉后，人体水分大量蒸发，应多喝水补充。

知识点 21：研学旅行安全知识

（一）研学活动开展前注意事项

（1）导游应结合研学活动学校的实际情况，协助活动学校制定研学旅行安全应急预案，明确应急事故处理程序和方式。

（2）为确保研学活动安全，导游应配合活动学校成立安全工作组，工作组包括但不限于人员清点组、交通安全组、饮食安全组、住宿安全组、活动安全组、医疗后勤组、宣传统筹组等，并明确各小组具体分工、责任人与职责。

（3）导游应在研学活动开展前到活动学校召开研学旅行活动行前说明会，提供安全防控教育知识读本，对学生进行行前安全教育。

（4）导游应提前熟悉研学旅行活动的地点，进行实地勘查，制定安全合理的活动线路和方案，以确保活动安全。

（5）导游应以安全、卫生和舒适为基本要求，提前对住宿营地进行实地考察，并提前将住宿营地相关信息告知学生和家长，以便做好相关准备工作。

（二）研学活动进行中注意事项

（1）导游需要加强交通服务环节的安全防范，向学生宣讲交通安全知识和紧急疏散要求，组织学生有序乘坐交通工具，在承运过程中随机开展安全巡查工作，提醒学生系好安全带，并在学生上、下交通工具时清点人数，防范出现滞留或走失情况。

（2）入住研学营地或酒店时，导游应详细告知学生注意事项，宣讲住宿安全知识，带领学生熟悉安全通道，根据制定的住宿安全管理制度，开展巡查、夜查工作。

（3）导游应提前制定就餐座次表，组织学生有序就餐，在学生用餐时做好巡查工作，确保餐饮服务质量，并督促餐饮服务提供方按照有关规定，做好食物留样工作。

（4）导游要认真组织、有序开展研学活动。活动中导游应将安全知识作为导游讲解服务的重要内容，并通过各种形式加强对学生的安全教育，以提高学生的安全防范意识，让学生掌握自护、自救、互救等安全防范的知识和技能。

（5）活动结束后导游要组织学生在规定的地点按时集合，认真清点人数并上报，组织学生有序上车，导游应与跟班老师一同跟车回校，待学生家长接到学生后方能离开。

学习情境五 散客导游服务

1 学习情境描述

散客旅游是指游客自行安排旅游行程、以零星现付的方式购买各项旅游服务的旅游形式。一般分为自助游和定制游两种。前者是指个人、家庭或亲朋好友一起不使用旅行社的服务而自定行程、自主安排各项旅游事宜的旅游活动;后者是指个人、家庭或亲朋好友一起自行安排旅游行程但部分使用旅行社服务(如订房、订购交通票据等)的旅游活动,也可以是旅行社根据散客所提具体要求所设计的完整的定制旅游产品。

2 学习目标

通过本学习情境的学习,在符合《导游人员管理条例》(2017年修订)、《导游管理办法》(2018年1月1日执行)、《导游服务规范》(GB/T 15971—2023)的要求下,你应该能够完成以下任务:

1. 熟悉接团通知单格式,会制订接待计划,掌握接待计划的各项服务内容。
2. 能根据接待计划,做好接团前的各项准备工作。
3. 在老师指导下,能根据接待计划准确联系交通工具和游客。
4. 在老师指导下,小组成员协作做好接站服务工作,分别完成沿途导游服务、入住酒店服务工作。
5. 在老师指导下,根据接待计划,小组成员协作完成导游服务工作。
6. 在老师指导下,根据接待计划,小组成员协作做好送站服务工作。
7. 在老师指导下,小组成员协作完成报账工作和后续工作。
8. 增强自身对本专业的认同感,帮助自身树立良好的职业形象。

3 工作与学习内容

1. 认真阅读接待计划,做好与计调的核对工作。
2. 进行出团的准备,联系交通工具,联系游客。
3. 进行接站服务,具体包括提前到机场(车站、码头)等候、迎接散客。

学习领域编号—页码		学习情境：散客导游服务	
姓名	班级	日期	

4. 进行接站后的沿途导游服务工作。

5. 进行入住酒店服务，具体包括帮助办理住店手续、确认日程安排、提前订购机票、推销旅游服务项目。

6. 进行导游服务，具体包括出发前的准备、沿途导游服务、现场导游讲解、其他服务、后续工作。

7. 进行送站服务工作，具体包括服务准备、到酒店接运游客、到站送客。

8. 进行后续工作，包括：撰写小结、查漏补缺、总结提高。

4 任务书

以某旅行社安排导游小李接待某散客团为工作任务，导游出团单和旅游接待计划由教师按开课时间根据具体项目确定。

5 分组任务

将学生按每组 3~4 人分组，明确每组的工作任务，并填写表 5-1。

表 5-1 散客导游服务学生分组表

班级		组号		指导老师	
组长		学号			
组员	姓名	学号		姓名	学号
任务分工					

学习领域编号—页码		学习情境：散客导游服务	
姓名		班级	日期

6 工作准备

1. 阅读工作任务单，见表5-2，结合旅行社派导通知，熟悉旅游接待计划；熟悉团队成员信息；充实旅游接待中所需的其他资料。

表5-2 散客导游服务任务单

学习领域	导游实务		
学习情境	情境五：散客导游服务	课时	8
检验成果	任务单元一：接站服务 1. 服务准备 2. 接站服务 3. 沿途导游服务 4. 入住酒店服务 5. 后续工作	任务单元二：导游服务 1. 出发前的准备 2. 沿途导游服务 3. 现场导游讲解 4. 其他服务 5. 后续工作	
	任务单元三：送站服务 1. 服务准备 2. 到酒店接运游客 3. 到站送客		
考核方式	1. 档案文件（各项操作表单单据、资料），20% 2. 老师开展过程观察考核，成员互评，20% 3. 项目成果，30% 4. 答辩，30%		

2. 收集《导游人员管理条例》和《导游人员管理办法》中有关散客导游服务的部分知识及国家标准。

3. 结合任务书分析散客导游在服务中的难点和特殊或突发情况。

7 工作计划

针对散客导游服务所需资料、物品及工作过程制订带团服务计划。

引导问题1：查看散客导游规范服务流程图，如图5-1。

学习领域编号—页码		学习情境：散客导游服务	页码:269
姓名	班级	日期	

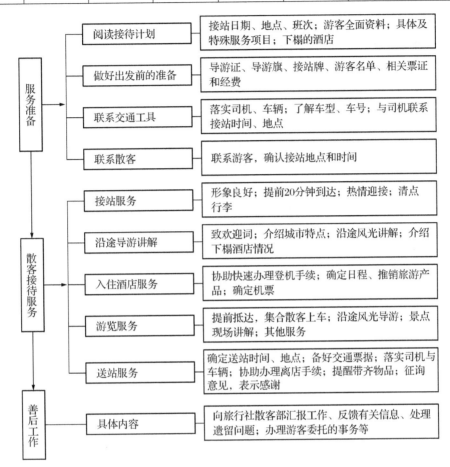

图 5-1 散客导游规范服务流程图

思考学习：散客导游规范服务流程是什么？服务的要点有哪些？

❓引导问题 2：学生分组讨论工作过程如何实施和在实施过程中的难点与解决方法有哪些？

页码:270	学习领域编号—页码		学习情境：散客导游服务	
	姓名	班级		日期

❓ 引导问题3：制订工作计划和散客导游服务方案。

每个学生提出自己的计划和方案，经小组讨论比较，得出2~3个方案；教师审查每个小组的导游领队服务方案、工作计划并提出整改建议；各小组进一步优化方案，确定最终工作方案。

各小组将制订的工作计划及散客导游服务方案填入表5-3。

表5-3 散客导游服务行动计划单

学习领域	导游实务		
学习情境	情境五：散客导游服务	课时	8
行动目标结果			
行动进程安排			
序号	实施步骤		人员分工
质量保证计划			
教师评语			

🚶 8 工作实施

散客旅游包括接站服务、导游服务、送站服务三个环节。

学习领域编号—页码		学习情境：散客导游服务	
姓名	班级	日期	

❓ 引导问题 1：散客旅游之所以越来越受到游客的青睐，除了它的旅游形式比团队旅游灵活、伸缩性强、自由度大以及可供游客自由选择等原因外，还与哪些因素有关？

❓ 引导问题 2：散客旅游与团队旅游的目的是相同的，即外出参观游览，但在旅游方式、人员组合、活动内容及付款方式等方面还是存在一定的差别。具体有哪些差别？请填写表 5-4。

表 5-4　散客旅游与团队旅游的区别

内容	散客旅游	团队旅游
旅游方式		
旅游人数		
服务内容		
付费方式		
价格		
服务难度		

思考：散客旅游的特点有哪些？

❓ 引导问题 3：导游接受旅行社派发的迎接散客的任务后，应认真做好迎接的准备工作，它是接待好游客的前提。其中服务准备工作主要包括哪些方面？

学习领域编号—页码		学习情境：散客导游服务	
姓名		班级		日期	

页码:272

❓引导问题 4：接站时要使散客受到热情友好的接待，有宾至如归之感。

1. 提前到机场（车站、码头）等候的时间规定。

❖**【案例导入 1】关于散客接站服务**

　　比利时游客布兰特先生因工作要到 N 市去，他想利用此次机会，参观一下该市的博物馆。在出发前，他通过北京的旅行社委托 N 市旅行社提供接机和第二天博物馆的导游讲解服务。按照委托要求，导游员小孟于 6 月 3 日 14 时前往机场接待，他还为接站写了接站牌。由于交通堵塞，在路上耽误了半个小时，他到达机场时航班已经到了，该航班的乘客有的已经出来了，他举着写有布兰特中文字样的接站牌，在到达厅出口等待。可是全部乘客都出来后，他还是没有接到客人。于是他又举着接站牌在机场到达厅里转了两圈都没有找到客人。无奈之下，只好打电话给旅行社的计调人员，请他们帮助寻找。经过计调人员与布兰特先生预定的酒店联系，得知客人自己坐出租车去了酒店。第二天小孟去酒店接客人去博物馆游览时，布兰特先生却向旅行社提出换人；事后客人对小孟提出了投诉，请问，小孟在哪些方面存在问题？

案例分析：

　　1. 没有按规定的时间提前到达机场接站。2. 虽然准备了接站牌，但是由于疏忽，小孟是用中文写的游客姓名。3. 在没有接到客人时，要到问讯处确认此次航班的客人已全部抵达。4. 要到出租车服务处、行李领取处及可能的范围内寻找，而不是在机场到达大厅里转圈。（事后得知，客人在问讯处等了 20 多分钟才乘出租车去酒店的）5. 漏接发生后应到酒店向客人当面道歉并退还接站的服务费用。

【案例导入 2】关于散客接待服务

　　比利先生是一家跨国公司的驻京代表，他想利用周末去泰山旅游，于是他委托旅行社办理了泰山二日游。他乘火车到达泰安后，在站台等了十多分钟，没有见到导游员。因为在办理委托时，他要求导游员在站台接站。无奈之下，他只好提着行李出了车站，在出站口，他也没有见到导游员。就在他准备乘出租车自己去酒店时，导游员小黄才匆匆赶过来。原来小黄在出站口等了半个小时，看到旅客都走完了，还不见比利先生。于是他就到问讯处了解情况时，而此时比利先生正好出来，所以错过了。比利先生满脸的不高兴。

学习领域编号—页码		学习情境：散客导游服务		页码:273
姓名		班级	日期	

小黄把他送到酒店后，安排完房间，简单地介绍了一下酒店的设施和用餐时间就离开了。比利先生立即打电话给北京的旅行社，要求终止服务并索赔。

根据以上情况，请分析：

1. 你认为此次导游服务出现差错的原因是什么？
2. 小黄的服务有哪些不周的地方？

案例分析：

1. 出现差错的原因可能有以下几点：(1) 北京的旅行社没有将比利先生要求在站台接站的要求通知接待社。(2) 接待社没有通知导游员。(3) 小黄没有认真地阅读接待计划。

2. 小黄的服务有以下几个问题：(1) 没有认真地阅读接待计划。(2) 没有对未按要求在站台接站表示歉意。(3) 没有更加努力地工作以求取得客人的谅解。(4) 没有提供沿途导游服务。(5) 没有和客人确认日程。(6) 没有确认返程交通票据。(7) 没有详细了解客人其他方面的要求。

❓引导问题5：接站服务中的沿途导游服务注意事项。

小提示：可以参照地陪规范服务流程。

❓引导问题6：入住酒店服务应使所接散客进入酒店后尽快完成入住登记手续，导游应热情介绍酒店的服务项目及住宿的有关注意事项，与其确认日程安排与离店的有关事宜。

思考学习：1. 如何办理入住登记手续？

2. 如何确定日程安排？

3. 如何提前订购机票？

4. 如何推销旅游服务项目?

引导问题 7：参加散客旅游的游客一般文化水平比较高，旅游经验也比较丰富，在旅游中更加注重文化内涵，对旅游服务的要求也高，因此要求导游有较高的素质，有高度的工作责任心，能多倾听他们的意见，并在此基础上做好组织协调工作。

思考学习：1. 导游服务环节，导游如何做好出发前的准备工作？

2. 导游服务环节，如何做好沿途导游服务？

3. 导游服务环节，如何做好现场导游讲解？

【案例导入1】关于散客游览服务

导游王小姐在接待一对老年夫妇游览湖北省博物馆和黄鹤楼时工作认真负责，在四个小时内一直陪着客人，向客人详细介绍了湖北省博物馆的展出文物和黄鹤楼的历史、传说和建筑等情况。他们在参观时经常提出一些有关展出文物和黄鹤楼的问题，王小姐说："由于时间很紧，现在先游览，回酒店后我再回答你们的问题。"在游览途中，老年夫妇几次建议她休息一下，她也都谢绝了。虽然很累，但她很高兴，认为自己出色地完成了导游讲解任务。然而，出乎她意料的是那对老年夫妇不仅没有表扬她，反而写信给旅行社领导批评了她。她很委屈，但领导了解情况后说老年夫妇批评得对。

1. 为什么说老年夫妇批评得对？ 2. 应该怎样接待老年散客？

案例分析：

1. 老年夫妇的批评很有道理。(1) 由于王小姐不了解老年游客的兴趣爱好，导游讲解没有针对性，导致游客经常提问。(2) 没有针对老年游客的身体特点，劳逸结合地安排游览活动，让他们进行了一次疲劳的游览。(3) 要注意观察游客，善于发现问题，理解游客某些话的真正含义。既然王小姐自己都觉得很累，那老年人就更会觉得累了。老年夫妇表面上劝王小姐休息，实际上是他们也累了，很想休息一会儿，可惜王小姐不理解。(4) 王小

学习领域编号—页码		学习情境：散客导游服务		页码:275
姓名	班级		日期	

姐应该在现场回答他们关于黄鹤楼的问题，不应让老人在短时间内看那么多东西。

2. 接待老年散客的正确做法如下：（1）对游览线路，导游员要提出建议或方案、当好顾问，但由游客选择，不能勉强游客接受你的安排。（2）对老年散客，一定要注意劳逸结合，他们提出要休息，就应找地方休息，有时还要建议他们休息，绝不能强拉他们去游览。（3）导游讲解应不同于团队导游，对景点进行必要的介绍后，以对话、讨论形式为主。（4）一般情况下，尤其是在为散客提供导游服务时，要在现场回答游客提出的与景点相关的问题。如果自己有些问题回答不出，要尽可能在弄清楚后再向游客解答。

❖ **【案例导入2】关于散客讲解服务**

某旅行社欧美部的英语导游员小吴作为地陪负责接待由散客组成的旅游团。旅游团共8人，其中5人讲英语，3人讲普通话。在旅游车上，小吴用两种语言交替为游客讲解。到了一游览景点时，小吴考虑到团员中讲英语的较多，便先用英语进行了讲解，没想到她讲解完并想用中文再次讲解时，讲中文的游客已全都走开了，因而她就没用中文再做讲解。事后，小吴所在旅行社接到了那几位讲中文游客的投诉，她们认为地陪小吴崇洋媚外，对待游客不平等。

分析：1. 小吴被投诉的主要原因是什么？2. 小吴当时应该怎样做？

案例分析：

1. 这是一次由误会而导致的投诉。散客旅游团一般是由旅行社门市工作人员临时组织而成的旅游团，因而团员经常来自不同国家或地区，互相不熟悉，语言不通，行为各异。接待这样的旅游团要比接待团体游客复杂得多，困难得多。小吴遭投诉的原因，并非她真的崇洋媚外，也并非没有遵照"为大家服务"的原则去做，只是服务过程中工作欠细致、周到而已。从案例中可知，无论是动机上或行为上，小吴都没有不想为这些讲中文的游客做讲解，但是由于她没有与游客讲明自己的服务方式，没有考虑到自己先用英语讲解会给讲中文的游客带来心理上的不平衡，结果导致了游客对她的投诉。

2. 小吴只要事先与游客声明，她将用中英文交替的方式为游客讲解即可；若要完全平等，则可采用转换讲解法，在甲地英语讲解在先，到了乙地则英语讲解在后。

4. 如何做好其他服务？

5. 如何做好导游服务中的后续工作？填写零散游客登记表（表5-5）。

页码:276	学习领域编号—页码		学习情境：散客导游服务	
	姓名	班级		日期

表 5-5 零散游客登记表

姓名	人数	单位	联系电话	旅游目的地	出行时间

引导问题 8：送站服务。当散客结束在本地的活动后，导游应根据接受的送站任务为他们提供送站服务，使他们安全、顺利地离开当地。

思考学习：如何做好送站服务准备工作？

❖ 【案例导入】关于散客送站服务

上海客人林先生结束了在 G 市的商务活动，按照委托旅行社的计划，6 月 23 日离开 G 市回上海。导游员小刘在 22 日陪他游完景点时告诉他，一定会和他联系，确认第二天的航班和商定出发时间。可是直到 22 日晚上 11 点，导游员小刘都没有和他联系。由于林先生没有小刘的联系方式，急得他一点办法都没有。他以为没有买到票，小刘才没有与他联系。

第二天早上，他刚吃完早餐，小刘就急匆匆地找到他，让他赶快收拾行李去结账，他的航班是 9 点 30 分的。林先生一看表，已经 8 点 15 分了，他急忙返回房间，收拾行李，急匆匆地结了账。到达机场后，离停办手续还差 2 分钟。小刘把他送到后就离开了。林先生非常不满意，回去后对小刘的服务提出了投诉。请问，小刘的送站服务有哪些方面不符合导游规范？

案例分析：

1. 没有提前和客人确认航班和商定好第二天的时间安排。2. 没有提前到达酒店，要确保提前 2 小时将客人送到机场。3. 没有给客人留下自己的联系方式，以便客人有事能够与自己取得联系。4. 没有协助客人办理离店手续。5. 没有征求客人对自己工作意见。

引导问题 9：送站服务中如何做好到酒店接运游客的工作？

❖【案例导入】关于散客的规范服务

罗伯特夫妇的女儿受聘在 W 市担任外语教师，7 月 5 日，他们从国外来看望自己的女儿。在 W 市和女儿一起度过了一段时间后，他们决定 8 月 10 日启程回家。由于买的礼物和纪念品较多，行李非常重，而且 W 市没有直达航班，要到 G 市转机，女儿为减轻他们的负担和安全起见，就委托 G 市的旅行社负责安排接送和代订酒店服务。

G 市旅行社接到委托后，就安排散客部的王林负责此次导游服务。小王接到罗伯特夫妇后，直接将他们送到预订的酒店，帮他们办理了住店手续后就离开了。由于小王没有与他们约定送机的时间，而他们的机票是第二天早上 8：30 的，两位老人第二天 5：30 就起来了。他们收拾好行李，连早餐都没有去吃就到酒店大厅等小王。他们一直等到 7：15，小王才和司机来到酒店接他们。小王请他们赶快上车，说时间太紧了。到达机场后，小王帮他们找来一辆手推车，告诉他们办理登机手续的地方后，就说他还要接一批马上要抵达的客人，然后就匆匆去机场到达厅接待其他的客人去了。

两位老人费了好大劲才办完手续，对此他们非常不满意。请问，小王的服务存在哪些方面的问题？

案例分析：

1. 酒店服务方面：(1) 没有向客人介绍酒店设施和早餐时间及地点。(2) 没有送客人及客人行李到房间。(3) 没有和客人约定出发时间。(4) 没有安排叫早。

2. 送站方面：(1) 到达酒店接客人的时间太晚，导致时间非常紧张。(2) 没有帮助客人办理登机手续。(3) 没有将客人送到安检口。(4) 没有向客人道别并征求客人意见。

引导问题 10：如何做好到站送客工作？

9 质量验收

引导问题 1：散客导游服务必须符合《导游服务规范》(GB/T 15971—2023) 中有关服务的要求和规范。熟悉旅游接待计划，如表 5-6，接收派导任务通知单如表 5-7，要求规范准确填写并提交。

学习领域编号—页码		学习情境：散客导游服务	
姓名	班级	日期	

表 5-6 散客旅游团队接待计划表

组图社名称及团号		来自国家或城市		全陪	
地接社团号				地陪	
总人数		男		用车情况 （司机： ）	导游借款	
儿童		女				

时间	游览项目及景点	用餐		入住宾馆
D1 月 日 时 分		早餐：		
		中餐：		
		晚餐：		
D2 月 日 时 分		早餐：		
		中餐：		
		晚餐：		
D3 月 日 时 分		早餐：		
		中餐：		
		晚餐：		
D4 月 日 时 分		早餐：		
		中餐：		
		晚餐：		
D5 月 日 时 分		早餐：		
		中餐：		
		晚餐：		
D6 月 日 时 分		早餐：		
		中餐：		
		晚餐：		
D7 月 日 时 分		早餐：		
		中餐：		
		晚餐：		
订票计划	飞机：			
	火车：			
	轮船：			
备注				

签发日期： 年 月 日 签发人： 导游签名：

学习领域编号—页码		学习情境：散客导游服务		
姓名		班级	日期	

表5-7 散客导游服务派导任务通知书

旅行社名称		（盖章）		电话	
团号		游客类别	国内 国际	游客人数	
导游姓名		专职 兼职	导游证号		
目的地			团队性质	地接 出游	
任务时间		年 月 日至 年 月 日		天 夜	
乘坐交通情况	抵达	交通工具： 航（车）次： 月 日 时			
	离开	交通工具： 航（车）次： 月 日 时			
	接送站	接：车型 座数 司机 送：车型 座数 司机			
	城市间				
住宿饭店				住宿天数	
游览景区					
进餐地点					
购物地点					
其他安排					
计调部负责人		（签名）	计调部电话		
完成任务情况及有关说明					

武汉市文化和旅游局制

有关要求：
(1) 旅行社须按要求填写，并加盖公章。
(2) 详细游览活动日程作为附件附后。
(3) 导游员在带团出游或地接时，须携带此任务派遣书，不得擅自改变派遣书确定的行程。
(4) 此任务派遣书一式二份，一份由旅行社存档，一份由导游员携带供旅游管理部门检查。

❓引导问题2：各小组提交导游讲解词并进行模拟讲解，导游讲解分为沿途导游讲解和现场导游讲解两个部分，必须符合行业标准。评分标准如表5-8，各小组提交评分表。

学习领域编号—页码			学习情境:散客导游服务	
姓名		班级		日期

表5-8 散客导游讲解评价要点评分表

项目	要求	分数	得分	评语
导游规范/ 20分	胸卡	2		
	社徽	2		
	引导标志	2		
	话筒持法	2		
	面对客人	2		
	所站位置	2		
	面部表情	4		
	欢迎语	4		
导游内容/ 35分	全面	6		
	切题	6		
	正确	6		
	层次	5		
	新颖	6		
	发挥	6		
语言表达能力/ 25分	流畅	5		
	自然	5		
	逻辑性	5		
	主动性	5		
	幽默性	2		
	声音语调	3		
导游技巧/ 10分	导游方法	5		
	形体姿态	5		
总体印象/ 10分	仪容仪表	5		
	礼节礼貌	5		
总分	100分			

?引导问题3:依照行业标准,填写导游报账单,如表5-9,填写并提交导游工作小结表,如表5-10,填写并提交游客意见反馈表,如表5-11。

学习领域编号—页码		学习情境：散客导游服务		 页码:281
姓名		班级	日期	

表 5-9 散客导游报账单

导游			电话		线路名称				出游日期	
团队总人数			成人		半票		免票		代收团款金额	
借支余额			借支人		余额		司机车牌号		联系电话	
总支出	成本支出			名称	数量	单价	现付	冲抵预付	月结	
			门票							
			住宿							
			车费							
			餐费							
			杂项							
	其他支出		退款							
			其他							
			合计							

导游：　　　部门负责人：　　　计调：　　　分管领导：　　　财务：　　　出纳：

表 5-10 散客导游工作小结

出团日期		团号	
人数		目的地	
带团小结	（带团主要情况，存在问题及改进方向）		
主管初审意见	（团队操作情况，存在问题及改进方向）		
总经理审核意见	（总体评价）		

学习领域编号—页码 页码:282		学习情境:散客导游服务	
姓名		班级	日期

表 5-11 国内游客意见调查表

尊敬的游客:

  欢迎您参加旅行社组成的团队出外旅游,希望此次旅程能为您留下难忘的印象。为不断提高我市旅游服务水平和质量,请您协助我们填写此表(在每栏其中一项里打"√"),留下宝贵的意见。谢谢您! 欢迎再来旅游!

组团社:　　　　　　　　　　　全陪导游员姓名:
团号:　　　　　　　　　　　　人数:
游览线路:　　　　　　　　　　天数:
游客代表姓名:　　　　　　　　联系电话:
单位:　　　　　　　　　　　　填写时间:　　年　　月　　日

项目	满意	较满意	一般	不满意	游客意见与建议
咨询服务					
线路设计					
日程安排					
活动内容					
价格质量相符					
安全保障					
导游业务技能					
导游服务态度					
住宿					
餐饮					
交通					
娱乐					
履约程度					
整体服务质量评价					

 评价

  学生完成学习情境的成绩评定将按学生自评、小组互评、老师评价三阶段进行,并按自评占20%,小组互评占30%,教师评价占50%作为学生综合评价结果。

  1. 学生进行自我评价,并将结果填入表 5-12 中。

学习领域编号—页码		学习情境：散客导游服务	
姓名	班级	日期	

表 5-12　学生自评表

学习情境五	散客导游服务		
班级	姓名	学号	
评价项目	评价标准	分值	得分
服务准备	依据旅游接待计划，能认真做好迎接的准备工作，包括接待计划、物品准备、联系交通工具、与游客联系	5	
接站服务	严格按照时间接站，不错接漏接游客，并熟练进行沿途导游讲解和说明注意事项	5	
入住酒店服务	能迅速完成入住登记手续，熟练介绍酒店设备和服务项目，确定日程安排和离店的有关事宜	5	
导游服务	依据导游服务原则，做好出发前的准备工作，做好沿途导游服务和现场导游讲解服务，同时当好游客的参考和顾问，做好其他服务和后续工作	50	
送站服务	依据送站计划，做好送站准备。依据交通方式，严格按时到酒店接运游客，到站送客协助办理离站手续	5	
后续工作	做好总结工作，撰写小结、查漏补缺、总结提高	5	
工作态度	态度端正、无无故缺勤、迟到、早退现象	5	
工作质量	能按计划完成工作任务	5	
协调能力	与小组成员、同学之间能合作交流，协调工作	5	
职业素质	引导文明旅游规范，宣传文明旅游	5	
创新意识	能依照《导游服务规范》很好地理解散客服务内容	5	
合计		100	

2. 学生以小组为单位，对散客导游服务的过程与结果进行互评，将互评结果填入表 5-13 中。

表 5-13　学生互评表

学习情境五				散客导游服务										
评价项目	分值	等级								评价对象（组别）				
										1	2	3	4	5	6
计划合理	8	优	8	良	7	中	6	差	4						
方案准确	8	优	8	良	7	中	6	差	4						
团队合作	8	优	8	良	7	中	6	差	4						
组织有序	8	优	8	良	7	中	6	差	4						
工作质量	8	优	8	良	7	中	6	差	4						
工作效率	8	优	8	良	7	中	6	差	4						
工作完整	16	优	16	良	12	中	8	差	5						
工作规范	16	优	16	良	13	中	11	差	8						
成果展示	20	优	20	良	15	中	10	差	5						
	100														

学习领域编号—页码		学习情境：散客导游服务	
姓名		班级	日期

3. 教师对学生工作过程与工作结果进行评价，并将评价结果填入表5-14中。

表5-14 教师综合评价表

学习情境五		散客导游服务		
班级		姓名	学号	
评价项目		评价标准	分值	得分
考勤/10%		无无故迟到、早退、旷课现象	10	
工作过程/60%	服务准备	依据旅游接待计划，能认真做好迎接的准备工作，包括接待计划、物品准备、联系交通工具、与游客联系	5	
	接站服务	严格按照时间接站，不错接漏接游客，并熟练进行沿途导游讲解和说明注意事项	5	
	入住酒店服务	能迅速完成入住登记手续，熟练介绍酒店设备和服务项目，确定日程安排和离店的有关事宜	5	
	导游服务	依据导游服务原则，做好出发前的准备工作，做好沿途导游服务和现场导游讲解服务，同时，当好游客的参考和顾问，做好其他服务和后续工作	30	
	送站服务	依据送站计划，做好送站准备。依据交通方式，严格按时到饭店接运游客，到站送客协助办理离站手续	5	
	后续工作	做好总结工作，撰写小结、查漏补缺、总结提高	5	
	工作态度	态度端正，工作认真、主动	5	
	协调能力	与小组成员之间、同学之间能合作交流，协调工作	5	
	职业素质	引导文明旅游规范，宣传文明旅游	5	
项目成果/30%	工作完整	能按时完成任务	5	
	工作规范	能按《导游服务规范》行业标准提高规范服务	5	
	成果展示	能准确总结、汇报工作成果	10	
合计				
综合评价	自评/20%	小组互评/30%	教师评价/50%	综合得分

11 学习情境的相关知识点

近年来,从国际旅游的统计数据来看,散客旅游发展迅速,已成为当今旅游的主要方式;从国内市场来看,人们外出旅游已从观光旅游逐步向体验型旅游发展,国内散客市场也日益扩大。散客旅游之所以越来越受到游客的青睐,是因为它的旅游形式比团队旅游灵活、伸缩性强、自由度大。散客导游服务主要包括接站服务、导游服务和送站服务三个环节。

知识点1:散客旅游兴盛的其他因素

(一)游客自主意识增强

随着我国国内旅游的发展,游客的旅游经验得到积累,他们的自主意识、消费者权益保护意识不断增强,更愿意根据个人喜好自主出游或结伴出游。

(二)游客内在结构改变

随着我国经济的发展,社会阶层产生了变化,一部分人先富裕起来,改变了游客的经济结构;青年游客大量增多,他们往往性格大胆,富有冒险精神,旅游过程中带有明显的个人爱好,不愿受团队旅游的束缚和限制。

(三)交通和通信的发展

现代交通和通信工具的迅速发展,为散客旅游提供了便利的技术条件。随着我国汽车进入家庭步伐的加快,人们驾驶自己的汽车或租车出游十分盛行。现代通信、网络技术的发展,也使得游客无须通过旅行社来安排自己的旅行,他们越来越多地借助于网络预订和电话预订。

(四)散客接待条件改善

世界各国和我国各地区,为发展散客旅游都在努力调整其接待机制,增加和改善散客接待设施。他们通过旅游咨询电话、计算机导游显示屏等为散客提供服务。我国不少旅行社已经在着手建立完善的散客服务网络,并运用网络等现代化促销手段,为散客旅游提供详尽、迅捷的信息服务。还有旅行社设立了专门的散客接待部门,以适应这种发展趋势。

知识点2:散客旅游与团队旅游的区别

散客旅游与团队旅游的目的是相同的,即外出参观游览,但在旅游方式、人员组合、活动内容及付款方式等方面还是存在一定的差别。

(一)旅游方式

团队旅游的食、住、行、游、购、娱一般都是由旅行社或旅游服务中介机构提前安排,而散客旅游则不同。自助游游客外出旅游的计划和行程都自行安排,定制游游客出游计划和行程则是旅行社根据游客要求定制安排的。

（二）游客人数

团队旅游一般都是由 10 人（包括 10 人）以上的游客组成。而散客旅游以人数少为特点，一般界定为由 10 人（不包括 10 人）以下的游客组成。可以是单个的游客也可以是一个家庭，还可以是由几位好友组成。

（三）服务内容

团队旅游是有组织按预订的行程、计划进行旅游。而散客旅游的随意性很强，变化多，服务项目不固定，而且自由度大。

（四）付款方式和价格

团队旅游是通过旅行社或旅游服务中介机构，采取支付综合包价的形式，即全部或部分旅游服务费用由游客在出游前一次性支付或者是支付大部分。而散客旅游的付款方式有时是零星现付，即购买什么、购买多少，按零售价格当场现付。

由于团队旅游的人数多、购买量大，在价格上有一定的优惠。而散客旅游则是零星购买的，相对而言，数量较少。所以，散客旅游服务项目的价格比团队旅游服务项目的价格会贵一些。另外，每个服务项目散客都按零售价格支付，而团队旅游在某些服务项目（如机票、住宿）上可以享受折扣或优惠，因而相对较为便宜。

（五）服务难度

散客旅游常常没有出境旅游领队和全陪，有些散客服务是预先委托的，而大部分是临时委托旅行社安排其旅游活动，游客之间也互不相识，而且往往时间紧迫，导游没有太多的时间做准备。因此，与团队旅游相比，散客导游服务的难度要大得多、复杂得多、琐碎得多。

知识点 3：散客旅游的特点

（一）规模小

由于散客旅游多为游客本人单独出行或与朋友、家人结伴而行，因此与团队旅游相比规模会小一些。对旅行社而言，接待散客旅游的批量比接待团体旅游的批量要少得多。

（二）批次多

近年来散客旅游发展迅速，采用散客旅游形式的游客人数大大超过团队游客人数，各国、各地都在积极发展散客旅游业务，为其发展提供了各种便利条件，散客旅游更得到长足的发展。散客旅游由于批量少、总人数多的特征，往往会催生批次多的特点。

（三）要求多

在散客旅游中，不乏消费水平较高的游客，他们不仅要求多，而且对服务要求也高。

（四）变化大

散客在出游前对旅游计划的安排往往缺乏周密细致的考虑，因而在旅游过程中常常需要随时变更旅游计划，导致更改或全部取消出发前向旅行社预订的服务项目，而要求旅行社为其预订新的服务项目。

（五）自由度大

散客由于没有团队集体行动的限制，一切都根据自己的需要和意愿来行动，想走就走，想歇就歇，因而自由度较大。

（六）预订期短

与团队旅游相比，散客旅游的预订期比较短。因为散客旅游要求旅行社提供的或是全套定制旅游服务，或是一项或几项服务，有时是在出发前临时提出的，有时是在旅行过程中增加的。他们往往要求旅行社能够在较短时间内安排或办妥相关的旅游业务，从而对旅行社的工作效率提出了更高要求。

知识点 4：散客的接站服务

（一）服务准备

导游接受旅行社派发的迎接散客的任务后，应认真做好迎接的准备工作，这是接待好游客的前提。

1. 认真阅读接待计划

导游应明确迎接的日期，航班或车次抵达的时间，散客姓名、人数和下榻的饭店，有无航班或车次及人数的变更，提供哪些服务项目，是否与其他游客合乘一辆车至下榻的酒店等。

2. 做好出发前的准备

导游要准备好所迎接散客的欢迎标志（接站牌）、地图，随身携带的电子导游证、导游身份标识、旗子；检查所需票证，如餐单和游览券等。

3. 联系交通工具

导游要与计调部门确认司机姓名并与司机取得联系，约定出发时间、地点，了解车型、车号。

4. 与游客联系

导游应在接站前与游客取得联系，确认接站地点和时间。

（二）接站服务

接站时要使散客受到热情友好的接待，有宾至如归之感。

1. 提前到机场（车站、码头）等候

导游若迎接的是乘坐飞机的散客，应随时通过航班动态查询软件查询航班动态，确保在航班抵达前 30 分钟到达机场，在国际或国内进港隔离区门外等候；若是迎接乘火车而来的散客，应提前 30 分钟在出站口等候。

2. 迎接散客

由于散客人数少，出港旅客很多，往往稍一疏忽，就会出现漏接（客人自行乘车去了酒店或被他人接走），因此在航班（列车）抵达时刻，导游应通过电话、短信或其他社交软件联系客人，并与司机站在不同的出口、易于被散客发现的位置举牌等候，以便游客识别。导游也可根据游客的外部特征上前询问。确认迎接到该接的散客后应主动问候，并介绍所代表的旅行社和自己的姓名，对游客表示欢迎。询问所接散客在机场或车站是否还有要办理的事项，并给予必要的协助。询问其行李件数并进行清点，帮助其提取行李和引导客人上车。

如果没有接到应接的散客，导游应该立刻拨打相应散客的手机。如果客人没有接听电话，导游应马上询问机场（车站、码头）的工作人员，确认本次航班（列车）的游客确已全部进港和在隔离区内已无出港的游客。导游要与司机配合，在尽可能的范围内寻找（至少 20 分钟）。若确实找不到应接的散客，导游应通过电话同计调部或散客部联系，报告迎接的情况，核实该散客抵达的日期或航班（车次、船次）有无变化。当证实迎接无望时，经计调部或散客部同意方可离开机场（车站、码头）。导游回到市区后，应到所接散客下榻的酒店前台，询问该散客是否已入住酒店。如果已入住，必须主动与其联系，并表示歉意。

（三）沿途导游服务

在从机场（车站、码头）至下榻酒店的途中，导游对散客应像全包价旅游团一样进行沿途导游，介绍所在城市的概况、下榻酒店的地理位置和设施，以及沿途景物和有关注意事项等。沿途导游服务可采取对话的形式进行。

（四）入住饭店服务

应使所接散客进入酒店后尽快完成入住登记手续，导游还需热情介绍酒店的服务项目及住宿的有关注意事项，与其确认日程安排与离店的有关事宜。

1. 帮助办理住店手续

散客抵达酒店后，导游应帮助其办理酒店入住手续，向其介绍酒店的主要服务项目及住店注意事项。按接待计划向其明确酒店将为其提供的服务项目，并告知其离店时要现付的费用和项目。记下该散客的房间号码，督促酒店行李员将行李运送到游客的房间。

2. 确认日程安排

导游在帮助游客办理入住手续后，要与游客确认日程安排。当游客确认后，将填好的安排表、游览券及赴下一站的飞机（火车）确认订妥票据的凭证交给游客，并让其确认。如散客参加旅行社组织的"一日游"游览，应将游览券、游览徽章交给他（她），并详细说明各种票据的使用场合，集合时间、地点，以及"一日游"旅游车上的导游召集散客的方式、在何处等车等相关事宜。如果该散客还有送机（车、船）服务，导游要与其商定离店时间与送站安排。

3. 提前订购机票

若散客将乘飞机赴下一站，而又不需要旅行社为其代购机票时，导游应叮嘱其提前订购机票，并在航空公司规定的时间内通过电话或网络方式选择座位。当散客确定乘机时间并告知导游后，导游应当及时向散客部或计调部门报告，以便提前派人、派车为其提供送机服务。

4. 推销旅游服务项目

导游在迎接散客的过程中，应择机询问该散客在本地停留期间还需要旅行社为其提供何种服务，并表示愿竭诚为其提供服务。

（五）后续工作

迎接散客完毕后，导游应及时将同接待计划有出入的信息与特殊要求反馈给散客部或计调部。

知识点5：散客的导游服务

（一）出发前的准备

出发前，导游应做好相关的准备工作，如携带游览券、导游小旗、宣传材料、游览图册、电子导游证、导游身份标识、名片等，并与司机联系集合的时间、地点，督促司机做好有关准备工作。

导游应提前15分钟抵达集合地点引导散客上车。如果客人分住不同的酒店，导游应偕同司机驱车按事先与客人约定的接运时间到各酒店接运散客。将他们接齐后，再驶往游览景点。根据接待计划的安排，导游必须按照规定的线路和景点安排带领客人游览。

（二）沿途导游服务

散客的沿途导游服务与全包价旅游团大同小异。初次与游客见面时，应代表旅行社、司机向游客致以热烈的欢迎，表示愿竭诚为大家服务，希望大家予以合作，多提宝贵意见和建议，并祝大家游览愉快、顺利。

导游除做好沿途导游之外，应特别向游客强调在游览中注意安全。

（三）现场导游讲解

抵达游览景点后，导游应对景点的历史背景、特色等进行讲解，语言要生动，富有感染力。对于散客，导游可采取对话的形式进行讲解，这样显得更加亲切自然。游览前，导游应向散客提供游览线路的合理建议，由其自行选择，但需要提醒其记住上车时间、地点和车型、车号。游览时，导游应注意观察散客的动向和周围的情况，以防游客走失或发生意外事故。游览结束后，导游要随车将游客一一送回各自下榻的酒店。

（四）其他服务

由于散客自由活动时间较多，导游应当好他们的参谋和顾问，向他们介绍当地的文艺演出、体育比赛或酒店开展的活动，请其自由选择，并表示愿意协助进行安排。如果散客要外出购物或参加晚间娱乐活动，导游应提醒其外出时注意安全，并引导他们去健康、正规的娱乐场所。

全程私人定制旅游，则要根据游客的需求，即游客的喜好和需求定制旅游行程，提供个性化的服务。因此导游在设计行程时，应全方位根据游客需求，在食、住、行、游、购、娱各方面灵活设计，精心安排。在陪同游客过程中，真正为游客考虑，服务周到全面，让散客真正省心又开心。

（五）后续工作

若接待任务书或委托书中注明参观游览需现场收费，导游应向散客收取现款或让其在线支付，并及时将收取的金额上交旅行社财务部。接待任务完成后，导游还应及时将接待中的有关情况反馈给散客部或计调部，填写"零散游客登记表"。

知识点6：散客的送站服务

（一）服务准备

1. 详细阅读送站计划

导游接受送站任务后，应详细阅读送站计划，明确所送游客的姓名、离开本地的日期、所乘航班（车次、船次）以及游客下榻的酒店，有无航班或车次与人数的变更，是否与其他游客合乘一辆车去机场（车站、码头）。

2. 做好送站准备

导游必须在送站前24小时与游客确认送站时间和地点，可通过微信、QQ、短信或电话告知游客具体的送站时间和地点，请游客确认。要准备好游客的机（车、船）票或网络订票凭证，同散客部或计调部确认与司机会合的时间、地点、车型及车号。

导游必须为需送站的散客到达机场（车站、码头）留出充裕的时间。按照要求，乘出境航班提前3小时或按航空公司规定时间；乘国内航班提前2小时；乘火车、轮船提前1小时。

（二）到酒店接运游客

按照与散客约定的时间，导游必须提前20分钟到达散客下榻的酒店，协助其办理离店手续，交还房卡，付清账款，清点行李，提醒散客带齐随身物品，然后照顾客人上车离店。

若导游到达散客下榻的饭店后，未找到应送的游客，应到饭店前台了解该客人是否已离店，并通过微信、QQ、短信或电话联系客人，视情况决定是继续等待还是返回或者前去接送下一批客人。

若需送站的散客与住在其他酒店的散客合乘一辆车去机场（车站、码头），导游要严格按约定的时间顺序抵达各个酒店。途中如果遭遇严重交通堵塞或其他极特殊情况，需调整原来约定的时间顺序和行车线路，导游应及时打电话将时间上的变化情况通知在各酒店等候的客人，必要时可以请示计调部门，请客人采用其他方式前往机场（车站、码头）。

（三）到站送客

在送散客赴机场（车站、码头）途中，导游应向其征询在本地停留期间的感受及对服务的意见和建议，并代表旅行社向游客表示感谢。

到达机场（车站、码头）后，导游应提醒和帮助散客带好行李与物品，协助其办理离站手续（如取网络订票、领取登机牌、办理行李托运等）。

导游在同散客告别前，应向机场人员确认航班是否准时起飞。若航班延时起飞，应主动为客人提供力所能及的帮助。若确认航班准时起飞，导游应将散客送至安检区域入口处同其告别，热情欢迎下次再来。若散客将再次返回本地，要同客人约好返回等候的时间和地点。

送别散客后，导游应及时结清所有账目，将有关情况反馈给散客部或计调部。

更多拓展资料请扫下方二维码获取：

附录一

附录二

附录三

致 老 师

尊敬的老师：

您好！

感谢您选择使用《导游实务》（工作页）！

"导游实务"是旅游管理专业职业核心课程（学习领域课程）体系中的一门核心课程，旨在培养学生具有全程陪同、地方陪同、景区导游、导游领队和散客接待的综合职业能力。《导游实务》（工作页）是为了实现上述目标而设计开发的学生学习用书，是依据目前旅游企业导游服务的程序、质量监控、服务过程及工作方法进行编写的。学生可以在问题的引导下自主学习，有步骤、有计划地展开工作，在工作中掌握知识，学会工作方法，培养学生导游讲解服务、规范服务、特殊问题处理和随机应变的职业能力。

在教学实施过程中，提出以下建议供您参考：

1. 教师主导，学生主体

本课程需要您亲自去组建合适的教学团队，除校内专任教师外，还需要校外企业一线骨干员工的加入。尽量利用学校现有的教学设施和条件，构建本课程的最佳教学环境，以满足基于工作过程系统化的教学；在引导学生学习时，请您尽量以现有教学条件，增补设备设施及开发课程平台，并取得院系或学校相关部门的支持，从而改善学生进行自由探索和自主学习的学习环境。为学生提供合适的学习资源，使用不同的教学方法，充分调动学生学习的主动性，让学生在小组合作与交流的氛围中，尽可能通过亲身实践来学习，并加强学习过程的质量控制。您的耐心指导和有效的管理将使学生的学习更为有效。

2. 质量验收与学业评价

学习目标反映学生完成学习任务后预期达到的能力水平，含专业能力与关键能力，既有针对本学习任务的过程和结果的质量要求，也有对今后完成类似工作任务的要求。每个学习目标都要落实到具体的学习活动中，对学生的学业评价不仅要在学习过程中体现，而且还应结合最终成果——终结性评价，质量验收要符合国家和行业规范及标准。学生完成学习情境的成绩评定将按学生自评、小组互评、老师评价三阶段进行，最后，您按自评占20%、小组互评占30%、教师评价占50%作为学生综合评价结果。

3. 工作与学习内容设计

本课程的学习内容是一体化的学习任务。内容来源依托教研室召开的旅游企业实践专家访谈会，从学生未来的职业成长规律入手，基于工作过程系统化的分析，梳理归纳了导游职业岗位的典型工作任务。在教学时，教师既可以从合作旅行社直接引进一个真实的接团任务作为教学的载体，也可以结合自己在企业锻炼的体验，自行设计一个仿真任务作为载体。重要的是要构建行动领域与知识领域之间的内在联系，将完成工作任务的整个过程分解为一系列可以让学生独立学习和工作的相对完整的教学活动，这些活动可依据实际教学情况来设计。在实施时，要充分相信学生并发挥学生的主体作用，与他们共同进行活动过程的质量控制。

4. 教学方法与组织形式

本课程倡导行动导向的教学，通过引导问题，促进学生进行主动的思考和学习。此外，还建议采用项目教学法、案例教学法、教师示范法、情境导入法等。请您结合自身特点加以选择。学生划分小组，每个组就是一个工作小组，在小组划分时应考虑学生个体差异的组合性。教师根据实际工作任务设计教学情境，教师的角色是策划、分析、辅导、评估和激励。学生的角色是主体性学习——主动思考、自己决定、实际动手操作；学生小组长要引导小组成员制定详细规划，并进行合理有效的分工。

5. 其他建议

本课程的教学须在工学结合一体化的真实环境或仿真环境里完成。您可以在导游一体化实训室进行教学活动，也可以在合作企业如某景区直接现场教学。建议您在教学过程中，加强对教学环境和现场的管理，强调必须按规范操作，做好安全与健康防范预案。

当然，每名教师的教学特点是不一样的，只要能达到最佳的教学效果和学习效果，您可以自由选择。

预祝您的教学更为有效！

编 者

2023 年 12 月

参考文献

[1] 蔡跃. 职业教育活页式教材开发指导手册［M］. 上海：华东师范大学出版社，2020.

[2] 陈唐敏，田明. 景区导游实务［M］. 北京：旅游教育出版社，2013.

[3] 戴士弘. 职教院校整体教改［M］. 北京：清华大学出版社，2012.

[4] 国务院. 中国公民出国旅游管理办法：357C01－02－2010－29359 修订［S］. 北京：国务院发布的政策文件，2017.

[5] 湖北省旅游局人事教育处. 导游实务与案例［M］. 武汉：湖北教育出版社，2014.

[6] 陆建鸣. 出境旅游领队操作实务［M］. 北京：旅游教育出版社，2016.

[7] 国家质量监督检验检疫总局，中国国家标准化管理委员会. 旅行社出境旅游服务规范：GB/T 31386—2015［S］. 北京：中国标准出版社，2015.

[8] 全国导游资格考试统编教材专家编写组. 导游业务［M］. 7 版. 北京：中国旅游出版社，2022.

[9] 国家旅游局. 旅行社入境旅游服务规范：LB/T 009—2011［S］. 北京：中国标准出版社，2011.

[10] 国家市场监督管理总局，国家标准化管理委员会. 导游服务规范：GB/T 15971—2023［S］. 北京：中国标准出版社，2023.

[11] 国家旅游局. 旅游景区讲解服务规范：LB/T 014—2011［S］. 北京：中国标准出版社，2011.

[12] 孙斐，葛益娟. 导游实务［M］. 大连：东北财经大学出版社，2018.

[13] 朱德勇，张慧. 湖北导游讲解范例［M］. 武汉：华中科技大学出版社，2022.